Vis ac potestas legum

Salzburger Studien zum Europäischen Privatrecht

Herausgegeben von Prof. DDr. J. Michael Rainer

Band 27

PETER LANG

Frankfurt am Main · Berlin · Bern · Bruxelles · New York · Oxford · Wien

Vis ac potestas legum

Liber amicorum Zoltán Végh

Herausgegeben von
Johannes Michael Rainer

PETER LANG
Internationaler Verlag der Wissenschaften

Bibliografische Information der Deutschen Nationalbibliothek
Die Deutsche Nationalbibliothek verzeichnet diese Publikation in der Deutschen Nationalbibliografie; detaillierte bibliografische Daten sind im Internet über http://dnb.d-nb.de abrufbar.

ISSN 1435-6090
ISBN 978-3-631-60880-7

www.peterlang.de

Vorwort

Die Autoren haben vor annähernd 20 Jahren ein Erasmus Netzwerk im Bereiche des Römischen Rechtes gebildet und in regelmäßigen Abständen romanistische Treffen abgehalten. Im Rahmen dieses Erasmus Netzwerkes, das in weiterer Folge viele weitere Partnerschaften nach sich zog, konnten hunderte Studierende aus ganz Europa zumindest ein halbes Jahr an einer europäischen Partneruniversität studieren. Auch diese Initiative ist Ausdruck der besonderen Internationalität des Römischen Rechtes, das stets die Grundlage aller europäischen Rechte war und in Zukunft auch die Grundlage eines gemeinschaftlichen europäischen Rechtes sein wird.

Zoltán Végh hat in seiner langen akademischen Laufbahn viele Generationen von Studierenden anhand der überaus spannenden Fälle des Römischen Rechtes in die Kunst der Juristerei eingeführt. In seinem Wirken kann man die Bedeutung des Römischen Rechtes als propädeutische Wissenschaft für die gesamte Rechtswissenschaft erkennen. Besondere Verdienste hat sich Zoltán Végh um die Lehre des Römischen Rechtes, aber auch des österreichischen Zivilrechtes in Ungarn, dem Heimatland seiner Eltern, erworben. Diese überaus verdienstvolle Tätigkeit wurde von der Universität Miskolc im Jahre 1999 mit einem hoch verdienten Ehrendoktorat honoriert.

J. Michael Rainer

Inhaltsverzeichnis

Gefühle und Recht

Gedanken zur rechtlichen Relevanz von Gefühlen, ausgehend von den Bestimmungen zur römischen Sklavenfamilie[1]

Johanna Filip-Fröschl, Salzburg

Mit Zoltan Vegh verbindet mich nicht nur eine lange Zeit gemeinsamer Tätigkeit im Römischen Recht an der Juridischen Fakultät in Salzburg, sondern auch die Mitarbeit am Corpus der Römischen Rechtsquellen zur antiken Sklaverei, einem Projekt der Mainzer Akademie der Wissenschaften[2].
Wobei für mich das Thema der Sklaverei offengestanden ein in vielfacher Weise ambivalentes ist. – Als überzeugte Lehrende des römischen Privatrechts, hat man bisweilen darunter zu leiden, dass durch die historische Tatsache der Sklaverei oft von den hervorragenden dogmatischen Leistungen der römischen Juristen abgelenkt wird, indem man das römische Recht unreflektiert und peiorativ pauschal als „Sklavenhalterrecht" bewertet. Doch gerade bei den juristisch interessantesten Fällen geht es - wegen ihrer eminenten wirtschaftlichen Bedeutung - oft um die Unfreien.
Andererseits scheint die Diskussion um die Sklaverei als historisches Phänomen auch in der juristischen Schulung nach wie vor wichtig und darüber hinaus eröffnen gerade die juristischen Texte mit Sklavenbezug einen überaus interessanten Blick auf die Sozialgeschichte.

Ganz allgemein entbehrt auch die inhaltliche Auseinandersetzung der Juristen mit der Sklaverei schon prima facie nicht einer gewissen Ambivalenz – denkt man nur an die klaren Aussagen römischer Juristen, dass nach dem Naturrecht alle Menschen frei geboren werden und die Sklaven ***contra naturam*** dem Eigentum eines anderen unterworfen wären und stellt sie den zahlreichen Rechtstexten, in denen der Sklave als reines Rechtsobjekt vorkommt, gegenüber. –Ein Widerspruch, der mit dem Hinweis auf die Zugehörigkeit der Institution der Sklaverei zu einer anderen Rechtsschicht, dem *ius gentium*, dem Recht, das bei allen Völkern gelte, rasch rechtsdogmatisch gelöst wird.[3]

---

[1] Schriftliche Version eines am 8. 1. 2009 vor der Wiener Rechtshistorischen Gesellschaft gehaltenen Vortrags.

[2] Vgl. dazu Corpus der römischen Rechtsquellen zur antiken Sklaverei /CRRS) hrsg. Von J. Michael Rainer, Prolegomena, bearb. von J.M. Rainer und E. Herrmann-Otto, Stuttgart (1999).

[3] So in Florentinus D. **1,5,4,1** *Servitus est constitutio iuris gentium, qua quis dominio alieno contra naturam subicitur.* Diese Einrichtung entstammt dem *ius gentium*, da nach ***Naturrecht*** ja alle frei geboren wurden und, als man die Sklaverei noch nicht kannte, auch die Freilassung unbekannt war, sowie in Ulpian (43 ad Sab) D. 50,17,32. Was das *ius civile* anbelangt, werden die Sklaven als Personen rechtlich nicht beachtet, nicht aber nach dem Naturrecht, weil was das Naturrecht anbelangt, alle Menschen gleich sind.

Dennoch, gerade in der Materie der Sklaverei fällt in einigen Bereichen das zunehmende Auseinanderklaffen zwischen überlieferten Fakten und ursprünglicher rechtlicher Regelung besonders auf:
Dies zeigt sich vor allem dort, wo der Sklave selbständig rechtlich handelt, also sich in gewissem Maß wie ein Freier geriert und in Verbindung damit in der Beurteilung seiner vermögensrechtlichen Stellung. Gerade hier ist es durchaus reizvoll zu sehen, wie die Juristen, denen natürlich bewusst war, dass manche Lösungen streng dogmatisch nicht ganz sauber wären, mit den tatsächlichen Gegebenheiten und Entwicklungen umgingen.

Allein etwa die Bezeichnung des *suis nummis redemptus* – ein mit eigenem Geld freigekaufter Sklave – wäre angesichts der Vermögensunfähigkeit von Sklaven eigentlich denkunmöglich.
Dass die Freikaufsumme aus dem Pekulium, dem Sondervermögen, erlegt werden konnte, war laut Huwiler[4] bereits seit der Republik praktiziertes Recht und wurde in der Klassik zur Regel verdichtet: Dies erscheine als logisches Ergebnis der Gepflogenheiten des Pekuliarwesens, in welchem der *dominus*, aus wirtschaftlich leicht nachvollziehbaren Gründen dem Sklaven ein Sondervermögen zur selbständigen Bearbeitung übergab und darauf verzichtete, den gesamten Gewinn abzuschöpfen, d h. dass er tolerierte, dass der Sklave etwas am Gewinn zurückbehielt. Dieses Zugeständnis bewirkte v.a. eine größere Zufriedenheit des Sklaven, wodurch der Gewinn optimiert, das Risiko vermindert und die Wahrscheinlichkeit einer regelmäßigen Rendite erhöht wurde.
Dass man zwar diese faktische wirtschaftliche Gepflogenheit akzeptierte und sie immer mehr gegebenenfalls auch rechtlich beachtete, geht aus den Quellen hervor – ebenfalls aber, dass man dennoch auf dem Prinzip der Vermögensunfähigkeit der Sklaven beharrte. Dieser „Widerspruch" wird von den Juristen durchaus gesehen und Ulpian formuliert es auch dementsprechend, wenn er bezüglich des mit eigenem Geld Freigekauften, dem *suis nummis reemptus* in D. 40,1,4,1 ausführt, dass „ nicht im eigentlichen Sinn gesagt werden kann, er sei mit eigenem Geld gekauft worden, da ein Sklave kein eigenes Geld haben kann; aber dass wir hier *ein Auge zudrücken* müssen und davon ausgehen, er sei mit eigenem Geld losgekauft, wenn er nicht mit dem Geld dessen, der ihn losgekauft hat, erworben wird.[5]

---

[4] Zum Begriff des römischen Sklaven und dessen Vermögensrecht, (1983). Vgl etwa Alf. D. 40,1,6; Gai D. 40,7,31 sowie Ulp. eod. 3,1.

[5] Vgl D. 40.1.4pr. Ulpianus 6 disp. *Is qui suis nummis emitur epistula divorum fratrum ad urbium maximum in eam condicionem redigitur, ut libertatem adipiscatur* Ulpian, Öffentliche Erörterungen Buch 6, Über die mit eigenem Geld Losgekauften Der, welcher mit eigenem Geld gekauft wird, wird nach einem Schreiben der göttlichen Brüder an Urbius Maximus in die Lage versetzt, dass er die Freiheit erlangt.(1)
D. 40.1,4,1 Ulpianus 6 disp. *Et primo quidem* ***coniventibus oculis*** *nummis suis non proprie videtur emptus dici, cum* ***suos nummos servus habere non possit****: verum*

Der zweite große Bereich, in dem rechtliche Regel und Faktisches weit auseinanderklaffen, ist der familiäre Bereich der Sklaven[6]. Die Sichtung dieser Texte hat mich dann auch zu dem *prima facie* wohl etwas eigenartig anmutenden Thema „Gefühle und Recht" inspiriert.
Denn hier geht es primär um nichts anderes als um die rechtliche Anerkennung zwischenmenschlicher Gefühle.
Auf den ersten Blick erscheint es wenig greifbar, in welchen Bereichen sich das Recht, hier primär das Privatrecht, überhaupt mit so etwas wie Gefühlen auseinandersetzt. Vor allem ist es zunächst einmal der Schutz und die Anerkennung gewisser institutionalisierter, von der Rechtsgemeinschaft akzeptierten und zumindest theoretisch auf zwischenmenschlichen Gefühlen basierende Lebensgemeinschaften wie die Ehe, sowie der sich daraus weiter ergebenden zwischenmenschliche Beziehungen zu Kindern und Verwandten, der Familie. Darüber hinaus stellt sich hier stets aber auch die Frage, inwieweit dieser rechtliche Schutz und die rechtliche Beachtung auch auf andere Lebensgemeinschaften oder zwischenmenschlichen Beziehungen außerhalb der instutionalisierten Ehe ausgedehnt werden soll.
Daneben stellt das Recht aber auch eindeutig Regeln auf, die nur dazu dienen, uns vor unseren eigenen Gefühlen zu schützen, wenn wir etwa an die Formvorschriften bei der Schenkung denken, die uns vor unüberlegter Freigebigkeit bewahren sollen.
Und schließlich treffen wir auf Regeln, die zuweilen unser von Gefühlen geleitetes Handeln, das aber nicht mit der Vorstellung der Rechtsgemeinschaft im Einklang steht, korrigieren wollen – wie etwa die Bestimmungen zum Pflichtteil im Bereich des Erbrechts.
Das bedeutet, dass das Recht hier zwischen schutzwürdigen und nicht schutzwürdigen sowie positiven und negativen Gefühlen differenziert und mithin eine Bewertung der Gefühle vornimmt.

Werfen wir nun zunächst einen Blick darauf, wie das römische Recht mit den zwischenmenschlichen Beziehungen unter Unfreien umging:
Auch in diesem Bereich gilt, wie bezüglich ihrer Vermögensfähigkeit:
Eine Ehe oder Verwandtschaft wie unter Freien wird unter Sklaven rechtlich nicht anerkannt, die faktische, ehegleiche Geschlechtsgemeinschaft unter Sklaven hatte aber dennoch eine eigene Bezeichnung, das *contubernium*.

---

credendum est suis nummis eum redemptum, cum non nummis eius, qui eum redemit, comparatur. proinde sive ex peculio, quod ad venditorem pertinet, ……

6 Mit diesem zutiefst menschlichen Aspekt der Sklaverei hat sich Reinhard Willvonseder im Rahmen des Corpus der Römischrechtlichen Sklaventexte beschäftigt und erfreulicherweise wird der Band über „Eheähnliche Verbindungen und verwandtschaftliche Beziehungen" als nächster in der Reihe erscheinen.

Eben sowenig als Ehe anerkannt wurde eine Verbindung eines Freien mit einem Partner aus dem Sklavenstand[7]. Auch dies konnte keine Ehe im rechtlichen Sinn, sondern nur ein *contubernium* sein, eventuelle Kinder einer Sklavin mit einem Freien waren Sklaven und standen im Eigentum des *dominus* ihrer Mutter.
Trotz de facto Blutsverwandtschaft galten Eltern und Kinder im Sklavenstatus rechtlich als nicht miteinander verwandt, auch nicht nach einer Freilassung. Da die Verwandtschaft im Sklavenstatus nicht anerkannt wurde, lebte sie auch durch Freilassung nicht auf.[8]
Dahinter stehen aber durchaus wieder wirtschaftliche Überlegungen. Als Blutsverwandte wären sie zur Erbschaft berufen und würden so dem Patron in der Erbfolge vorgehen.
Deshalb lesen wir auch in Plautus' *captivi*, dass der Sklave keinen Vater habe.[9]
Beseitigt hat dies - *humanitate suggerente* - von Menschlichkeit bewogen, wie er in seinen Institutionen ausführt, erst Justinian**[10]**, und gewährt eine *bonorum possessio* auch bei *servilis cognatio*[11].
Und somit hatte man bei Geburt in der Sklaverei während der gesamten Klassik auch bei einer Freilassung - rein rechtlich gesehen – keine Eltern, Geschwister oder andere Verwandte.
Doch, wie schon in der Definition des *ius naturale* in D. 1,1,1,3 formuliert wird[12], dass der natürliche Wunsch nach dauerhafter Partnerschaft und ehelicher Lebensform allen Lebewesen gleichermaßen eigen sei, ist dies offenbar auch bei den Sklaven ausgeprägt vorhanden gewesen[13].

---

[7] Vgl. Ulp. Epit. 5,5 *Cum servis nullum est conubium sowie* Paul. Sent. 2,19,6 *Inter servos et liberos matrimonium contrahi non potest,* ***contubernium*** *potest.*

[8] D. 38,17,2,2: *Ulpianus liber tertio decimo ad Sabinum Sed si filius vel filia libertini sint effecti, mater legitimam hereditatem vindicare non poterit, quoniam mater esse huiusmodi filiorum desiit: idque Julianus scripsit et constitutum est ab imperatore nostro.* D. 38,10,10,5 *Paulus libro singulari de gradibus et adfinibus et nominibus. Non parcimus hic nominibus, id est cognatorum, etiam in servis: itaque parentes et filios fratresque servorum etiam servorum dicimus: sed ad leges serviles cognationes non pertinent.*

[9] *captivi*, 3,574 ARIST. Dic modo: tun negas te Tyndarum esse? T. Nego, inquam. A. Tun te Philocratem esse ais? TYND. Ego, inquam. ARIST. Tune huic credis? HEG. Plus quidem quam tibi aut mihi. nam ille quidem, quem tu hunc memoras esse, hodie hinc abiit Alidem ad patrem huius. ARIST. *Quem patrem, qui servos est*? T. Et tu quidem_servos es, liber fuisti, et ego me confido fore, 575 si huius huc reconciliasso in libertatem filium.

[10] Inst. Iust. 3,6,10

[11] Inst. Iust. 3,9,6

[12] Ulpian D. 1,1,1,3 *Ius naturale est, quod natura omnia animalia docuit: nam ius istud non humani generis proprium, sed omnium animalium, quae in terra, quae in mari nascuntur, avium quoque commune est. hinc descendit maris atque feminae coniunctio, quam nos matrimonium appellamus, hinc liberorum procreatio, hinc educatio: videmus etenim cetera quoque animalia, feras etiam istius iuris peritia censeri.*

[13] Überraschender Weise hat man diesen naturrechtlichen Bezug im Hinblick auf die Problematik der Sklavenehe nicht herangezogen.

Denn aus den Quellen ergibt sich, dass man versuchte, diese Partnerschaften auch trotz aller widrigen Umstände zu leben. Auf Duldung oder gar Berücksichtigung von Seiten der *domini* hatten die Sklaven als Rechtsobjekte allerdings keinerlei Anspruch. Der *dominus* konnte die Verbindung untersagen, die Partner durch Verkauf oder örtliche Trennung separieren und ihre Kinder verkaufen. Auch die Regel, dass das Kind der Sklavin juristisch keine Frucht sei, hatte nur zur Folge, dass es immer Eigentum des *dominus* der Mutter blieb und nicht etwa anderen Fruchtberechtigten zufallen konnte, nicht aber, dass es von der Mutter nicht getrennt werden konnte.
Selbst bei ursprünglicher Duldung der Beziehungen zwischen Sklaven konnte dies jederzeit vom *dominus* widerrufen werden und vor sexuellen Übergriffen seitens des *dominus* waren die Unfreien in keiner Weise geschützt.
Der Quellenbefund vermittelt jedoch den Eindruck, dass derartige Verbindungen doch häufig von vielen Herren respektiert wurden: dies erfolgte aber nicht unbedingt nur aus altruistischen und humanitären Motiven, sondern beruhte durchaus auch auf wirtschaftlichen Überlegungen – auch hier ergibt sich eine gewisse Parallele zur *ratio* der Gepflogenheiten des Pekuliarwesens - denn wie sich zeigte, steigerte die stabile Lebensform die Zufriedenheit der Sklaven und brachte damit auch wieder mehr wirtschaftlichen Profit. Das erkannte etwa Columella ganz folgerichtig, nicht aber der gewinnsüchtige Cato[14], der sich die sexuellen Begegnungen zwischen Unfreien bezahlen ließ.
Ja, es wurde sogar üblich, etwa dem *vilicus*, dem Gutsverwalter, eine *vilica* zur Seite zu stellen[15]. Auch die Vermehrung des Sklavenbestandes durch die aus diesen Verbindungen entspringenden Kinder war als Profit zu sehen, wenngleich betont wird, dass man Sklavinnen nicht zum Zweck der Hervorbringung von Kindern anschaffte[16] – nichtsdestotrotz wurden Sklavinnen nicht selten für die Geburt mehrerer Kinder mit ihrer Freilassung belohnt.

Bestes Indiz für das fast institutionalisierte Phänomen dieser Verbindungen ist die eigene Bezeichnung dafür, das *contubernium*. Die Kinder der *contubernales* nannte man *filii naturales*, die Geschwister waren *fratres* oder *sorores naturales*.
Vor allem aus inschriftlichem Material, aber auch aus anderen Quellenbelegen geht hervor, dass etliche Sklaven es dennoch schafften, offenbar sehr glücklich über lange Zeit in diesen *de facto Ehen* zu leben.

---

[14] Plut. Cato mai. 21,2; Cato agr. 143,1

[15] Colum. 1,8,5

[16] Colum. 1,8,19 ;Ulp. D. 5,3,27 pr. *non temere ancillae eius rei comparatur, ut pariant.*

War die Evidenz bis in die späte Republik hinein noch eher spärlich, so erscheinen die Contubernien in der Kaiserzeit vor allem in großen Haushalten laut Knoch[17] als weit verbreitetes Phänomen.
Häufig trifft man auch auf Anzeichen, die fast suggerieren, dass sich ein ernst- und dauerhaft geführtes *contubernium* nicht nur faktisch, sondern auch rechtlich einer Ehe angenähert hätte[18]: denn die Sklaven selbst bedienten sich der Bezeichnungen, die bisher dem *iustum matrimonium* – der Ehe nach römischem Zivilrecht - vorbehalten waren, wie *uxor* und *coniunx* für die Ehefrau oder *maritus* für den Ehemann, und versuchten, das *iustum matrimonium* weitest möglich zu imitieren[19]:
Das ging soweit, dass man – wohl aus dem *peculium*- sogar eine *quasi-dos,* eine Art Mitgift bestellte, was uns durch Ulpian überliefert wird: Diese sollte bei gleichzeitiger Freilassung der Lebensgefährten und Fortführung der Lebensgemeinschaft, - die nunmehr bei Vorliegen der *affectio maritalis,* als ein *matrimonium iustum* angesehen wurde - stillschweigend in eine wirkliche *dos* umgewandelt werden. Diesen Fall berichtet zumindest Ulpian in
D. 23,3,39 pr. *Ulpianus libro trigesimo tertio ad edictum Si serva servo quasi dotem dederit, deinde constante coniunctione ad libertatem ambo pervenerint peculio eis non adempto et in eadem coniunctione permanserint, ita res moderetur, ut, si quae ex rebus corporalibus velut in dotem tempore servitutis datis exstiterint, videantur et tacite in dotem conversa, ut earum aestimatio mulieri debeatur.*[20]
Aber auch auf Grund anderer Verhaltensweisen hat man den Eindruck, dass die Sklaven ihre de facto Ehe zuweilen ernster nahmen als so mancher Freier.

---

17 Stefan Knoch; Sklavenfürsorge im Römischen Reich, Formen und Motive, Hildesheim / Zürich / New York (2005) S. 143f.

18 So die Beobachtung von Andrea Christiane Karl, Castitas temporum meorum.Die Partnerwahl der Frau im Römischen Recht von der späten Republik bis zum Ausgang des 4. Jh. n. Chr., Frankfurt am Main (2004) 211.

19 Auch Rosemarie Günther hat in ihrer Untersuchung zu den stadtrömischen Inschriften, Frauenarbeit – Frauenbindung. Untersuchungen zu unfreien und freigelassenen Frauen in den stadtrömischen Inschriften, München (1987) S. 183 ff zahlreiche inkorrekte Verwendungen dieser Bezeichnungen gefunden.

20 Ulpian im 33. Buch zum Edikt. Wenn eine Sklavin einem Sklaven eine Art Mitgift bestellt hat, danach beide bei fortbestehender Geschlechtsgemeinschaft die Freiheit erlangt haben, ohne dass ihnen ihr Sondergut entzogen wurde, und wenn sie ihre Gemeinschaft fortgesetzt haben, dann sollte die Angelegenheit so geregelt werden, dass, falls von den körperlichen Gegenständen, die zu ihrer Sklavenzeit gleichsam als Mitgift gegeben worden waren, noch einige vorhanden sind, diese als stillschweigend in eine Mitgift übergegangen anzusehen sind, so dass deren Schätzwert (im Falle der Scheidung) der Frau geschuldet wird. Vgl dazu Jane F. Gardner, Women in Roman Law and Society, (1986), 215, wo sie auch anmerkt, dass dieser Text Shtaerman und Trofimova zu der irrigen Annahme geführt hatte, dass die Sklavenehe rechtliche Anerkennung gefunden habe.

Beredtes Beispiel ist wohl folgende, von Apuleius in seinen Metamorphosen[21] erzählte Episode:
Ein Sklave hatte eine Mitsklavin zur Frau, begann aber eine glühende Affäre mit einer Freien, die nicht zum Haus gehörte. Aus Schmerz über diese Beziehung verbrannte die „Ehefrau" alle Rechnungsbücher des Mannes – wodurch sie gleichzeitig die Chancen des *dispensators* auf Freilassung vernichtete. Die Geschichte nimmt ein tragisches Ende, die betrogene Sklavin tötet sich und das gemeinsame Kind.
Der *dominus* unterzieht daraufhin den Sklaven, der den Tod seiner „Frau" verschuldet hatte, einer üblen Bestrafung: mit Honig eingeschmiert wird er an einen Feigenbaum gebunden, wo ihn die Ameisen auffressen.
Auffallend ist, dass sich Apuleius dabei aber der juristisch inkorrekten Bezeichnungen *coniunx, uxor* und *maritus,* die nur für Freie gelten, bedient: *habens ex eodem famulitio conservam coniugem.*
Rein rechtlich war ein Eingriff in das *contubernium* aber kein Ehebruch, kein *adulterium.* Noch im Jahr 290 formulieren Diokletian und Maximinian *expressis verbis,* dass ein Sklave bei Verletzung seines *contuberniums* nicht wegen Ehebruchs, *adulterium* klagen kann, da es sich nicht um ein *iustum matrimonium* handelt.
Cod. Iust. 9,9,23pr. *Servi ob violatum contubernium adulterii accusare non possunt.*
Trotz der großen (vor allem aus den stadtrömischen Grabinschriften hervorgehenden) Evidenz des Phänomens der Sklavenehe und der versuchten Annäherung an ein *matrimonium iustum* muss man sich doch stets darüber im Klaren sein, dass diese Verbindungen keine rechtliche Basis hatten, und darum rein gefühlsmäßige Beziehungen waren. Und wenn man sie aber beachtete, beachtete man nichts anderes als die Gefühle, sprich die Familiengefühle der Sklaven selbst oder ihrer freien de facto-Verwandten.
Die gänzliche Ignorierung dieser de facto- Familienbeziehungen gelang aber auch der römischen Rechtsordnung nicht. Schlagend wurden sie doch vor allem bei einer nachfolgenden Freilassung – hier konnte man in manchen Fällen nicht umhin, die faktischen Gegebenheiten zu berücksichtigen, um nicht gegen die Grundprinzipien der Rechtsordnung, die *praecepta legum,* zu verstoßen, wie bei den Bestimmungen über Blutschande und den Ehehindernissen. Allerdings ist diese Beachtung der Blutsverwandtschaft für die (ehemaligen) Sklaven hier kein Vorteil und hat natürlich nichts mit einer Anerkennung von Gefühlen zu tun.[22]

---

[21] 8, 22,2

[22] D. 23,2,56 Ulp. 3 disp. *Etiam si concubinam quis habuerit sororis filiam, licet libertinam, incestum committitur* vgl auch Pomp. (26 ad Sab.) D. 23,2,8 *Libertinus libertinam matrem aut sororem uxorem ducere non potest , quia hoc ius moribus , non legibus introductum est.*

Eher überraschend ist hingegen die Anwendung der Regel, dass Kinder ihre Eltern nicht vor Gericht rufen dürfen, auch, wenn diese Familienbeziehung in der Sklaverei begründet wurde. Die *reverentia* den Eltern gegenüber wird auch hier verlangt, obwohl man offiziell die Familienbeziehungen leugnete.
D. 2,4,6: *Paulus libro primo sententiarum Parentes naturales in ius vocare nemo potest: una est enim omnibus parentibus servanda reverentia* Niemand kann seine leiblichen Eltern vor Gericht laden. Allen Eltern ist nämlich ein und dieselbe Ehrerbietung zu erweisen.

Fragen wir uns aber, in welchen Bereichen es tatsächlich zu einer Berücksichtigung der Familiengefühle der Sklaven und damit zu einem indirekten Schutz der familiären Beziehungen gekommen ist. Hier zeigt sich, dass die Relevanz der de facto Familienbeziehung vor allem erst dann schlagend wird, sobald es um die Gefühle eines freien Beteiligten geht. Die gleiche, ursprünglich rechtlich ignorierte Beziehung auf derselben Gefühlsebene erfährt mit großer Selbstverständlichkeit plötzlich Beachtung. Nur in sehr einge-schränktem Maße geht es tatsächlich um die Befindlichkeit der Sklavenfamilie.

Auszugehen ist hier zunächst von den freiwilligen, auf bloßer Großzügigkeit und Umsicht der *domini* beruhenden Verfügungen, sei es *inter vivos*, sei es von Todes wegen, die familiäre Beziehungen begünstigten und beachteten, ohne dass dies aufgrund einer Rechtspflicht geschehen würde.
Hierzu gehören die häufigen Anordnungen, dass eine Sklavenfamilie nicht getrennt werden solle, etwa das Vermächtnis von Grundstücken zusammen mit Flurhütern, deren Lebensgefährtinnen, Söhnen und Töchtern[23],oder die Anordnung der gemeinsamen Freilassung eines Sklavenehepaares, wie bei der Freilassung eines *dispensators cum contubernali sua* in D. 40,7,31,1.
Ebenso häufig begegnet die Anordnung, dass mit der Freilassung eines Sklaven diesem gleichzeitig seine Lebensgefährtin und die gemeinsamen Kinder vermacht werden sollten, wohl um sie selbst freilassen zu können und damit die Patronatsrechte zu erwerben. Dadurch konnte man ausgleichen, dass keine in der Sklaverei begründete Blutsverwandtschaft, *servilis cognatio* anerkannt wurde.
Ein Beispiel dafür wäre auch die in D. 36,1,11,2 dokumentierte testamentarische Freilassung einer gewissen Albina, der man fideikommissarisch ihre natürliche Tochter hinterließ und sie bat, diese freizulassen.
In einem Text Scaevolas begegnet uns dazu eine Sklavenfamilie in mehreren Generationen. In D. 34,1,20 pr. schildert er den Fall, in dem der Enkel der einsti-

---

D. 23,2,14,2 *Serviles quoque cognationes in hoc iure observandae sunt. Igitur suam matrem manumisus non ducet uxorem: tantundem iuris est in sorore et sororis filia...*
Inst. Iust. 1,10,10 *Illud certum est serviles quoque cognationes impedimento esse nuptiis, si forte pater et filia et soror manumissi fuerint.*

[23] D. 33,7,20,1 *Scaevola libro tertio responsorum Liberto suo quidam praedia legavit his verbis: ‚Seio liberto meo fundos illum et illum do lego ita ut instructi sunt cum dotibus et reliquis colonorum et saltuariis cum contubernalibus suis et filiis et filiabus...*

gen Amme freigelassen werden soll und ihm gleichzeitig seine *contubernalis* und die gemeinsamen Kinder vermacht werden.
Erwähnenswert etwa auch das Vermächtnis ihrer natürlichen Kinder an alle bereits Freigelassenen und die durch das Testament noch Freizulassenden[24].
Wohl aus dieser Gepflogenheit der *domini*, die Beziehungen von Sklaven zu berücksichtigen, haben sich die wenigen Rechts- oder vielmehr Auslegungsregeln ergeben, die ein gewisses Verständnis für die Sklavenverbindungen in der Prinzipatszeit suggerieren und als Folge manchmal einen minimalen Schutz ihrer Gefühle bedeuteten, was sich vor allem auf Fälle bezieht, in welchen man die Trennung von Familienmitgliedern verhinderte.
So vor allem die Auslegungsregeln bezüglich testamentarischer Anordnungen, wie in D 33, 7, 12, wo es um die Interpretation des Umfangs eines Vermächtnisses geht. Hier erörtert Ulpian zunächst, welche einschlägigen Arbeiter zu einem landwirtschaftlichen Betrieb gehörten und stellt im Anschluss daran fest:
D 33, 7, 12, 7. *Uxores quoque et infantes eorum, qui supra enumerati sunt, credendum est in eadem villa agentes voluisse testatorem legato contineri; neque enim* ***duram separationem*** *iniunxisse credendus est.*
Es ist anzunehmen, dass der Erblasser gewollt hat, dass die Ehefrauen und Kinder der oben Genannten, die sich auf demselben Landgut aufhalten, ebenfalls im Vermächtnis enthalten sind. Denn man soll nicht von ihm annehmen, dass er ihnen die **harte Trennung** auferlegen wollte.[25]
Hier ist vor allem der Hinweis auf die *dura separatio* beachtenswert, denn daraus geht eindeutig hervor, dass man sich der Gefühle der Sklaven bewusst war, allein darum geht es hier. Auffällig ist auch, dass man sich der – dogmatisch unrichtigen, weil nur für rechtlich anerkannte Ehen geltenden – Bezeichnung *uxor* – und nicht etwa *contubernalis* bedient. Allerdings bestehen gerade bezüglich dieser Bezeichnung Interpolationsvermutungen. Ähnliches bestimmt später Konstantin im Jahr 334,[26]: bei Aufteilung von Fiskal-Grundstücken in Sardinien sollte auf die Zusammengehörigkeit von verwandtschaftlich miteinander verbundenen Sklaven Rücksicht genommen werden, was

[24] So in D.32,37,7 *Scaevola libro octavo decimo digestorum.*

[25] S. Treggiari, Question on women domestics in the Roman west, in: Schiavitù, manomissione e classi dipendenti nel mondo antico, Roma (1979) 185 ff, dort196.

[26] Cod. Theod. 2,25,1: *In Sardinia fundis patrimonialibus vel enfyteuticariis per diversos nunc dominos distributis oportuit sic possessionum fieri divisiones, utintegra apud possessorem unumquemque servorum agnatio permaneret. Qui enim ferat liberos a parentibus, a fratribus sorores, a viris coniuges segregari? Igitur qui dissociata in ius diversum mancipia traxerunt, in unum redigere eadem cogantur: ac sicui propterredintegrationemnecessitudinum servi cesserint, vicaria per eum qui eosdem susceperit mancipia reddantur et invigila, ne per provinciam aliqua posthoc querella super divisis mancipiorum affectibus perseveret.*Vgl S. Solazzi, Il rispetto per la famiglia dello schiavo, in: SDHI 15 (1949) S. 187-192.

auch sehr gefühlsbetont formuliert wird: „*wer könnte es ertragen, dass Kinder von den Eltern, Schwestern von den Brüdern, Ehefrauen von ihren Männern getrennt würden*?"

Auch die abschließende Ermahnung, die Einhaltung dieser Bestimmung zu beachten, damit nicht über die Provinz hinaus „Klagen über getrennte Sklaven, die einander zugetan sind, fortdauern würden", ist bemerkenswert.

Fast gleichlautende Anordnungen findet man von Konstantin aus demselben Jahr auch bezüglich der Erbteilungen in Cod. Iust. 3,38,11. Auch hier sollten einander nahe stehende Sklaven bzw. Verwandte nicht getrennt werden und voneinander getrennte wieder zusammengeführt werden.

Cod. Iust. 3.38.11 (Konstantin, a. 334): ***Possessionum divisiones sic fieri oportet, ut integra apud successorem unumquemque servorum vel colonorum adscripticiae condicionis seu inquilinorum proxima agnatio vel adfinitas permaneret. Quis enim ferat liberos a parentibus, a fratribus sorores, a viris coniuges segregari? igitur si qui dissociata in ius diversum mancipia vel colonos traxerint, in unum eadem redigere cogantur.***

In dieselbe Richtung gehen die Aussagen zum *fundus instructus* in D. 33,7,12, 33 *Ulpianus libro vicesimo ad Sabinum: Contubernales quoque servorum, id est uxores, et natos, instructo fundo contineri verum est.* [27] Die inkorrekte Bezeichnung der *contubernales* als *uxores*, dem nur für freie Ehefrauen geltenden Begriff, ließ auch hier Zweifel an der Echtheit dieser Textpassage aufkommen.[28]

Besonders die Auslegung von Vermächtnissen fiel wohlwollend bezüglich der Beurteilung von Kriterien, die das Beisammenbleiben von Sklavenfamilien förderten, aus. So war es etwa bei einem Vermächtnis eines Grundstückes samt Verwalter, Lebensgefährtin, und Kindern an eine Konkubine strittig, ob auch Enkelkinder dazu gehörten, - dies wurde wie selbstverständlich bejaht.[29]

Dass diese Auslegung Regelcharakter erlangte, finden wir in einem Text von Callistratus unter den *regulae iuris* in D. 50,16,220,1[30]: Zu einem Legat eines Grundstückes samt Verwalter, dessen *contubernalis* und natürlichen Legat eines Grunstückes samt Verwalter, dessen *contubernalis* und natürlichen Kindern, gehören natürlich auch die Enkelkinder dazu, vorbehaltlich eines abweichenden Erblasserwillens.

---

[27] Ulpian im 20. Buch zu Sabinius. Es ist richtig, dass auch die Lebensgefährtinnen der Sklaven, d.h. die Ehefrauen, sowie die Kinder zum eingerichteten Grundstück gehören.

[28] Vgl. Solazzi, zit. S. 189.

[29] D. 32,41,5 *Concubinae inter cetera his verbis legaverat:' Fundum in Appia cum vilico suo et contubernali eius et filiis dari volo: quaesitum est, an nepotes quoque vilici et contubernalis eius testator ad concubinam pertinere voluit. Respondit nihil proponi, cur non deberentur.*

[30] D. 50,16,220,1 *Sed et Papirius Fronto libro tertio responsorum ait praedio cum vilico et contubernali eius et et filiis legato nepotes quoque ex filiis contineri, nisi voluntas testatoris aliter habeat..*

Expressis verbis auf die *pietas* verweist Scaevola bei der Interpretation einer letztwilligen Verfügung, in welcher es um das Vermächtnis von Lebensgefährtinnen und natürlichen Söhnen und Töchtern geht, um die Familien zusammen zu lassen (D. 32,41,2). Hier entscheidet Scaevola sogar gegen die Interessen einer Witwe zugunsten eines Freigelassenen, dem seine natürlichen Söhne zugesprochen werden.

Beachtenswert in diesem Zusammenhang sind auch die Regeln bezüglich der Wandlung bei Sachmängeln, wenn der Mangel nur einen von mehreren gleichzeitig veräußerten Familienmitgliedern betrifft. Dann sollen auch die mangelfreien wieder zurückgestellt werden, um eine Trennung der Familienmitglieder zu vermeiden. Hier greift auch Ulpian auf den Hinweis der ansonsten verletzten *pietas* zurück

D 21.1.35. *Ulpianus libro primo ad edictum aedilium curulium. Plerumque propter morbosa mancipia etiam non morbosa redhibentur, si separari non possint sine magno incommodo vel ad pietatis rationem offensam. quid enim, si filio retento parentes redhibere maluerint vel contra? quod et in fratribus et in personas contubernio sibi coniunctas observari oportet.*

Ulpian im 1. Buch zum Edikt der kurulischen Ädile. Häufig werden wegen kranker Sklaven auch solche, die nicht krank sind, zurückgegeben; dann nämlich, wenn sie nicht ohne großen Nachteil voneinander getrennt werden können, oder nur unter Verletzung der menschlichen Rücksichtnahme[31]**.** Was sollte man nämlich davon halten, wenn Käufer die Eltern zurückgeben, den Sohn jedoch behalten wollen, oder umgekehrt? Das muss man auch bei Geschwistern beachten oder bei Personen, die miteinander in einer Sklavenehe leben.[32]

Weit intensiver und institutionalisierter erscheint aber plötzlich das Verständnis für die Schutzwürdigkeit familiärer Gefühle, auch wenn die Verbindung in der Sklaverei grundgelegt wurde, wenn die interessierte Partei ein Freier, sei es ein Freigelassener oder ein *ingenuus* war[33]:

Bei Ulpian erscheint hier folgender Fall: Jemand ist zur Leistung eines Legats verpflichtet und anerkennt auch seine Leistungspflicht, gibt aber an, nicht leisten zu können. Als einen Fall eines gerechtfertigten Grundes für die Verweigerung der Leistung anerkennt Ulpian die Verpflichtung zur Leistung von Erbschaftssklaven, bei denen es sich um die Mutter, den Vater oder natürliche Geschwister

---

[31] Knoch, Sklavenfürsorge, zit. S. 146 übersetzt hier sogar: unter Verletzung der Rücksichtnahme auf Liebe.

[32] Zur Vermeidung der Trennung von Geschwistern vgl auch D. 21,1,39 in Verbindung mit D. 21, 1, 40 pr.

[33] Zu dieser Problematik vgl auch Reinhard Willvonseder, Kinder mit Geldwert, Zur Kollision von Sachwert und persönlicher Wertschätzung im römischen Recht, in: Fünfzig Jahre Forschung zur antiken Sklaverei an der Mainzer Akademie: 1950-2000; Miscellanea zum Jubiliäum/hrsg. von Heinz Bellen und Heinz Heinen,. Stuttgart (2001) S. 97 ff.

des Verpflichteten handelt. In diesem Fall sei es am gerechtesten, dass er nur deren Schätzwert bezahlen müsse.
D 30, 71, 3. *Ulpianus libro quinquagesimo primo ad edictum. Qui confitetur se quidem debere,* ***iustam*** *autem* ***causam*** *adfert, cur utique praestare non possit, audiendus est: ut puta si aliena res legata sit negetque dominum eam vendere vel immensum pretium eius rei petere adfirmet, aut si servum hereditarium neget se debere praestare,* ***forte patrem suum vel matrem vel fratres naturales****: aequissimum est enim concedi ei ex hac causa aestimationem officio iudicis praestare.*[34]

Ergibt sich aus dieser Entscheidung wohl kein Nachteil für den Gläubiger, könnte es in anderen Fällen doch zu einem solchen gekommen sein.
Wie bereits erwähnt, konnte ein Freier mit einer Sklavin keine Ehe eingehen, - dazu hätte er sie vorher freilassen müssen. Lebte er aber mit ihr in einer dauerhaften Beziehung, galt dies lediglich – gleich der Lebensgemeinschaft unter Sklaven - als *contubernium.* Die Kinder aus dieser Beziehung waren illegitim, folgten in ihrem Status der Mutter und wurden als Sklaven geboren. Streng genommen gehörten sie wie alle anderen Sklaven zu seinem Vermögen.
In Ulpians Ediktskommentar wird nun bei der Generalverpfändung des gesamten Vermögens *expressis verbis* bezüglich der unfreien Lebensgefährtin (die hier zwar Konkubine genannt wird, im gegenständlichen Fall jedoch eine unfreie *contubernalis* sein musste) und der natürlichen Kinder bestimmt, dass sie von der Pfändung nicht betroffen sein sollten.
Schon zuvor, in D. 20,1,6 und 7 wird ausgeführt, dass vom Generalpfand diejenigen Sachen nicht betroffen sein sollen, die jemand einzeln wahrscheinlich nicht verpfändet hätte, wie etwa Hausrat. Auch seine Kleidung ist dem Schuldner zu belassen, und von seinen Sklaven diejenigen, die er in einer Weise verwendet, dass er sie mit Sicherheit nicht (einzeln) verpfändet haben würde. Daher steht bezüglich der Diener, die er unbedingt braucht, sei es, dass sie ihm nahe stehen, *vel quae ad affectionem eius pertineant,* sei es, dass er sie tagtäglich benötigt, die Pfandklage nicht zu[35].

---

[34] *Ulpian im 51. Buch zum Edikt.* Wenn jemand zugibt, dass er zwar schulde, aber einen gerechtfertigten Grund anführt, warum er nicht leisten könne, ist er zu hören, z.B. wenn die Sache, die einem Dritten gehört, vermacht worden ist und er sagt, der Eigentümer verkaufe sie nicht, oder versichert, dass dieser einen übermäßigen Preis verlange, oder wenn er sich weigert, Erbschaftssklaven zu leisten, etwa seinen Vater oder seine Mutter oder seine natürlichen Brüder. Das Gerechteste ist, ihm in diesem Fall zuzugestehen unter der amtlichen Aufsicht des Richters die Schätzsumme zu bezahlen.

[35] D 20,1,6 *Ulpianus libro septuagesimo tertio ad edictum Obligatione generali rerum, quas quis habuit habiturusve sit ; ea non continebuntur, quae verisimile est quemquam specialiter obligaturum non fuisse. ut puta supellex, item vestis relinquenda est debitori, et ex mancipiis quae in eo usu habebit, ut certum sit eum pignori daturum non fuisse. proinde de ministeriis eius perquam ei necessariis vel quae ad affectionem eius pertineant,*

Und deshalb seien, wie Ulpian in D. 20,1,8 expressis verbis ausführt, die (unfreie) Konkubine, also die Sklavin, mit der er in Geschlechtsgemeinschaft lebt und die gemeinsamen Kinder mit ihr, ebenso wie die aufgenommenen unfreien Pflegekinder (*alumni*) vom Generalpfand nicht erfasst[36].
Obwohl es dem *dominus* freigestanden wäre, seine unfreie Lebensgefährtin und die Kinder freizulassen, wird hier trotzdem die emotionale Nahebeziehung berücksichtigt und nicht der Vermögenswert, den sie strenggenommen juristisch darstellten.
Dasselbe überliefert Paulus für die Vermögensversteigerung bei Konkurs: die unfreie Lebensgefährtin und die *filii naturales* – obwohl sie sich juristisch von anderen Sklaven, die reine Vermögenswerte darstellten, nicht unterschieden, waren davon nicht betroffen.
D. 42,5,38pr. *Paulus libro primo sententiarum. Bonis venditis excipiuntur concubina et liberi naturales.*
Beim Verkauf des gesamten Vermögens werden die Konkubine und die natürlichen Kinder des Schuldners ausgenommen

Hier drängt sich fatal der Vergleich mit dem heutigen Pfändungsschutz für Haustiere im österreichischen Recht auf. Dieser gilt gem. § 250 (4) EO für Haustiere, die nicht zur Veräußerung bestimmt sind und zu denen eine gefühlsmäßige Bindung besteht, unabhängig von ihrem Wert. Zwar als Norm zum „Schutz" von Haustieren bezeichnet, erkennt man auch hier unschwer, dass nicht der Schutz des Tieres selbst, sondern vielmehr der Gefühle des Eigen-tümers im Vordergrund steht.

Besonderes Interesse eines Freien an einem Sklaven, zu dem eine natürliche Verwandtschaft besteht, wurde offenbar generell angenommen und berücksichtigt, vor allem dann, wenn es um dessen Freiheit ging. Deshalb finden wir einschlägige Texte vor allem im Bereich der Problematik des Freiheitsprozesses, wie etwa in D. 40,12,3 pr. wo es um einen *filius naturalis* geht, vor allem aber bei Problemen der Freilassung,- sei es, dass der Unfreie ein Verwandter vom Freilasser selbst ist, sei es, dass er von einem Dritten freigelassen werden soll.
Von der Erzwingung einer Freilassung berichtet Papinian in D. 40,1,19, im Fall dass jemand Geld dafür genommen hatte und sich dann weigert, freizulassen, vor allem, wenn ein Bruder oder ein natürlicher Vater des Sklaven das Geld gegeben hätten. Der Freizulassende wird mit dem suis nummis redemptus verglichen.

D 20,1,7 *Paulus libro sexagesimo octavo ad edictum vel quae in usum cottidianum habentur Serviana non competit.*

[36] D 20,1,8 *Ulpianus libro septuagesimo tertio ad edictum. Denique concubinam filios naturales alumnos constitit generali obligatione non contineri et si qua alia sunt huiusmodi ministeria.*

Dig. 40.1.19. *Papinianus libro trigensimo quaestionum. Si quis ab alio nummos acceperit, ut servum suum manumittat, etiam ab invito libertas extorqueri potest, licet plerumque pecunia eius numerata sit, maxime si frater vel pater naturalis pecuniam dedit: videbitur enim similis ei qui suis nummis redemptus est.*
Hier wird die Tatsache der natürlichen Verwandtschaft besonders betont: das heißt, der (unterstellte) emotionale Bezug zum Freizulassenden wird als zusätzliches Argument für das vitale Interesse des Geldgebers an der Freilassung herangezogen und offenbar als besonders schutzwürdig empfunden. D

Aber nicht immer konnte man, trotz unbestrittenen Interesses, die Freilassung durchsetzen. Denn unbefriedigender mutet etwa die Lösung eines von Paulus in D. 19,5,5 pr / 5. referierten Falles an, in welchem zwei *domini* jeweils den natürlichen Sohn des anderen als Sklaven haben. Sie vereinbaren, dass jeder den Sohn des anderen freilässt. Nun erfüllt nur ein Teil diese atypische Vereinbarung, die unter keinen anerkannten Vertragstyp fällt. Der Vater, dessen Sohn nicht freigelassen wurde, kann hier nicht zwangsweise die Freilassung durchsetzen, sondern bekommt nur den Geldwert des freigelassenen Sklaven. Dass man davon den Wert, einen Freigelassenen zu haben, abziehen sollte, verneint der Jurist mit dem Argument, dass der Wert einer Patronatsstellung nicht in Geld zu bestimmen sei.[37]

Von besonderem Interesse im Bereich der Freilassung sind aber vor allem die Texte zu den Ausnahmebestimmungen der Freilassungsbeschränkungen der lex Aelia Sentia des Augustus aus dem Jahr 4 n. Chr. Von den darin statuierten Altersbeschränkungen, 20 Jahre für den Freilasser, 30 Jahre für den Freizulassenden, konnte bei Vorliegen von „gerechtfertigten Gründen"; *iustae causae*, dispensiert werden. Diese Gründe musste man vor einem *consilium*[38] beweisen, bei Billigung folgte eine *manumissio vindicta*, die zum Erwerb des Bürgerrechts führte.
Bei der Ermahnung der Richterschaft zur gewissenhaften Prüfung dieser Gründe führt Ulpian in D.40, 2, 16 pr. aus:
Illud in causis probandis meminisse iudices oportet, ut ***non ex luxuria****, sed* ***ex affectu descendentes causas probent****:* die Richter sollten bei der Beurteilung der

[37] D 19,5,5 pr / 5. *Paulus libro quinto quaestionum. Naturalis meus filius servit tibi et tuus filius mihi: convenit inter nos, ut et tu meum manumitteres et ego tuum: ego manumisi, tu non manumisisti: qua actione mihi teneris, quaesitum est. In hac quaestione totius ob rem dati tractatus inspici potest. Qui in his competit speciebus: aut enim do tibi ut des, aut do ut facias, aut facio ut des, aut facio ut facias: in quibus quaeritur, quae obligatio nascatur.* (5). *Si ergo haec sunt, ubi de faciendo ab utroque convenit, et in proposita quaestione idem dici potest et necessario sequitur, ut eius fiat condemnatio, quanti interest mea servum habere quem manumisi. An deducendum erit, quod libertum habeo? Sed hoc non potest aestimari.*

[38] In Rom aus 5 Senatoren und 5 *equites*, in den Provinzen aus 20 *recuperatores cives Romani* bestehendes *consilium*

Gründe bedenken, dass sie nicht aus Verschwendung, sondern aus Zuneigung herrührende Gründe billigen. *neque enim deliciis, **sed iustis affectionibus** dedisse iustam libertatem legem Aeliam Sentiam credendum.* Denn man muss annehmen, dass **nicht wegen Liebhaberei, sondern aufgrund gerechtfertigter Zuneigung**, ***iustis affectionibus***, die Freiheit nach der lex Aelia Sentia erteilt werde.

Hier stehen wir vor dem Beispiel eines bewussten Schutzes bzw. einer Privilegierung von bestimmten Gefühlen. Von Gesetzes wegen wird auf eine gerechtfertigte Zuneigung, eine *iusta affectio* hingewiesen: Und als „übliche Gründe", die offenbar einer gerechtfertigten Zuneigung entsprechen, nennt Ulpian in D. 40,2,11 ganz selbstverständlich die Freilassung der „natürlichen" Verwandten wie Söhne, Töchter, Brüder und Schwestern. Eine im Ursprung rechtlich geleugnete Beziehung stellt hier plötzlich eine offiziell angenommene *iusta affectio* dar.[39]

Und in D. 40,2,12 anerkennt er dann ganz allgemein die Berücksichtigung der Blutsverwandtschaft als Ausnahmegrund. *Vel si sanguine eum contingit (habetur enim ratio cognationis)*

Ganz allgemein wurde hier angenommen und anerkannt, dass man eine vitales Interesse an der Freilassung natürlicher Verwandter hatte, was in diesem Fall auch ganz eindeutig auf die angenommene emotionale familiäre Verbundenheit zurückgeführt wurde, mag jenseits dieser Verbundenheit auch zuweilen der egoistische Beweggrund dazugekommen sein, dass es auch besser war, keine Verwandtschaft im Sklavenstand zu haben.

Neben den als ganz selbstverständlich empfundenen Gründen der privilegierten Freilassung aufgrund von familiärer Verbundenheit, begegnet uns in diesem Zusammenhang aber noch eine weitere, rein emotionale, offenbar genauso gerechtfertigte Begründung für eine privilegierte Freilassung: die gefühlsmäßige Verbundenheit des *dominus* mit seinem nicht verwandten Sklaven.

Als eindeutige *iusta affectio* gegenüber den freizulassenden Sklaven galt natürlich das Gefühl der Dankbarkeit, wenn diese sich in der Vergangenheit besondere Verdienste erworben hatten, etwa, wenn sie dem Herrn in der Schlacht, oder gegen Straßenräuber beigestanden hatten, sie in Krankheit gepflegt oder vor anderen Unglücksfällen bewahrt hatten. Die Verdienste werden hier nicht taxativ aufgezählt, sondern der individuellen Beurteilung des Consiliums überlassen.

D.40, 2, 15,1 *Paulus libro primo ad legem Aeliam Sentiam Ex praeterito tempore plures causae esse possunt, veluti quod dominum in proelio adiuvaverit, contra latrones tuitus sit, quod aegrum sanaverit, quod insidias detexerit. et longum est, si exequi voluerimus, quia multa merita incidere possunt, quibus*

[39] D. 40,2,11 *Ulpianus libro sexto de officio proconsulis. Si minor annis viginti manumittit, huiusmodi solent causae manumissionis recipi: si filius filiave frater sororve naturalis sit.*

honestum sit libertatem cum decreto praestare: quas aestimare debebit is, apud quem de ea re agatur.[40]
Eine gefühlsmäßige Verbundenheit des *dominus* wird hier aber auch automatisch bezüglich bestimmter Sklavengruppen, die bei Ulpian in D. 40,2,13 angeführt werden, offenbar typischer Weise unterstellt.[41]
D. 40.2.13 *Ulpianus libro de officio proconsulis. Si collactaneus, si educator, si paedagogus ipsius, si nutrix, vel filius filiave cuius eorum, vel alumnus, vel capsarius (id est qui portat libros), vel si in hoc manumittatur, ut procurator sit, dummodo non minor annis decem et octo sit, praeterea et illud exigitur, ut non utique unum servum habeat, qui manumittit. item si matrimonii causa virgo vel mulier manumittatur, exacto prius iureiurando, ut intra sex menses uxorem eam duci oporteat: ita enim senatus censuit.*[42]
Die Anerkennung der privilegierten Freilassung dieser Sklaventypen ist wohl die simple Akzeptanz des Faktums, dass sich auf Grund des engen Zusammenlebens mit den Sklaven auch unweigerlich zwischenmenschliche Gefühle füreinander einstellen können – Gerade bei den von Ulpian angeführten Sklavengruppen, dem Milchbruder, Lehrer und Erzieher, der Amme und ihren Nachkommen, dem Bücherträger – bei allen handelt es sich um Begleiter aus der Kindheit und Jugendzeit, - ist es unschwer vorzustellen, dass man sich diesen emotional zum Teil eng verbunden fühlt. Nicht umsonst wurde laut Knoch[43] das Ammen- und Pädagogenwesen von einigen mit Argwohn betrachtet. Seit dem 2. Jh. v. Chr.

---

40 1. Aus der Vergangenheit kann es mehrere Gründe geben, z. B. weil er dem Herrn in der Schlacht beigestanden, gegen Straßenräuber geschützt, weil er ihn, als er krank war, geheilt, weil er Nachstellungen aufgedeckt hat; und es würde lange dauern, wenn wir [alle Gründe] erheben wollten, weil viele Verdienste vorkommen können, für welche die Freiheit mittels eines Dekrets zu erteilen, anständig ist, und diese [Gründe] muss der beurteilen, bei welchem über die Sache verhandelt wird.
In dieselbe Richtung geht D.40, 2, 9 pr, *MARCIANUS libro tertio decimo institutionum Iusta causa manumissionis est, si periculo vitae infamiaeve dominum servus liberaverit.*

41 Vgl. dazu auch Gai. inst 1,19

42 Ulpian informiert im 6. Buch über das Amt des Prokonsuls, unter welchen Voraussetzungen eine Freilassung durch einen noch nicht Zwanzigjährigen anerkannt wird: ... wenn es sich bei dem Freizulassenden um seinen Milchbruder, Erzieher, Knabenbegleiter handelt oder um die Amme, bzw. um das Kind eines der Vorgenannten, oder um ein Pflegekind, einen *capsarius* (d.h. Bücherträger), oder wenn die Freilassung zu dem Zweck geschieht, dass der Freigelassene Prokurator werde, sofern dieser nicht weniger als 18 Jahre alt ist. Zusätzlich wird erfordert, dass der Freilassende nicht bloß einen Sklaven hat. Dasselbe gilt, wenn eine Jungfrau oder Frau zum Zweck der Heirat freigelassen wird. Dabei ist allerdings zuvor ein Eid zu leisten, dass er sie innerhalb von sechs Monaten heiratet, denn so hat es der Senat beschlossen. Zu den *iustae causae* der Freilassung in diesem Sinn auch Inst. Iust. 1,6,5

43 Sklavenfürsorge, zit. S. 186 ff. Zum Ammenwesen auch Keith R. Bradley, Wet-nursing at Rome: A Study in Social Relations, in: The Family in Ancient Rome. New Perspectives, ed by Beryl Rawson, London (1992) S. 201 ff.

hatte sich das Ammen-wesen durchgesetzt, Ammen nährten oftmals die Kinder des Herrn und ihrer Sklaven gleichzeitig, die damit zu sogenannten Milchbrüdern wurden. Gerade wegen der daraus entstehenden möglichen starken emotionalen Bindungen, die als gefähr-lich beurteilt wurden, wurde auch Kritik daran geübt. Dennoch wurde die Zunei-gung zu diesen Personen als moralisch integer[44], als positiv zu bewertendes Gefühl, als *affectio iusta* eingestuft. Ebenso nachvollziehbar ist eine Zuneigung zu im Hause geborenen und aufgewachsenen Sklaven, den *vernae*[45] oder auch zu den unfreien Pflegekindern[46].

Allerdings wurde die *iusta affectio* hier wieder typisiert und auf diese Sklavengruppen beschränkt. Die in der Literatur oft bezeugte enge Verbundenheit mit gewissen Sklaven alleine sollte hier nicht ohne weiteres als *iusta affectio* genügen, wenn sie nicht einer der einschlägigen Gruppen angehörten.

Von diesen fast schon familienähnlichen Gefühlen der Verbundenheit mit eigenen Sklaven etwas verschieden erscheint schließlich der letzte Fall eines offenbar als *iusta affectio* bewerteten Gefühls dieses Textes: die Zuneigung zu einer Sklavin, die man zum Zweck der Eheschließung freilassen wollte – was gäbe es auch nahe liegenderes, als dass sich Personen aus der engsten Umgebung ineinander verlieben.

Zur Verhinderung eines bloß vorgeschobenen Grundes musste man hier allerdings eidlich versprechen, dass die Eheschließung binnen sechs Monaten erfolgen würde.[47]

Die Altersnachsicht war in diesem Fall logisch nachvollziehbar, da eine 30jährige Frau damals für eine erste Eheschließung reichlich alt war, das Heiratsalter lag weit unter 20 Jahren. Da ein *dominus* mit einer Sklavin auch ohne weiteres geschlechtlich verkehren konnte, ohne eine geregelte Verbindung einzugehen, oder sie nach Freilassung zu seiner Konkubine machen konnte, - einige Juristen bezeichnen dies sogar als schicklichere und auch für die Freigelassene nicht

---

[44] Vgl. dazu Plin epist.5,16,3

[45] Vgl dazu die hervorragende Untersuchung von Elisabeth Herrmann-Otto, Ex ancilla natus, Untersuchungen zu den „hausgeborenen" Sklaven und Sklavinnen im Westen des römischen Kaiserreiches (Forschungen zur Antiken Sklaverei 24) Stuttgart (1988).

[46] Diese wuchsen oft gemeinsam mit eigenen Kindern auf; Vgl. dazu Knoch, Sklavenfürsorge, zit. S. 184, und 186 f.und Beryl Rawson, Children in the Roman familia, in: The Family in Ancient Rome. New Perspectives, ed by Beryl Rawson, London (1992) S. 170 ff, dort 175.

[47] Zum Thema vgl. A. Wacke, Manumissio matrimonii causa. Die Freilassung zwecks Heirat nach den Ehegesetzen des Augustus, in: Fünfzig Jahre Forschung zur antiken Sklaverei an der Mainzer Akademie : 1950-2000; Miscellanea zum Jubiliäum/hrsg. von Heinz Bellen,. Stuttgart (2001) S. 1ff

ehrenrührige Vorgangsweise[48] - stellte die Freilassung zur Eheschließung eine aus heutiger Sicht an sich ehrenwerte Haltung dar – ein Vor-gehen, das wohl auch getragen war von dem Wunsch, eheliche Kinder mit der *liberta* zu haben.
Einen Zusammenhang könnte man hier wohl auch mit der von Augustus statuierten Ehepflicht sehen, die für Frauen zwischen 20 und 50 und Männer zwischen 25 und 60 Jahren vorgesehen war. Dass die Freilassungen von weiblichen Sklaven weit häufiger und in jüngerem Alter vorkamen, als von männlichen, sind die übereinstimmenden vorsichtigen Mutmaßungen, die in den letzten einschlägigen Untersuchungen, etwa von Weiler[49], geäußert wurden. Dass sexuelle Beziehungen zu ihren Gewalthabern hier häufig eine Rolle gespielt haben, wird ebenso angenommen, wie ein gewisser Frauenmangel[50] in jener Zeit, der auch als Beweggrund für Augustus' Bestimmungen in Betracht gezogen wird. [51]
Keinen Unterschied machte es, ob der Freilasser ein früherer Mitsklave, etwa der eigene Lebensgefährte aus früherem *contubernium* war, oder ein *ingenuus*, ein Freigeborener. Als Einschränkung gegenüber anderen Ehefrauen musste die so Freigelassene aber hinnehmen, dass sie sich nicht ohne Zustimmung des Ehemannes scheiden lassen konnte. Auch konnte sie niemanden anderen als den Freilasser heiraten[52].
Die offenbare Förderung dieser Ehen würde gut zu den bevölkerungspolitischen Zielen des Augustus passen. Mit Ausnahme der Senatoren und deren Familienmitglieder, denen eine Ehe mit Freigelassenen und anderen „minderen" Frauen verboten war[53], hatte Augustus offenbar keine Standesdünkel gegenüber derartigen Verbindungen, was in D. 40,2,20,2 deutlich zu Tage tritt: jedem der der Eheschließung wegen freilassen will, soll man dies gestatten, wenn er nicht zu denjenigen gehört, für die es unschicklich ist, dh Angehörige des senatorischen Standes.
Naheliegender Weise musste es aber auch vorkommen, dass sich freie Römerinnen außerhalb des Senatorenstandes in einen Sklaven verliebten und diesen

48 Vgl. D. 25,7,1. Zur Problematik auch Gardner, zit., S. 57 ff. Vgl auch H. Stiegler, Konkubinat und *liberi naturales,* in: Reformen des Rechts, Festschrift zur 200-Jahr-Feier der Rechtswissenschaftlichen Fakultät der Universität Graz, Graz 1979, S.81 ff

49 Ingomar Weiler, Eine Sklavin wird frei. Die Rolle des Geschlechts bei der Freilassung in: Fünfzig Jahre Forschung zur antiken Sklaverei an der Mainzer Akademie: 1950-2000; Miscellanea zum Jubiliäum / hrsg. von Heinz Bellen, Stuttgart (2001) S. 125 ff. Junge Frauen zwischen 15 und 30 wurden wesentlich häufiger freigelassen als Männer.

50 Dazu Thomas A. J. McGinn, Missing Females? Augustus' Encouragement of Marriage between Freeborn Males and Freedwomen, in: Historia, Zeitschrift für alte Geschichte 53.2 (2004) 200-208.

51 Für Veteranen war die Verehelichungmit einer *liberta* offenbar überdurchschnittlich häufig.

52 Vgl. D. 40,9,21

53 *lex Iulia de maritandis ordinibus.*

zwecks Heirat freilassen wollten. Offenbar waren sie auch der Meinung, dass ihnen hier ebenfalls eine privilegierte Freilassung zustehen würde, wie in andern Fällen auch, etwa, wie in D. 40,2,20,3[54], dass eine Mutter ihren Sohn freilassen darf.

Bei der Freilassung von Pflegekindern fand man es sogar passender, wenn diese von der Frau freigelassen würden[55]

Die Gleichstellung bei der privilegierten Freilassung ihrer Sklaven zwecks Eheschließung wurde zwar nicht von allen, aber doch wohl von der Mehrheit der Juristen, allerdings anders gesehen, wie Marcian berichtet:

D. 40,2,14,1 *Marcianus libro quarto regularum. Sunt qui putant etiam feminas posse matrimonii causa manumittere, sed ita, si forte conservus suus in hoc ei legatus est. et si spado velit matrimonii causa manumittere, potest: non idem est in castrato.*

Obwohl es laut Marcian einige Juristen gegeben habe, die der Meinung waren, dass auch Frauen zum Zweck der Eheschließung freilassen könnten, wurde das offensichtlich dahingehend eingeschränkt, dass dies nur für jene Fälle gelten sollte, in welchen einer Freigelassenen ein ehemaliger Mitsklave zu diesem Zweck vermacht worden war.

Lediglich im Fall der Freilassung eines Mitsklaven – eventuell sogar des früheren Lebensgefährten, welcher der Frau zu diesem Zweck vermacht wurde, - sollte auch den Frauen die privilegierte Freilassung zustehen.

Diese Einschränkung überrascht, zumal den Frauen – außer jenen senatorischer Herkunft – zur Zeit des Augustus noch nicht verboten war, einen Freigelassenen zu ehelichen. Dennoch stand man einer Verbindung mit dem eigenen Freigelassenen offenbar – ganz im Gegensatz zu den Männer betreffenden Fällen – nicht positiv gegenüber.[56]

Dasselbe Gefühl, die Zuneigung zu einem Sklaven, wurde hier für den freien Mann als *affectio iusta* beurteilt, für die Frau hingegen ganz augenscheinlich nicht.

Man verbot ihr zwar noch nicht, ihren eigenen Freigelassenen zu heiraten, aber man wollte es offenbar auf keinen Fall fördern.

Eine Strafandrohung für den Freigelassen, der seine Patronin heiratet, existierte aber bereits im spätklassischen Recht aufgrund einer Bestimmung von Septi-

---

54 D. 40,2,20,3 Ulpianus 2 de off. cons. *Mulieri quoque volenti suum filium naturalem vel quem ex supra scriptis manumittere permittendum esse Marcellus scribit.*

55 D.40, 2, 14 pr. *MARCIANUS libro quarto regularum Alumnos magis mulieribus conveniens est manumittere: sed et in viris receptum est satisque est permitti eum manumitti, in quo nutriendo propensiorem animum fecerint.*

56 Vgl dazu auch P.R C. Weaver, The statusof Children in Mixed Marriages, in: The Family in Ancient Rome. New Perspectives, ed by Beryl Rawson, London (1992), S.145 ff dort S. 144 ff.

mius Severus und Antoninus aus dem Jahr 196 Dies erscheint als strafwürdiges öffentliches Ärgernis[57].

Die Ablehnung dieser Verbindungen, aber nicht ihr gänzliches Verbot in spätklassischer Zeit dokumentiert auch Ulpian: Lediglich für die Frauen der untersten sozialen Schicht waren solche Verbindungen „standesgemäß“

Ulp. D. 23,2,13 (34 ad Sab.) *Si patrona tam ignobilis sit, ut ei honestate sint vel saltem liberti sui nuptiae, officio iudicis super hoc cognoscentis hae praehiberi non debent.*

Wenn eine Patronin von so geringer Herkunft ist, dass für sie sogar die Ehe mit ihrem Freigelassenen eine Ehre ist, dann ist es von der Amtspflicht des Richters, der über diesen Fall entscheidet, nicht gedeckt, die Ehe zu verbieten.

Fragen wir nun nach der *ratio* dieser Bestimmung, so wäre es zu einfach, nur die oft zitierte geschlechtsspezifische Sexualmoral der Römer zu bemühen, die etwa den Männern jeglichen außerehelichen Umgang gestattete, von den verheirateten Frauen aber streng monogames Verhalten verlangte. Bekanntlich hatte die unverheiratete Frau bei sexuellen Beziehungen zu fremden Sklaven seit dem SC Claudianum ja sogar mit dem Risiko der eigenen Versklavung zu rechnen – dies aber nicht unbedingt nur wegen der moralischen Verfehlung, sondern wegen des Eingriffs in fremdes Eigentum.

Sexuelle Kontakte von freien unverheirateten Frauen zu ihren eigenen Sklaven wurden zwar wohl nicht gern gesehen, interessierten vom rechtlichen Standpunkt aber erst Konstantin, der seit dem Jahr 326 Frauen, die mit ihren eigenen Sklaven sexuell verkehrten, mit dem Tod bestrafte [58]. Andrea Christiane Karl[59]

---

[57] Vgl. Cod. Iust. 5,4,3 (196) und PS 2,21 (19),9; Cod. Iust. 5,4,3 (196) *Septimius Severus et Antoninus: Libertum, qui patronam seu patroni filiam vel coniugem vel neptem vel proneptem uxorem ducere ausus est, apud competentem iudicem accusare poteris moribus temporum meorum congruentem sententiam daturum, quae huiusmodi coniunctiones odiosas esse merito duxerunt.*

Einen Freigelassenen, der es wagte, seine Patronin oder die Tochter oder Frau oder Enkelin oder Urenkelin seines Patrons zu heiraten, wirst du beim zuständigen Richter anklagen können, der ein den Sitten unserer Zeiten gemäßes Urteil sprechen wird, die zu Recht meinen, dass Verbindungen solcher Art verachtenswert sind. In den nachklassischen Paulussentenzen wird als Strafe dafür öffentliche Zwangsarbeit oder lebenslange Bergwerksarbeit angeführt.

[58] Cod. Theod. 9,9,1 (a.326): *Si qua cum servo occulte rem habere detegitur, capitali sententia subiugetur tradendo ignibus verberone sitque omnibus facultas crimen publicum arguendi, sit officio copia nuntiandi, sit etiam servo licentia deferendi, [...] ante legem nupta tali consortio segregetur, non solum domo, verum etiam provinciae communione privata amati abscessum defleat relegati. 2. filii etiam, quos ex hac coniunctione habuerit, exuti omnibus dignitatis insignibus in nuda maneant libertate neque per se neque per interpositam personam quolibet titulo voluntatis accepturi aliquid ex [...]facultatibus mulieris.* Dazu Andrea Christiane Karl, Castitas temporum meorum.Die Partnerwahl der Frau im Römischen Recht von der späten Republik bis zum Ausgang des 4. Jh. n. Chr., Frankfurt am Main (2004) S 200 ff, sowie Wulf Eckart Voss, Der Grundsatz der „ärgeren

hat hier in ihrer Untersuchung zur Partnerwahl der Frau eine interessante Beobachtung gemacht: war zunächst der sexuelle Verkehr mit fremden Sklaven durch das SC Claudianum relativ streng sanktioniert, der Verkehr mit den eigenen Sklaven jedoch nicht, sieht sie den Trend in der Nachklassik umgekehrt: die Bestimmungen bezüglich der fremden Sklaven werden gelockert, jene bezüglich der eigenen unverständlich stark verschärft.
Wenn auch ein großes Vorurteil der Gesellschaft gegen freigeborene Frauen bestand, die eine dauerhafte Beziehung zu einem Sklaven führten - warum wurde eine vom rein moralischen Standpunkt aus nicht verwerfliche Eheschließung mit dem Freigelassenen offenbar nicht gewollt?

Einen speziellen Hintergrund hat hingegen die Ablehnung der Verbindung einer Frau mit dem Freigelassenen ihres ehemaligen Mannes und Patrons, mit dem sie schon während bestehender Ehe im selben Haushalt gewohnt hat, weil bei dieser Beziehung leicht der Geruch eines Betrugs aufkommen kann.
D. 23,2,62,1: *Papinianus libro quarto responsorum Mulier liberto viri ac patroni sui* ***mala ratione*** *coniungitur.*
Nach Judith Evans Grubbs[60] hat dies wohl mit den römischen Vorstellungen der Ehe zu tun. Obwohl man hier nach außen nicht das Ideal der unterwürfigen Ehefrau propagierte, entsprach es nicht den Vorstellungen der männlichen Elite, dass eine Frau signifikant begüterter oder sozial höher gestellt sein sollte, als der Ehemann. Auch aus den Untersuchungen von McGinn[61] zu den augusteischen Ehegesetzen und der Ehepraxis unter der römischen Oberschicht ergibt sich deutlich, dass zwar das Heiratsverhalten ziemlich endogam war, es auf Männerseite aber nicht unüblich war, ein bisschen unter seinem Status zu heiraten, der soziale Aufstieg durch Heirat aber eindeutig Frauensache war, was man vielleicht auch auf die unteren Schichten übertragen konnte.
Hinzu kommt, dass für die Römer die Vorstellung, dass ein Freigelassener die Rolle eines *pater familias* bei Verheiratung mit einer Freigeborenen einnehmen würde, problematisch erscheinen konnte.

Hand" bei Sklaven, Kolonen und Hörigen, in Behrends/Diesselhorst, Voss, Römisches Recht in der europäischen Tradition, Ebelsbach (1985) 117 ff, dort 133.

59 Andrea Christiane Karl, Castitas temporum meorum.Die Partnerwahl der Frau im Römischen Recht von der späten Republik bis zum Ausgang des 4. Jh. n. Chr., Frankfurt am Main (2004)

60 Judith Evans-Grubbs, „Marriage more shameful than adultery": slave-mistress relationships, „mixed marriages", and late roman law, in: Phoenix 47 (1993) 2,pp125 – 154, dort 125

61 Thomas McGinn, The Augustan Marriage Legislation and Social Practice: Elite Endogamy versus Male „Marrying Down", in: Speculum Iuris. Roman Law as a Reflection of Social and Economic Life in Antiquity, hrsg Jean-Jaques Aubert/ Boudewijn Sirks, Ann Arbor (2002), S.46 ff.

Eine Ehe mit einem Freigelassenen entsprach damit – außer zwischen Freigelassenen – deshalb ganz und gar nicht diesen Vorstellungen und konnte also zu einem sozialen Abstieg der Frau führen. Deshalb waren ihre Gefühle für einen Sklaven nicht als positiv, mithin nicht als *affectio iusta* zu werten. Wobei die Texte nicht von der Heirat mit fremden Freigelassenen sprechen.

Den Frauen wurde es zwar auch noch nicht expressis verbis verboten, ihre Freigelassenen zu heiraten, man wollte ihnen dies aber nicht erleichtern, wenn sie wider aller sozialer Vernunft eine unstandesgemäße Liebesheirat eingehen wollten.

Hier sollte die Frau offenbar wieder einmal vor ihren eigenen Gefühlen geschützt werden, da sie – wie in etlichen Fällen angenommen - als wesentlich „anfälliger" für solche galt, als ein Mann – ja fast vermisst man schon den Hinweis auf die *imbecillitas, levitas animi* oder *fragilitas* der Frauen, die bei dieser Gelegenheit gern herangezogen wurden.

Dass dem weiblichen Geschlecht in Liebesdingen nicht nur in der Antike mehr Impulsivität zugetraut wurde, beweist auch die Begründung der – für mich durchaus sympathischen These aus dem frühen 20. Jhdt.[62], - hinter dem Namen des hochklassischen Juristen Gaius verberge sich in Wahrheit eine Frau. Diese stützt sich nicht etwa primär auf seine kritischen und empörten Äußerungen zur Vormundschaft über Frauen – was ja durchaus plausibel für die These heranzuziehen wäre - sondern auf angeblich „zarte Regungen", die in einem Digestenfragment zutage traten: Dabei ging es um die einem Legat beigesetzte Bedingung, jemanden Bestimmten nicht zu heiraten. Die Passage „*...immo si verum amamus, haec condicio durior sit, quam illa ‚si non nupserit'...*" [63]sollte auf das weibliche Geschlecht des Gaius hinweisen, da man offenbar nur einer Frau diese Gefühlsintensität zutraute.

Betrachten wir nun aber allgemein die Bestimmung, der Frau die privilegierte Freilassung ihres Sklaven *matrimonii causa* zu verwehren, weil man ihre Zuneigung offenbar nicht als *iusta affectio* bewertete, so handelt es sich wieder um eine jener Regelungen, die jemanden vor den negativen Auswirkungen von Rechtshandlungen, die sich allein auf Gefühle gründen, schützen sollen.

Und Gefühlen steht das Recht ganz allgemein normalerweise argwöhnisch gegenüber, besonders wenn sie als *causa* für eine Vermögensverschiebung dienen. Gefühle und vermögensrechtliche Belange miteinander zu vermischen, kann gefährlich sein. Hier zeigt gerade das römische Privatrecht eine gewisse

---

62 So R. Samter, War Gaius das männliche Pseudonym einer Frau? In: Deutsche Juristen-Zeitung, XII. Jahrgang (1908) Nr 24Sp. 1386 f. Er erkannte auch einen „echt weiblichen Stil" von Gaius, der „Anmut mit schlichter Natürlichkeit paart".

63 D. 35,1,63,1

Tendenz, den einzelnen vor seinen eigenen Gefühlen beschützen zu wollen und ihn damit in gewisser Hinsicht zu bevormunden:
Das ergibt sich etwa – in durchaus nachvollziehbarer Weise - aus den noch heute gültigen Formvorschriften für den Schenkungsvertrag als Schutz vor Übereilung.
Besonders deutlich aber formuliert wird das Unbehagen gegenüber auf Zuneigung beruhender Leistungen bei den Ausführungen zum Verbot der Schenkung unter Ehegatten im Römischen Recht. Dieses Verbot wird ausdrücklich mit dem Argument, dass man sich nicht aus Liebe zueinander gegenseitig ausrauben solle, begründet: *ne mutuo amore invicem spoliarentur*[64]. Liebe und vermögensrechtliche Belange sollten strikt voneinander getrennt bleiben.[65]
Nicht viel anders ist der Hintergrund des zunächst nur Ehefrauen betreffende, später durch das SC Velleianum auf alle Frauen ausgedehnte Interzesssionsverbot, also das Verbot der Übernahme von Bürgschaften oder anderen Verbindlichkeiten durch die Frau, von der man annimmt, dass sie auf Grund ihrer instabilen Gefühlslage allzu leicht zu einer wirtschaftlich riskanten Interzession überredet werden konnte. Eine Argumentation, die heute in der Anerkennung der möglichen Sittenwidrigkeit von Interzessionsgeschäften naher Angehöriger – geschlechtsneutral - seinen Niederschlag im modernen Gewand gefunden hat[66].
Aufgrund der Schwäche des Geschlechts galten Frauen als wesentlich anfälliger dafür, aus rein emotionalen Gründen schwerwiegende Entscheidungen zu treffen.
Anders als bei den hier zitierten Fällen geht es bei der Abhaltung der Frauen von Eheschließungen mit ihren Freigelassenen aber ausnahmsweise nicht primär um vermögensrechtliche, sondern vor allem soziale Nachteile, die jedoch durchaus auch vermögensrechtlich zu Buche schlagen konnten bzw. nicht zuletzt auch um die Verletzung der öffentlichen Moral. Die Möglichkeit der Ausnutzung der verliebten Frau durch ihren auf Freilassung drängenden Sklaven wird allerdings nirgends angedeutet.
Doch Verbote haben in Liebesdingen noch nie sehr gut gewirkt und es gibt auch genug einschlägige, auch aus der Antike überlieferte, passende Zitate: *Amare et sapere vix deo conceditur* Lieben und zugleich vernünftig bleiben ist kaum

---

[64] So in D. 24,1,1

[65] So auch in D. 24,1,3 pr. Ulpian im 32. Buch zu Sabinus Dieser Grund wird auch in der Senatsrede unseres Kaisers Antonius Augustus (Caracalla) angeführt. Er sagt nämlich dort: ‚Unsere Vorfahren haben Schenkungen unter Ehegatten in der Überzeugung verboten, dass ehrbare Liebe allein auf Zuneigung beruht, und aus Fürsorge für das Ansehen der ehelich Verbundenen, damit ihre Eintracht nicht erkauft und der bessere Teil nicht in Armut falle, der schlechtere aber reich wurde.

[66] Mit dieser Problematik hat sich auch Zoltan Vegh unter dem Titel *Imbecillitas feminarum*? mit Vergnügen beschäftigt, in: Iurisprudentia universalis, Festschrift für Theo Mayer-Maly, hrsg M. Schermaier/J.M. Rainer/L. Winkel, Wien (2002) S. 785 ff.

einem Gott erlaubt[67] und auch Ovid wußte[68] *Quid deceat, non videt ullus amans:* Liebe fragt nicht, ob sich's schickt. Und offenbar ließen sich die Frauen auch hier durchaus oft nur von ihren Gefühlen leiten und gingen trotzdem solche, für sie vielleicht ungünstige Beziehungen ein, zumindest finden wir in den Quellen Belege für jede Art von Beziehung freier Frauen mit Unfreien und Freigelassenen.

So wird uns in D. 16,3,27 der eigentlich sensationelle Fall einer freien Haustochter überliefert, die vom Vater einem Sklaven in die Ehe gegeben und sogar mit einer *dos* ausgestattet wurde – was natürlich rechtlich weder als *matrimonium* noch als *dos*-Bestellung zu werten ist. Die Beweggründe des Vaters für seine Handlung, ob die Tochter in den Sklaven verliebt war, oder nicht, sind leider nicht bekannt. Hinzuzufügen ist, dass diese Fälle alle außerhalb des Bereichs der kaiserlichen Sklaven anzusetzen sind, da bei letzteren aufgrund ihres hohen Sozialprestiges für die Verbindung mit ihnen andere Maßstäbe galten.

D. 16.3.27 *Paulus libro septimo responsorum Lucius Titius cum haberet filiam in potestate Seiam, Pamphilo servo alieno in matrimonium collocavit, cui etiam dotem dedit, quam sub titulo depositi in cautionem contulit, et postea nulla denuntiatione a domino facta pater decessit, mox et Pamphilus servus: quaero, qua actione Seia pecuniam petere possit, cum ipsa patri heres extiterit. Paulus respondit, quoniam dos constitui non potuit, ex causa depositi actione de peculio pecuniam repetendam.* [69]

Inschriftlich überliefert sind jedenfalls auch zahlreiche Ehen zwischen Patrona und Freigelassenem – allerdings zahlenmäßig weit hinter den Ehen zwischen Patronus und Freigelassener – diese finden sich laut Weaver neunmal so oft.[70]

---

67 Publilius Syrus, *Sententiae* A 22

68 Heroides 4,154

69 Paulus im 7. Buch seiner Rechtsgutachten. Lucius Titius hat seine Tochter Seia in seiner väterlichen Gewalt. Er gab sie Pamphilus, dem Sklaven eines anderen, zur Ehe. Er bestellte diesem sogar eine Mitgift, welche er unter dem Titel eines Verwahrungs-vertrages in einer Urkunde festlegte. Später verstarb der Vater, ohne dass der Eigentümer des Sklaven Seia aufgefordert hätte, den Sklaven zu verlassen. Bald darauf starb auch Pamphilus, der Sklave. Ich frage, mit welcher Klage Seia das Geld fordern könne, wenn sie selbst Erbin ihres Vaters geworden ist. Paulus antwortete. Da eine Mitgift nicht bestellt werden konnte, sei das Geld aus der Verwahrung mit einer *actio de peculio* zu verlangen. Zu diesem juristisch durchaus reizvollen Fall vgl. Alan Watson, A Slave's Marriage: dowry or deposit? in: Journal of Legal History 12 (1991) S. 132-139; G. Pfeiffer, Das depositum als funktionale Mitgift, in: ZRG (Rom.Abt.) 2006, S. 309 -314.

70 P.R C. Weaver, The status of Children in Mixed Marriages, in: The Family in Ancient Rome. New Perspectives, ed by Beryl Rawson, London (1992), S. 154: Von den 700 Inschriften, die sich auf Ehen außerhalb der *familia caesaris* beziehen findet man9 mal sooft *patronus- liberta* als *patrona libertus,* S. 154 .Aufschlussreich dazu sind auch die Ergebnisse von Rosemarie Günther, Untersuchung zu den stadtrömischen Inschriften,

Hier ist aber nur zu mutmaßen, ob Missbilligung und mangelnde Unterstützung der Frau bei der Freilassung ihres Sklaven doch von solchen Ehen abgehalten hatten, oder ob in solchen Fällen der ursprüngliche Status wohlweislich einfach nicht publik gemacht wurde.

Vereinzelt begegnet man schließlich auch noch heute – neben den bereits erwähnten Fällen - leichten Versuchen, den Einzelnen vor befürchteten vermögensrechtlichen Nachteilen zu schützen, wenn er auf seine Gefühle hört. Als Beispiel dafür würde ich etwa die - für mich überraschende - Bestimmung des portugiesischen Privatrechts sehen, dass für Ehen, die man in einem Alter von über 60 Jahren schließt, als vermögensrechtliches Modell zwingend die Gütertrennung vorgeschrieben wird[71].

Frauenarbeit – Frauenbindung. Untersuchungen zu unfreien und freigelassenen Frauen in den stadtrömischen Inschriften, München (1987) S. 138 ff („Die unfreie und freigelassene Frau als Gattin"): Sie konnte Beispiele für alle Arten von Verbindungen, sowohl *patronus – liberta*, als auch *patrona-libertus, liberta-libertus, servus - liberta* usw finden.

71 Art 1.720 Código Civil (Regime imperativo da separação de bens). Ein nicht unbeträchtlicher Teil der portugiesischen Jurisprudenz plädiert in diesem Fall konse-quenter Weise auch für die Aussetzung des Pflichtteilsanspruchs des überlebenden Ehegattens. Das Gesetz weist in art 1.720 aber expressis verbis darauf hin, dass Schen-kungen zwischen den Ehegatten nicht verboten sind.

Die *agnitio* eines *servus fugitivus* durch einen Unberechtigten

Georg Klingenberg, Linz

Unsere Wissenschaft verdankt Zoltán Végh einen sehr informativen und abgerundeten Beitrag zur *contrectatio,* insbesondere als objektives Tatbestandselement des *furtum*[1]. Es freut mich, im Rahmen des ihm zu Ehren abgehaltenen Symposiums eine Stelle vorführen zu können, die ebenfalls dem Themenbereich des *furtum* zuzuordnen ist:

D. 47,2,52,12 (Ulp. 37 *ad ed.*)

Si fugitivum meum quis quasi suum a duumviro vel ab aliis qui potestatem habent de carcere vel custodia dimitteret, an is furti teneatur? et placet, si fideiussores dedit, in eos domino actionem dandam, ut hi actiones suas mihi mandent: quod si non acceperint fideiussorem, sed tamquam suum accipienti ei tradiderint, dominum furti actionem adversus plagiarium habiturum.

Im 37. Buch seines Ediktskommentars behandelt Ulpian die *actio furti*, wobei er der Reihe nach auf die einzelnen Formelbestandteile eingeht. Auf die Passage „*furtum factum esse*" beziehen sich die §§ 7-24 unseres Fragments[2]; darin werden verschiedene Fallbeispiele zur Verwirklichung des *furtum*-Tatbestandes vorgeführt.

Der Sachverhalt von § 12 stellt sich wie folgt dar: Ein dem Ego entlaufener Sklave befindet sich im *carcer* oder in *custodia*[3]. Ein *quis* (Ich bezeichne ihn in der Folge als A) erwirkt[4] vom *duumvir* oder einem sonstigen dazu befugten Organ (*qui potestatem habet*) die Entlassung und Herausgabe des *servus*, dies mit der Behauptung, der festgehaltene *servus* gehöre ihm („*quasi suum*").

Ulpian stellt zunächst die Frage, ob das geschilderte Verhalten des A als *furtum* zu qualifizieren ist. Die unter Berufung auf eine anerkannte Meinung („*et placet*") gegebene Antwort macht eine Differenzierung danach, ob A Bürgen gestellt hat oder nicht, und bejaht nur in letzterem Falle eine *actio furti* des Ego gegen A. Im Fall der Bürgenstellung erlangt Ego nur eine *actio* gegen die

---

1 Z. Végh, Art. Contrectare, contrectatio, in RE Suppl XII (1970) 162 ff.

2 O. Lenel, Pal. Nr. 1042.

3 A. Lovato, Il carcere nel diritto romano dai Severi a Giustiniano (Bari 1994) 8 FN 19 sieht dahinter ein Hendiadyoin.

4 Sieht man in der (auf den *quis* als Subjekt bezogenen) Ausdrucksweise *dimitteret* die Erwirkung der Freilassung, ist der Text nicht zu beanstanden. Anders Mommsen ad h.l., der eine Konjektur *dimitti curet* vornimmt.

Organe[5] auf Klagsabtretung, aber – obwohl nicht ausdrücklich gesagt, ist dies aus der Gegenüberstellung zum Schlusssatz zu erschließen – eben nicht die *actio furti* gegen A.

Der zunächst von Ferrini gegen die Stelle ausgesprochene Verdacht[6] wurde von Jolowicz mit der Bemerkung untermauert: „There is something seriously wrong“[7], Albanese folgt zwar diesem Verdacht, sieht aber eine substanzielle Übereinstimmung mit anderen klassischen Entscheidungen[8]. Lambertini bezeichnet trotz der Konjekturen den Tenor der Stelle als „abbastanza strano“[9]. Ich möchte demgegenüber den Nachweis versuchen, dass sich die Entscheidung auf dem Hintergrund der organisatorischen Bestimmungen zur Rückführung von *servi fugitivi* durchaus sinnvoll erklären lässt[10].

I. Welcher Vorgang steht hinter dem *dimittere*?

Die im Sachverhalt erwähnte Stellung von Bürgen lässt zunächst zwei Vorgänge denkbar erscheinen, die hinter dem *dimittere* stehen:

1. Der A hat die Entlassung seines *servus fugitivus* aus der Untersuchungshaft wegen eines von diesem begangenen *crimen* erwirkt und eine *satisdatio sistendi*, also ein Gestellungsverspechen für das Erscheinen des angeklagten *servus* vor Gericht abgegeben.

2. Der A hat den aufgegriffenen und in Verwahrungshaft befindlichen *servus fugitivus* als den seinigen agnosziert und vom Munizipalmagistrat ausgehändigt bekommen.

Was die erste Deutung betrifft, so ist die Abwendung der Untersuchungshaft durch Bürgenstellung in der Prinzipatszeit bei freien Beschuldigten ein üblicher Vorgang, der freilich von bestimmten Kriterien

5 *in eos* bezieht sich nicht auf die Bürgen, sondern auf die Munizipalmagistrate bzw. die Organe mit *potestas* (dazu unten S. XXX). In diesem Sinn die Konjektur von Mommsen ad h.l. *in eos qui dimiserunt*, der auch A. Jolowicz, D. XLVII 2 De furtis (Cambridge 1940) 73 folgt. Vgl. auch die Übersetzung von A. Watson, The Digest of Justinian, Vol IV (Philadelphia 1985) 750: „... I have an action as owner against the officials for them to make available their actions to me. ...“.

6 C. Ferrini, Manuale di Pandette[4] (Milano 1953) 590 FN 4; ebenso in der Mailänder Digestenedition 1374 FN 8.

7 A. Jolowicz (o. Anm. 5) 73.

8 B. Albanese, APal 25 (1956) 267.

9 R. Lambertini, Plagium (Milano 1980) 112 FN 156.

10 Auf dem hier erzielten Ergebnis beruht auch meine inzwischen erfolgte Kommentierung der Stelle in CRRS X/6 (2005) Nr. 152.

abhängig ist[11], die von Ulpian zusammengefasst worden sind (*vel pro criminis quod obicitur qualitate vel, propter honorem aut propter amplissimas facultates vel pro innocentia personae vel, pro dignitate eius qui accusatur*)[12] . Aber auch bei Sklaven, die eines Verbrechens beschuldigt werden[13], kann durch *satisdatio* die Untersuchungshaft vermieden werden:

D. 48,3,2 (Pap. 1 *de adulteriis*)

(pr) Si servus capitali crimine postuletur, lege publicorum cavetur, ut sistendum vel a domino vel ab extero satisdato promittatur: quod si non defendatur, in vincula publica coici iubetur, ut ex vinculis causam dicat.

(1) Solet itaque tractari, an postea domino permittendum sit oblata satisdatione servum suum vinculis liberare. dubitationem auget edictum Domitiani, quo cautum est abolitiones ex senatus consulto factas ad huiusmodi servos non pertinere. nam et lex ipsa prohibet eum absolvi, priusquam de eo iudicetur. sed haec interpretatio perdura, pernimium severa est in eo, cuius dominus absens fuit vel quod per inopiam illo momento temporis satisdationem implere non potuit: neque enim pro indefenso derelictus recte dici potest, qui dominum praesentem non habuit vel habuit paratum defendere, pauperem tamen. quod utique facilius admitti poterit, si non post longum temporis spatium hoc desideretur.

Wird ein Sklave eines *crimen capitale*[14] beschuldigt, so kann sowohl vom *dominus* als auch von einem Dritten[15] in Stipulationsform das Erscheinen des *servus* vor Gericht versprochen werden[16]. Umstritten ist, ob die im principium geschilderte Regelung der *lex Iulia de adulteriis*[17] oder der *lex Iulia iudiciorum*

---

[11] Th. Mommsen, Römisches Strafrecht (1899, Nachdruck 1955) 330 f; R. Rillinger, Humiliores – Honestiores. Zu einer sozialen Dichotomie im Strafrecht der römischen Kaiserzeit (1988) 87 ff; A. Lovato, Il carcere 11 ff; J.-U. Krause, Die Gefängnisse im Römischen Reich (Stuttgart 1996) 66 f.

[12] D. 48,3,1 (Ulp. 2 *de off. proc.*).

[13] Zur Frage der Strafbarkeit von Sklaven Th. Mommsen, Römisches Strafrecht 80 ff; M. Kaser, SDHI 6 (1940) 357 ff; O. Robinson, SZ 98 (1991) 214 ff.

[14] H. Niedermeyer, Studi Bonfante II (1930) 398 FN 60 hält [*capitali crimine*] für interpoliert, während U. Brasiello, La repressione penale in diritto romano (Napoli 1937) 410 FN 73 nur [*capitali*] tilgt. Für Echtheit Th. Mayer-Maly, RE VIII A/2 (1958) 2203.

[15] Unecht [*vel ab extero*] nach B. Frese, Studi Bonfante IV (Milano 1930) 444 FN 208; dagegen J.A.C.J. Van de Vouw, TR 41 (1973) 318 FN 85.

[16] Ähnlich D. 48,2,17 (Mod. 6 *diff*): *Si servum dominus in crimine capitali defendat, sistendum satisdato promittere iubetur*. L. Fanizza, Giuristi crimini leggi nell´età degli Antonini (Napoli 1982) 59; L´ assenza dell´accusato nei processi di età imperiale (Roma 1992) 59 FN 17.

[17] So H. Niedermeyer (o. Anm.14)und U. Brasiello (o. Anm.14), welche [*publicorum*] für unecht halten.

publicorum[18] zuzuordnen ist. Die Annahme von Lenel, dass im ursprünglichen Text <*vadimonium*> statt [*sistendum*] gestanden ist[19], hat großteils Zustimmung gefunden[20]. Ein solches Gestellungsversprechen wird regelmäßig durch Bürgen abgesichert. Es erspart dem *servus* nicht nur die *vincula*[21], sondern überhaupt die Haft.

In § 1 wird von Papinian ein Fall erörtert, in dem zunächst keine *satisdatio* erfolgt ist und der *servus* daher *in vinculis* gehalten wird. Der Jurist fragt nun, ob der *dominus* durch nachträgliches Anbot der *satisdatio* eine Freigabe seines *servus* erreichen kann. Der Text spricht zwar wörtlich von *vinculis liberare*, was bei engem Verständnis zunächst die Lösung der Fesseln meint, doch ergibt eine angebotene *satisdatio sistendi* (resp. ein *vadimonium*) in dieser Situation nur dann einen Sinn, wenn sie zu einer kompletten Entlassung aus der Untersuchungshaft führt. Papinian formuliert dagegen zunächst Bedenken unter Hinweis auf das *edictum Domitiani*. Diese auch bei Paulus überlieferte Regelung[22] nimmt Sklaven von einer *abolitio publica* aus[23]. Auch die von Papinian als Rechtsgrundlage angesprochene *lex ipsa*[24] verbietet eine *absolvi*[25] vor der Urteilsfindung. Papinian überwindet diese Bedenken einerseits mit Kritik an der Härte einer solchen *interpretatio*[26], andererseits mit dem Argument, dass im Fall einer *absentia* bzw. *inopia* des *dominus* nicht von einem *servus pro indefenso derelictus* gesprochen werden kann[27], und lässt daher – jedenfalls

---

18 So M. Kaser, SDHI 6 (1940) 366 FN 48; B. Biondi, Scritti giuridici II (Milano 1965) 235; J.A.C.J. Van de Vouw, TR 41 (1973) 318; R.A. Baumann, ANRW II 13 (1980) 142 FN 226; A. Lovato, Il carcere 16 FN 17; A. Nogrady, Römisches Strafrecht nach Ulpian (Berlin 2006) 104 FN 470.

19 O. Lenel, Pal. Nr. 7.

20 M. Kaser, SDHI 6 (1940) 366; J.A.C.J. Van de Vouw, TR 41 (1973) 318; A. Sicari, Leges venditiones. Uno studio sul pensiero giuridico di Papiniano (Bari 1996) 341.

21 Dass in Untersuchungshaft genommene Sklaven regelmässig *in vinculis* gehalten wurden, ergibt sich nicht nur aus der vorliegenden Stelle, sondern auch aus D. 48,16,16 (Text unten FN 22), vgl. Th. Mayer-Maly, RE VIII A/2 (1958) 2203; R. Rilinger, Humiliores – Honestiores 88. Nicht jedes Inhaftieren in einem *carcer* muss mit Fesselung (*vinctum* bzw. *in vinculis esse*) verbunden sein: D. 50,16,216 (Ulp. 1 *ad leg. Ael. Sent.*), dazu A. Lovato, Il carcere 21 ff.

22 D. 48,16,16 (Paulus sing. *de adult.*): *Domitianus rescripsit, quod de feriis et abolendis reis dicitur, non pertinere ad servos, qui accusati in vinculis esse iubentur, ne* (Mo: *donec*) *iudicium finiatur.*

23 Th. Mommsen, Römisches Strafrecht 456 FN 1; W. Waldstein, Untersuchungen zum römischen Begnadigungsrecht (Innsbruck 1964) 115 f; O. Robinson, SZ 98 (1981) 250.

24 Dazu oben bei Anm. 17 und 18.

25 Th. Mommsen ad h.l. verbessert *absolvi* zu *solvi.*

26 Vgl. D. Nörr, Rechtskritik in der römischen Antike (München 1974) 105; R. Rilinger, Honestiores – Humiliores 88.

27 Vgl. dazu A. Sicari, Leges venditionis 345.

wenn das Anbot bald (*non post logum tempus*) kommt – eine nachträgliche *satisdatio* zu, mit der die Entlassung des beschuldigten *servus* erwirkt wird

Kann nun auch das in D. 47,2,52,12 erwähnte *dimittere* als ein ähnlicher Vorgang gesehen werden, wie er von Papinian in der eben untersuchten Stelle befürwortet wird, nämlich als Erwirken der Freilassung eines beschuldigten *servus* aus der Untersuchungshaft gegen Bürgenstellung? Die Erwähnung des *duumvir* in frg. 52,12 spricht nicht a priori dagegen. Dass in den Provinzen nicht nur vom *proconsul*[28], sondern auch auf munizipaler Ebene über Fragen der Inhaftierung oder Entlassung entschieden wird, ist jedenfalls für freie Beschuldigte belegt: Das ergibt sich aus D. 48,3,3 (Ulp. 7 *de off proc.*), worin eine diesbezügliche *epistula* von Antoninus Pius an die Antiochenser zitiert wird[29]. Ebenso hat nach D. 48,3,10 (Ven. Sat. 2 *de off. proc.*) der Prokonsul dann einzugreifen, „ *si quos ex his, qui in civitatibus sunt, celeriter et sine causa solutos a magistratibus cognoveris*"; die Befugnis der Magistrate zum *dimittere* wird nicht in Zweifel gezogen[30].

Dennoch glaube ich nicht, dass es in frg 52,12 um eine bürgengesicherte Entlassung aus der Untersuchungshaft geht, in welche der *servus fugitivus* wegen eines von ihm begangenen *crimen* geraten ist. Die Erwähnung des *duumvir* im Zusammenhang mit der Haftentlassung eines *servus fugitivus* lässt sich ohne strafrechtlichen Hintergrund im Rahmen der Rückführung von aufgegriffenen *servi fugitivi* erklären. Zunächst ist jedermann, der einen *servus fugitivus* aufgegriffen hat, zur *deductio in publicum* verpflichtet, worunter Ulpian in erster Linie die Ablieferung bei den Munizipalmagistraten versteht:

D. 11,4,1 (Ulp. 3 *ad ed.*)

(3) Unusquisque eorum, qui fugitivum adprehendit, in publicum deducere debet.

……

(6) In publicum deduci intelleguntur qui magistratibus municipalibus traditi sunt vel publicis ministeriis.

Das Edikt „*De fugitivis*", welches Ulpian im 3. Buch seines Kommentars behandelt, regelt das weitere Verhalten der Munizipalmagistrate und sieht bei

---

[28] D. 48,3,1 (Ulp. 2 *de off proc.*): *De custodia reorum proconsul aestimare solet, ...* Zu diesem Fragment ausführlich A. Lovato, Il carcere 11 ff; A. Nogrady, Röm. Strafrecht nach Ulpian 106.

[29] Dazu A. Lovato, Il carcere 20 f; A. Nogrady, Röm. Strafrecht nach Ulpian 101 ff.

[30] So auch A. Lovato, Il carcere 44.

Verstößen eine *actio in factum* gegen sie vor[31]. Über die Einzelheiten der weiteren Vorgangsweise sind wir sowohl durch Ulpians lemmatischen Kommentar als auch durch die Paulus-Sentenzen informiert. Insbesondere kann der Munizipalmagistrat im Rahmen der ihm obliegenden *custodia* auch eine Fesselung vornehmen; nach einer bestimmten Frist kommt es zur Überstellung:

D. 11,4,1,4 und 7-8a (Ulp. 3 *ad ed.*)

(4) Et merito monentur magistratus eos diligenter custodire, ne evadant.

....

(7) Diligens custodia etiam vincire permittit.

(8) Tamdiu autem custodiuntur, quamdiu ad praefectum vigilum vel ad praesidem deducantur.

(8a) Eorumque nomina et notae et cuius se quis esse dicat ad magistratus deferantur, ut facilius adgnosci et percipi fugitivi possint (notae autem verbo etiam cicatrices continentur): idem iuris est, si haec in scriptis publice vel in aedes proponas.

Paul. Sent. 1, 6a, 5-7.

(5) Magistratus municipales ad officium praesidis provinciae vel proconsulis comprehensos fugitivos recte transmittunt.

(6) Fugitivi, qui a domino non agnoscuntur, per officium praefecti vigilum distrahuntur.

(7) Intra triennium venditionis agniti fugitivi emptor pretium a fisco recipere potest.

Das primäre Ziel all dieser Maßnahmen ist die Rückführung des *fugitivus* zum *dominus*, für dessen Einschreiten sowohl von Ulpian als auch vom Sentenzenverfasser der Terminus *agnoscere*[32] verwendet wird: Gemeint ist damit die Identifizierung und die darauf gestützte Beanspruchung. Eine funktionale Entsprechung findet dieses *agnoscere* im modernen Recht beim „Ansprechen“ des Fundes durch den Verlustträger[33] oder in der „Anmeldung des Rechts durch den Empfangsberechtigten bei der zuständigen Behörde“[34]. Das römische Recht hat zwar bekanntermaßen kein Fundrecht hinsichtlich verlorener Sachen

[31] O. Lenel, EP 54; R. Domingo, Estudios sobre el primer títolo del edicto pretorio III (Santiago de Compostela 1995) 65 unternimmt eine vollständige Rekonstruktion.

[32] Ansonsten begegnen *agnoscere* und *agnitio* im Zusammenhang mit dem Nachsuchen um Erteilung der *bonorum possessio*: D. 37,1,3,4 (Ulp. 39 *ad ed.*); D. 37,10,3,15 (Ulp. 41 *ad ed.*); D. 37,11,12 (Paul. 7 *quaest.*); D. 38,15, 5 pr (Marcell. 9 *dig.*).

[33] § 395 ABGB: „Wird die Sache innerhalb eines Jahres von keinem Verlustträger angesprochen, ...“

[34] § 973 BGB.

ausgebildet[35], aber es hat hinsichtlich der *servi fugitivi* – wie vor allem die obigen Stellen zeigen – doch rechtliche und organisatorische Voraussetzungen zur Förderung der Rückführung an die *domini* geschaffen[36]. Die Munizipalmagistrate, der *praefectus vigilum* und die Statthalter haben diesbezüglich eine den modernen Fundbehörden[37] vergleichbare Funktion[38]. Um die *agnitio* durch die *domini* zu erleichtern, sollen – wie Ulpian in § 8a ausführt – die Identifizierungsmerkmale (*nomina et notae*) bekannt gegeben werden (*ad magistratus deferantur*). Umstritten ist allerdings die Frage, auf wen sich diese Passage bezieht:

1.) O. Lenel bezieht die Passage auf ein Schreiben der Munizipalmagistrate an die zuvor in § 8 genannten Organe – nämlich den *praefectus vigilum* bzw. den Statthalter – aus Anlass der Überstellung[39].

2.) R. Düll sieht dahinter die Anzeige des Ergreifers an die Munizipalmagistrate aus Anlass der *deductio in publicum* und bezieht auch die im Schlusssatz vorgesehene Kundmachung („*si haec in scriptis publice vel in aedes proponas*") auf den Ergreifer[40].

3) R. Domingo denkt dabei an *litterae* der *domini* an die Munizipalmagistrate, damit diese die im Schlusssatz erwähnte Kundmachung veröffentlichen konnten[41].

---

35 M. Kaser / R. Knütel, Römisches Privatrecht[18] (München 2005) 129; H. J. Wieling, Sachenrecht, Band 1: Sachen, Besitz und Rechte an beweglichen Sachen[2] (Berlin-Heidelberg 2006) 499.

36 Zu weiteren Regelungen und Maßnahmen vgl. H. Bellen, Studien zur Sklavenflucht im römischen Kaiserreich (Wiesbaden 1971) 5 ff; G. Klingenberg, CRRS X/6 (2005) 18 ff.

37 In Österreich sind das die Bürgermeister: § 14 Abs 5 SPG. Zu deren Verpflichtungen gehört auch die Aufbewahrung und Bekanntmachung in ortsüblicher Weise (§ 42 a SPG).

38 Darin erschöpft sich schon die funktionale Ähnlichkeit mit dem modernen Fundwesen. Insbesondere gibt es keinen gesetzlichen „Aufgreiferlohn", allerdings können die *domini* Anzeiger- und Ergreiferprämien auszahlen, aussetzen oder vereinbaren: Dazu H. Bellen, Sklavenflucht 7 ff; G. Klingenberg, CRRS X/6 (2005) 18; R. Gamauf, Festschrift H. Hausmaninger (Wien 2006) 91 ff. Ebenso wenig gibt es einen Eigentumserwerb durch den Aufgreifer nach einer bestimmten Frist, sondern es kommt zum Verkauf auf Rechnung und zum Vorteil des *fiscus* (Dazu sogleich).

39 So O. Lenel, EP 54. In diesem Sinn auch die Digestenübersetzung von O. Behrends/ R. Knütel/B. Kupisch/H. H. Seiler: „Diesen [staatlichen] Behörden sind [von den Gemeindebehörden] auch ihre Namen anzugeben sowie ….."

40 R. Düll, SZ 61 (1941) 36.

41 So R. Domingo, Estudios III 61 f.

Gegen die Auffassung von Lenel spricht, dass die Bezeichnung *magistratus*[42] für die von ihm angenommenen Adressaten der Mitteilung, nämlich *prefectus viglium* und *praesides*, nicht wirklich passend ist. Daher ist davon auszugehen, dass die Munizipalmagistrate die Adressaten (und nicht wie Lenel annimmt: die Absender) der *delatio* sind. Dass die *delatio* vom Ergreifer – und nicht vom Eigentümer – ausgeht, dafür spricht vor allem der Umstand, dass neben den *nomina et notae* auch angegeben werden muss, *cuius se quis esse dicat* dh wen der aufgegriffene Sklave als seinen Herrn angibt. Insofern kann der Auffassung von Düll zugestimmt werden, dass die *delatio* vom Ergreifer ausgeht; nicht folgen kann ich hingegen seiner These, dass auch die im Schlusssatz[43] erwähnte *propositio* dem Ergreifer zuzuordnen ist. Es ergibt wesentlich mehr Sinn, die öffentliche Kundmachung als Teil der magistratischen Verpflichtung zu sehen, die *domini* ausfindig zu machen und zur *agnitio* zu bewegen[44].

Wenn der *dominus* sich nicht meldet, werden – vermutlich nach Ablauf einer bestimmten Frist, die uns nicht überliefert ist – die Sklaven in Rom an den *praefectus vigilium*, in den Provinzen an den Statthalter überstellt. Wenn sie auch dort nicht von ihren Herrn beansprucht werden, so werden sie verkauft. Allerdings erlangt der Käufer kein Eigentum, sondern muss damit rechnen, dass der bisherige *dominus* noch innerhalb von drei Jahren die *agnitio* vornimmt und gegen ihn mit der *rei vindicatio* vorgeht. Im Fall einer solchen Eviktion kann der Käufer vom *fiscus* die Rückerstattung des Kaufpreises verlangen. Nach Ablauf der Dreijahresfrist ist eine *agnitio* nicht mehr möglich und der Käufer erlangt eine gesicherte Position am Sklaven. Schon seit Mark Aurel gibt es eine Regelung, wonach derjenige, der vom *fiscus* eine *res aliena* gekauft hat, nach Ablauf von fünf Jahren eine Einrede gegen die Klage des Eigentümers erhält[45]. Die hier erwähnte kürzere Frist von drei Jahren stellt eine Sonderregelung[46] für den Verkauf von *servi fugitivi* dar.

---

42 O. Lenel, EP 54 ergänzt erklärend: „*ad magistratus* (scil. *maiores*) *deferantur*."

43 Er wird vielfach als interpoliert verdächtigt: A. Pernice, Labeo. Römisches Privatrecht II, 1 (Halle 1895) 107 FN 3; O. Lenel, EP 54 FN 8; W. W. Buckland, The Roman Law of Slavery (Cambridge 1908, ND 1969) 268 FN 9.

44 In diesem Sinn auch die Ediktsrekonstruktion von R. Domingo, Estudios III 65.

45 Inst. 2, 6, 14: *Edicto divi Marci cavetur eum, qui a fisco rem alienam emit, si post venditionem quinquennium praeterierit, posse dominum per exceptionem repellere*. Dazu G. Klingenberg, RIDA 34 (1987) 181 ff.

46 So E. Levy, Pauli Sententiae (New York 1969) 117 f.; G. Klingenberg, RIDA 34 (1987) 196 ff.; anders F. Pringsheim, Ges. Abhandlungen II (Heidelberg 1961) 163 ff., der zwischen den beiden Regelungen nicht Spezialität, sondern verschiedene Anwendungsbereiche und damit Komplementarität annimmt.

Der erhobene Befund zeigt die bedeutende Funktion der Munizipalmagistrate im Rahmen der Rückführung von aufgegriffenen *servi fugitivi*. Im äußeren Aufbau des Ulpian-Kommentars und der Passagen in den Paulus-Sentenzen ist zwar zunächst von der Überstellung und erst dann vor der *agnitio* die Rede, doch kann daraus mE nicht abgeleitet werden, dass die *agnitio* nur beim *praefectus vigilum* bzw. beim Statthalter erfolgen kann[47]. Sowohl die Formulierung Ulpians („*ut facilius adgnosci et percipi possunt*“) als auch des Sentenzenverfassers („*qui a dominis non agnoscuntur*“) lässt es offen, wem gegenüber die *agnitio* zu erfolgen hat. Das spricht – auch im Zusammenhalt mit der dem Munizipalmagistrat obliegenden Kundmachungspflicht – dafür, dass die *agnitio* eben zunächst bei ihm und erst nach der Überstellung beim *praefectus vigilum* bzw beim Statthalter vorzunehmen war. Die gegenteilige Lösung wäre zudem äußerst unpraktisch.

Zu diesem Hintergrund passt der in unserer Stelle D. 47,2,52,12 geschilderte Ausgangssachverhalt[48]: Ein *duumvir* hat einem Agnoszierenden, der sich als Eigentümer ausgab, den bei ihm in Verwahrungshaft befindlichen *servus fugitivus* ausgefolgt. Ulpian kann sich denselben Fall freilich auch im Zusammenhang mit anderen Organen vorstellen *qui potestatem habent*. Dass eine solche *potestas* dem *praefectus vigilum* und den Statthaltern zukommt, liegt auf der Hand. Allerdings passt das nicht zu dem Umstand, dass die erwähnte *actio in eos* sich vor allem als jene erklären lässt, die nach dem Edikt *De fugitivis* gegen Munizipalmagistrate verheißen wird[49]. Daraus ist aber nicht zwingend zu schließen, dass die Passage *vel ab aliis qui potestatem habent* ein späterer Zusatz ist, sondern es könnten auch andere Organe auf munizipaler Ebene gemeint sein, auf welche die *actio* erstreckt worden ist. Zumindest ein Beispiel findet sich in

D. 11,4,4 (Paul. 1 *sent.*) = Paul. Sent. 1,6a,3-4:
Limenarchae et stationarii fugitivos deprehensos recte in custodiam retinent.

Die *limenarchae* (Hafenmeister)[50] üben diese Funktion als *munus personale* aus[51] und sind damit munizipale Organe. Die organisatorische Zuord-

---

[47] So H. Bellen, Sklavenflucht 13.
[48] So auch J.-U. Krause, Die Gefängnisse im Römischen Reich 150.
[49] Dazu unten S. XXX.
[50] Zu ihnen Ch. Lecrivain, DS III (1969) 1255; P. Rougé, L'organisation du commerce maritime en Méditerranée sous l'Empire romain (Paris 1966) 210.
[51] D. 50,4,18,10 (Arc. Char. *de mun. civ.*).

nung der ebenfalls erwähnten *stationarii*[52] ist umstritten: Zum Teil werden sie ebenfalls als munizipale Organe gesehen[53], doch dürften damit eher die *milites stationarii* gemeint sein[54], wie sie auch in einer *epistula generalis* von Marc Aurel und Commodus im Zusammenhang mit der Hilfestellung bei der Verfolgung flüchtiger Sklaven erwähnt sind[55]. Dass auch *milites* im Zusammenhang mit *servi fugitivi* dem *dominus* gegenüber haftbar werden können, zeigt eine Äußerung von Modestinus: Lässt ein Soldat, der einen aufgegriffenen *fugitivus* an den *dominus* zu überstellen hat, diesen entkommen, so hat er dem *dominus* den Wert zu ersetzen[56]. Ebenso ist es auch bei *milites* vorstellbar, dass es zu Fehlausfolgungen kommt.

II. Zum Hintergrund der Differenzierung

Die hier untersuchte Stelle D. 47,2,52,12 macht eine Unterscheidung danach, ob die Herausgabe an den Agnoszierenden A unter Bürgenstellung erfolgt ist (Variante 1: „*si fideiussores dedit*") oder nicht (Variante 2: „*quod si non acceperint fideiussorem, sed tamquam suum accipienti ei tradiderint*").

Diese Differenzierung spiegelt mE eine eingespielte Praxis wieder, die zwei verschiedene Arten der der Ausfolgung von *servi fugitivi* entwickelt hat, nämlich

1) eine Ausfolgung mit bürgengesichertem Rückforderungsvorbehalt;
2) eine vorbehaltslose Ausfolgung.

Die Munizipalorgane sind – schon aus Kostengründen – einerseits daran interessiert, einen aufgegriffenen und bei ihnen abgelieferten *servus fugitivus* möglichst rasch wieder auszufolgen, andererseits soll natürlich eine Herausgabe an einen Nichtberechtigten vermieden werden. Fälle, in denen die Berechtigung des Agnoszierenden für den Magistrat zwar glaubhaft, aber nicht eindeutig

---

52 Zu den *stationarii* jüngst M. F. Petracca Lucernoni, Gli stationarii in età imperiale (Roma 2001); zu ihren polizeilichen Aufgaben G. Zanon, Le strutture accusatorie della cognitio extra ordinem nel principato (Padova 1998) 132 ff.

53 Th. Mommsen, Römisches Strafrecht 307 FN 2; H. Bellen, Sklavenflucht 104 FN 741.

54 O. Hirschfeld, Kleine Schriften, Berlin 1913, 597.

55 D. 11,4,1,2 (Ulp. 1 *ad ed.*): ..... *est etiam generalis epistula divorum Marci et Commodi, qua declaratur et praesides et magistratus et milites stationarios dominum adiuvare debere inquirendis fugitivis, et ut inventos redderent, et ut hi, apud quos delitescant, puniantur, si crimine contingantur*. Dazu H. Bellen, Sklavenflucht 11 ff; V. Marotta, Multa de iure sanxit. Aspetti della politica del diritto di Antonino Pio (Milano 1988) 271.

56 D. 48,3,14,7 (Mod. 4 *de poen.*).

nachgewiesen war, werden dabei sicher recht häufig gewesen sein. Hier kann der Agnoszierende trotzdem die sofortige Ausfolgung erreichen, wenn er sich in Stipulationsform gegenüber dem Munizipalmagistrat zur Rückgabe auf den Fall verpflichtet, dass sich später seine mangelnde Berechtigung herausstellt. Diese Stipulationsverpflichtung wird durch Bürgen abgesichert. Mit dieser Vorgangsweise lässt sich sich die Entscheidung in Variante 1 gut in Einklang bringen:

….. et placet, si fideiussores dedit, in eos domino actionem dandam, ut hi actiones suas mihi mandent.

Der Eigentümer Ego erhält also eine Klage *in eos*, die darauf gerichtet ist, dass diese ihm ihre *actio* abtreten. Worauf bezieht sich nun *in eos*? Der vom Textfluss prima vista nahe liegende Bezug auf die Bürgen ergibt keinen Sinn, einerseits, weil Ego in keiner Beziehung zu den Bürgen steht, andererseits auch, weil diese gar keine *actio* haben, die sie an den Ego abtreten könnten. *In eos* ist daher auf die im Eingang der Stelle genannten Funktionsträger – also den *duumvir* oder sonstige Organe, *qui potestatem habent* – zu beziehen[57]. Diese haben nämlich *actiones*, und zwar aus der Rückgabestipulation gegen den Agnoszierenden und aus der *fideiussio* gegen die Bürgen, und diese *actiones* sollen an den Ego abgetreten werden.

Die *actio*, die dem Ego gegen die Organe zu gewähren ist, lässt sich zumindest für die Munizipalmagistrate eindeutig finden. Das Edikt *De fugitivis*, auf welches Ulpian im dritten Buch seines Kommentars eingeht, schreibt nicht nur die Vorgangsweise der Munizipalmagistrate nach Ablieferung aufgegriffener *servi fugitivi* vor, sondern verheißt auch eine Klage[58], nach der Rekonstruktion von Domingo[59] mit folgenden Wortlaut:

„…… *IN EOS MAGISTRATUS, QUI ITA NON FECERINT I.D.* (= *IUDICIUM DABO*)

Wir kennen zwar den zugehörigen Formelwortlaut nicht, aber es ist anzunehmen, dass die Klage auf *quanti ea res est* geht und den Schaden erfasst, den der *dominus* durch das Fehlverhalten des Magistrats erlitten hat, etwa wenn es durch mangelnde oder schlechte *custodia* zu einem neuerlichen Entweichen des aufgegriffenen Sklaven kommt[60]. Als klagsauslösende Pflichtverletzung der Magistrate kann auch eine Fehlausfolgung angesehen werden. Allerdings wird

---

57 In diesem Sinn auch die Konjektur Mommsens *in eos qui dimiserunt*; ebenso A. Jolowicz, D XLVII 2 De furtis 73.

58 O. Lenel, EP 54.

59 R. Domingo, Estudios III 65.

60 Weitere Beispiele für Pflichtverletzungen der Munizipalmagistrate bei R. Domingo, Estudios III 63.

man dem Munizipalmagistrat kaum einen Vorwurf machen können, wenn es zu einer Ausfolgung unter bürgengesichertem Rückgabevorbehalt gekommen ist. Nach der von Ulpian in frg 52,12 geschilderten und offensichtlich allgemein akzeptierten Lösung („*placet*") geht die *actio* des Ego auf Klagsabtretung (und nicht auf Ersatz des dem Ego durch die Fehlausfolgung erwachsenen Schadens). Schulz hat diese Lösung auf einen von Julian entwickelten Gedanken zurückgeführt, dass jemandem, der an sich nicht haftet, kein *lucrum* verbleiben soll[61]. Der Gedanke, dass jemand, der haftungsmäßig nicht auf Ersatz in Anspruch genommen werden kann, trotzdem jedenfalls zur Klagsabtretung verpflichtet ist, ist auch beim Verkäufer mehrfach herausgearbeitet worden[62]. In unserem Fall liegt die Klagsabtretung vor allem im Interesse des Ego[63]: Er hat zwar ohnedies die *rei vindicatio* gegen den unberechtigten Besitzer A, aber aus prozesstaktischer Sicht ist es für ihn vorteilhafter, wenn er mit den abgetretenen *actiones* gegen den A bzw dessen Bürgen vorgehen kann, nicht nur, weil mehrere Personen als potentielle Beklagte in Betracht kommen, sondern weil er damit auch dem hohen Beweislastrisiko der *rei vindicatio* entgeht. Auch wenn die Stelle das nicht ausdrücklich sagt, so ergibt sich doch aus der Fragestellung und der Differenzierung, dass in dieser Variante dem Ego die *actio furti* gegen den A nicht zusteht. Da der A durch das Eingehen der bürgengesicherten Rückgabestipulation zu erkennen gegeben hat, dass er nicht betrügerisch den *servus* herauslocken will, fehlt ihm der *animus furandi*.

In der Variante 2 hat der A den *servus fugitivus* offensichtlich betrügerisch herausgelockt und eine vorbehaltslose Ausfolgung erwirkt, da die Organe bei der Ausfolgung von seiner Berechtigung überzeugt waren („*tamquam suum accipienti ei tradiderint*"). Eine *actio* gegen die Organe wird von Ulpian daher gar nicht in Erwägung gezogen, sondern er geht von einer ausschließlichen Verantwortung des A aus und bejaht ein durch ihn verwirklichtes *furtum*[64]. Die Entscheidung stimmt mit anderen überein, in denen das Ausnützen eines Irrtums zwecks Erhalt einer Sache oder einer ungeschuldeten Leistung als *furtum* qualifiziert wird[65]. Dass A in unserem Fall als *plagiarius* bezeichnet wird („*dominum furti actionem adversus plagiarium habiturum*"), spricht dafür, dass

---

[61] D. 17,1,14 pr (Ulp. 31 *ad ed.*); D. 17,7,13 pr (Ulp 38 *ad ed.*); D. 20,5,7 pr (Marci *ad form. hyp.*); D. 6,1,17,1 (Ulp.16 *ad ed.*); D. 16,3,16 (Afr 7 *quaest.*) F. Schulz, SZ 27 (1906) 87 ff, 93.

[62] D. 18,1,35,4 (Gai. 10 *ad ed. prov.*); D. 18,4,21 (Paul. 16 *quaest.*); D. 19,1,31 pr (Ner. 3 *membr.*); D. 47,2,14 pr (Ulp. 29 *ad Sab.*); Inst. 3,23,3a; M. Pennitz, Das Periculum rei venditae (Wien-Köln-Weimar 2000) 385 ff.

[63] So sieht es vor allem F. Schulz, SZ 27 (1906) 84.

[64] Vgl. auch B. Albanese, APal 25 (1956) 91, 267 ff.

[65] ZB. D. 13,1,18 (Scaev. 4 *quaest.*); D. 47,2,44,1 (Pomp. 19 *ad Sab.*); D. 47,2,43 pr/1 (Ulp. 41 *ad Sab.*)

damit auch der Tatbestand des *plagium* verwirklicht ist[66]. Das für Sklaven einschlägige zweite Kapitel der *lex Fabia* nannte als Handlungen das *persuadere, ut dominum fugiat* und das *celare, invinctum habere, vendere, emere invito vel insciente domino* sowie die Beteiligung daran[67]; die Kasuistik zeigt aber, dass auch andere bösgläubige Besitzergreifungs- und Erwerbshandlungen erfasst worden sind[68]. *Furtum* und *plagium* decken sich zwar nicht[69], können sich aber überschneiden, wobei beim *plagium* die Anmaßung der *potestas*[70] im Zentrum steht, während es beim *furtum* auf die *contrectatio* ankommt[71], die hier zweifellos vorliegt. Die Strafverfolgung wegen *plagium* – sie führte zu einer Geldstrafe von 50.000 HS – wird mit der privaten *actio furti* kumuliert[72].

III. Zusammenfassung

Beim Vorgang der *agnitio* eines aufgegriffenen *servus fugitivus* muss der Agnoszierende gegenüber dem Organ, *qui potestatem habet* – das ist in unserer Stelle in erster Linie der Munizipalmagistrat – seine Berechtigung dartun oder glaubhaft machen. Entspricht der Munizipalmagistrat der *agnitio* und folgt er den *servus* dem Agnoszierenden aus, so liegt darin freilich keine endgültige (oder gar der Rechtskraft fähige) Absprache über das Eigentum; dem Berechtigten bleibt selbstverständlich die *rei vindicatio* weiterhin offen.

Die in der Variante 1 aufgezeigte Abwicklung – nämlich Ausfolgung unter bürgengesichertem Rückgabevorbehalt – stellt sich als eine Lösung dar, die den Interessen aller Beteiligten entgegenkommt. Der Agnoszierende A entgeht dadurch der *furtum*-Qualifikation seines Verhaltens; das ist insbesondere dann von Bedeutung, wenn das Eigentum am *servus fugitivus* zwischen zwei Personen strittig ist. Der Magistrat erlangt dadurch *actiones* gegen den A und dessen Bürgen, die er bei späterem Auftreten des Eigentümers an diesen abtreten kann; eine Haftung auf Wertersatz trifft ihn jedenfalls nicht, auch die finanzielle

66 So R. Lambertini, Plagium 113; anders H. Niedermeyer, Studi Bonfante II 385, welcher dem Ausdruck *plagiarius* in D. 57,2,52,12 jeden technischen Wert abspricht.

67 D. 48,15,6,2 (Call. 6 *de cogn.*); Paul. Sent. 5,30b, 1; Coll. 14,3,5 (Ulp. 9 *de off. proc.*).

68 Vgl. R. Lambertini, Plagium 99 ff.

69 D. 48,15, 6 pr (Call. 6 *de cogn.*); P. Huvelin, Études sur le furtum dans le très ancien droit romain (Lyon-Paris 1915, Nachdruck Roma 1968) 107.

70 Th. Mommsen, Röm. Strafrecht 780.

71 Gai. Inst. 3,195 = Inst. 4,1,6; D. 47,2,1,3 (Paul. 39 *ad ed.*) = Inst. 4,1,1; Paul. Sent. 2,31,1: Coll. 7,5,2; Vgl. Z. Végh, RE Suppl. XII 168 ff und die dort zitierte Literatur.

72 In CTh. 9,20,1 = C. 9,31,1 (a. 378) wird die Kumulation von privater Klage und strafrechtlicher Verfolgung auf eine *generalis definitio* der klassischen Juristen zurückgeführt. Unter den Beispielen findet sich die *actio furti* und das *constitutum legis Fabiae.*

Belastung für das *municipium* durch die weitere Verwahrung des aufgegriffenen *servus fugitivus* fällt sofort weg. Der prozesstaktische Vorteil des Eigentümers besteht darin, dass die Beweislast bei den abgetretenen *actiones* wesentlich geringer ist als bei einer *rei vindicatio*, zumal die erfolgte Rückgabestipulation und die dazu abgegebenen Bürgschaften vom Magistrat regelmäßig wohl auch urkundlich dokumentiert werden.

Ein *furtum* liegt hingegen vor, wenn ein Unberechtigter bewusst eine vorbehaltslose Ausfolgung erwirkt.

Verteilungsgerechtigkeit

Rolf Knütel, Bonn

I. Gleichheit der Anteile

Kern der Gerechtigkeit ist die Gleichheit[1]. Eine gerechte Bestimmung von Anteilen hat folglich ebenso wie die gerechte Durchführung von Verteilungen ihren Ausgang von prinzipieller Gleichheit zu nehmen: „L'égalité est l'âme des partages", wie das Sprichwort sagt.[2] Entsprechende gesetzliche Bestimmungen sind deshalb geradezu zu erwarten.

Eine Bestätigung bietet zur Gemeinschaft nach Bruchteilen § 742 BGB: „Im Zweifel ist anzunehmen, daß den Teilhabern gleiche Anteile zustehen". In den Motiven wird dazu vermerkt: „Die Auslegungsregel...entspricht der Natur der Dinge und findet sich überall im geltenden Rechte".[3] Soweit die Bruchteilsgemeinschaft nicht rechtsgeschäftlich begründet ist, handelt es sich freilich um eine gesetzliche Vermutung. Für die Gesellschafter ergibt sich die grundsätzliche Gleichheit der Gesellschafteranteile und der Anteile am Gesellschaftsvermögen aus dem Grundsatz der gleichmäßigen Behandlung der Gesellschafter, der in mehreren dispositiven Bestimmungen zum Ausdruck kommt.[4]

Bei der Gesamtgläubigerschaft besteht mangels anderer Bestimmung eine Berechtigung im Innenverhältnis zu gleichen Anteilen (§ 430 BGB); für die Mitgläubigerschaft nach § 432 BGB ergibt sie sich, sofern dieser nicht ohnehin eine Bruchteilsgemeinschaft zugrunde liegt, im Zweifel ebenfalls aus § 742.[5] Dementsprechend sind auch bei der Gesamtschuldnerschaft die Schuldner im Verhältnis zueinander im Zweifel zu gleichen Anteilen verpflichtet, § 426 Abs. 1, S.1 BGB. Auch für die Schuldner– und die Gläubigermehrheit bei

---

1 Vgl. Hans Nef, Gleichheit und Gerechtigkeit, 1940; L. Raiser, Der Gleichheitsgrundsatz im Privatrecht, ZHR 111, 1948, 75 ff. – Abkürzungen der rechtshistorischen Quellen und Literatur nach M. Kaser, Das römische Privatrecht, Bd. 1, 2. Aufl. 1971, S. XIX bis XXX.

2 Henri Roland/Laurent Boyer, Adages du Droit français, 3. Auflage 1992, S. 195 Nr. 100. Die Regel wird hier auf Diocl.-Max. C. 3,38,3 (aus 290) zurückgeführt.- Die berühmte Maxime des *suum cuique tribuere* (Ulp. D.1,1,10,1; Tryph. D. 16,3,31,1; Inst. 1,1,3) müssen wir hier ebenso beiseite lassen wie die aristotelische Unterscheidung zwischen der *iustitia commutativa* und der *iustitia distributiva*, der ausgleichenden und der verteilenden Gerechtigkeit. S. dazu etwa U. Manthe, Beiträge zur Entwicklung des antiken Gerechtigkeitsbegriffes, SZ 113 (1996) 1 ff.; SZ 114 (1997) 1 ff.

3 Motive, Bd. 2, 2. Aufl. 1896, S. 875 mit Hinweis u.a. auf § 2 I 17 ALR; § 839 ABGB; § 328 Sächs. BGB; § 850 DresdEntw.

4 Vgl. §§ 706 Abs. 1; 709 Abs. 1 u. 2; 711; 722 Abs. 1; 734; 735 BGB.

5 Vgl. BGH NJW 1982, 928.

teilbaren Leistungen schließlich besteht die Verpflichtung oder die Berechtigung im Zweifel zu gleichen Anteilen, § 421 BGB.

Für das Sachenrecht läßt sich anführen, daß bei der Grenzscheidungsklage für den Fall, daß der Besitzstand nicht festgestellt werden kann, jedem der Grundstücke ein gleich großes Stück der streitigen Fläche zuzuteilen ist, § 920 Abs. 1 S. 2 BGB. Daß die Früchte des Grenzbaumes und –strauchs und, wenn dieser gefällt wird, auch der Baum oder Strauch den Nachbarn zu gleichen Teilen (und nicht nach den zuvor durch die Grenzlinie bestimmten Teilen)[6] gehören (§ 923 Abs. 1 u. 3 BGB), beruht auf wenig einleuchtenden praktischen Erwägungen[7].

Nicht einschlägig ist für unseren Zusammenhang die berühmte Halbteilung beim Schatzfund (§ 984 BGB). Sie geht auf eine Entscheidung Hadrians zurück (Inst. 2,1,39) und erklärt sich nicht aus einer Gleichheit von Eigentümer und Entdecker, sondern als vermittelnde Lösung zwischen dem für den Grundstückseigentümer sprechenden Prinzip *accessio cedit principali* und dem dem Entdecker günstigen Grundsatz der freien Okkupierbarkeit von *res nullius*. Da beide Prinzipien für die Lösung des Interessenkonflikts gleichermaßen naheliegen, beiden aber auch entgegensteht, daß der Schatz keine herrenlose Sache ist, vielmehr jemandem gehört, der freilich nicht zu ermitteln ist, bot sich als Kompromiß die Halbteilung an[8]. – Von vornherein zu ungleicher Teilung kommt es schließlich bei der *insula in flumine nata*, an der die Flächenstücke, die sich dadurch ergeben, daß die Grenzen der gegenüberliegenden Ufergrundstücke bis zur Mittellinie des Flusses verlängert werden, als *partes pro diviso* in das Eigentum derer fallen, denen die beteiligten Ufergrundstücke gehören[9]. Dies erklärt sich aus dem Ausgleichsprinzip *commodum eius esse debet, cuius periculum est* (Inst. 3,23,3), das hier dem Okkupationsprinzip oder einer Aufteilung nach Köpfen vorgeht. Da der Eigentümer des größeren Ufergrundstücks der Sachgefahr im größeren Maße ausgesetzt ist, erhält er zum Ausgleich einen größeren Anteil an der Inselfläche[10].

---

6 Ein Miteigentum am stehenden Baum ist aus einem angeblichen Vorrang des § 93 gegenüber § 94 Abs. 1 BGB nicht abzuleiten, vgl. R. Knütel, Gegenstände im Grenzgelände, Fschr. Medicus, 1999, S. 259, 263, 267, 271 ff.

7 Siehe die Begründung in Motive, Bd. 3, 2. Aufl. 1896, S. 279.

8 Vgl. dazu R. Knütel, Von schwimmenden Inseln etc., in: R. Zimmermann/ R. Knütel/ J.P. Meincke, Rechtsgeschichte und Privatsrechtsdogmatik (Fschr. H. H. Seiler), 1999, S. 549, 569 ff.

9 Vgl. etwa Art. 561 Code civil; § 407 ABGB; Art. 373 Span. Código civil; Art. 1071 Griech. ZGB; Art. 1249 Bras. Cc 2002.

10 Siehe M. Kaser/ R. Knütel, Römisches Privatrecht, 18. Aufl. 2005, Rz. 26.12 (S. 130 f.).

Daß im Eherecht Teilungen hälftig, also zu gleichem Anteil erfolgen[11], ergibt sich aus dem Wesen der Ehe. Besonders ausgeprägt ist die Berechtigung zu gleichen Anteilen im Erbrecht. Kinder erben zu gleichen Anteilen (§ 1924 Abs. 4 BGB); ebenso verhält es sich mit den gesetzlichen Erben der zweiten, dritten, vierten und fernerer Ordnungen (§§ 1925 Abs. 2; 1926 Abs. 2; 1928 Abs. 2 u. 3; 1929 Abs. 2 BGB) sowie mit den Fisken der Bundesländer, denen der Erblasser zur Zeit seines Todes angehörte (§ 1936 Abs 1 S.2 BGB).

Aber auch im testamentarischen Erbrecht begegnen wir dem Prinzip: „Sind mehrere Erben eingesetzt, ohne daß die Erbteile bestimmt sind, so sind sie zu gleichen Teilen eingesetzt..." (§ 2091 BGB).[12] Nach §§ 2157, 2091 BGB gilt Entsprechendes, wenn derselbe Gegenstand mehreren Personen ohne nähere Bestimmung vermacht ist[13]. Offenbar auf diese beiden Fälle geht die Rechtsregel zurück *Ubi partes expressae non sunt, aequales sunt.* [14]

Über das gemeine Recht hinaus geht hingegen § 2073: „Hat der Erblasser den Bedachten, in einer Weise bezeichnet, die auf mehrere Personen paßt, und läßt sich nicht ermitteln, wer von ihnen bedacht werden sollte, so gelten sie als zu gleichen Teilen bedacht". Nach römischem und gemeinem Recht war die Erbeinsetzung in diesem Fall unwirksam.[15] Das BGB ist hier dem § 542 I 12 ALR gefolgt, weil die Teilung dem Willen des Erblassers immerhin insoweit gerecht werde, als derjenige, den der Erblasser bedenken wollte, wenigstens

---

11 Vgl. etwa §§ 1378 Abs. 1; 1476 Abs. 1 BGB.

12 Dies entspricht dem früheren Recht, Ulp. D. 28,5,9,12 (*...si plures instituantur, dividi inter eos a testatore ius oportet; quodsi non fiat, omnes aequaliter heredes sunt*); D. 28,5,35 pr.; Inst. 2,14,6; § 261 I 12 ALR; § 555 ABGB; § 2175 Sächs.BGB.

13 Angeregt durch Ulp. D. 30,19,2 (*in legato pluribus relicto si partes adiectae non sunt aequae servantur*, bei einem mehreren hinterlassenen Vermächtnis werden, sofern die Anteile nicht bestimmt sind, gleiche Anteile angenommen); Iust. C. 6,51,1,11 (aus 534), vgl. Gai. D. 34,5,7 pr.; § 2397 Sächs.BGB. Für das klassische römische Recht ist freilich zweifelhaft, ob der Fall eines Vermächtnisses desselben Gegenstandes an mehrere Personen ohne Bestimmung der Anteile nicht vielmehr bei den u. II behandelten Fällen der verhältnismäßigen Minderung von Bruchteilen einzuordnen ist. Denn ein solches Vermächtnis wurde im Ausgangspunkt möglicherweise als Vermächtnis jeweils des ganzen Gegenstandes an jeden der Vermächtnisnehmer angesehen und war dann ggf. entsprechend zu mindern. Vgl. Gaius Inst. 2,205.

14 Wo die Anteile nicht bestimmt sind, sind sie gleich, vgl. Detlef Liebs, Lateinische Rechtsregeln und Rechtssprichwörter, 6. Aufl., 1998, U 16 (S. 232); Edoardo Mori, Dizionario dei termini guiridici e dei brocardi latini, 2. Aufl. 2000, Nr. 4821 (S.447); beide ohne Herkunftsangabe.

15 Mod. D. 28,5,63,1 ; Alf. D. 34,8,2.

etwas erhalte und nicht ganz leer ausgehe.[16] Bei näherem Hinsehen finden sich im Erbrecht weitere Bestimmungen zum Prinzip der Anteilsgleichheit.[17]

II. Proportionale Änderungen

1. Dem Grundsatz, daß im Zweifel gleiche Anteile bestehen, entspricht die Regel, daß der Höhe nach feststehende Anteile sich in gleichem Maße vermindern, wenn die Masse, an der sie bestehen, zu voller Deckung nicht ausreicht. Auch dann, wenn von ungleichen Anteilen auszugehen ist, wirken Änderungen sich gleichmäßig aus, indem es zu proportionaler Verringerung oder Erweiterung der Anteile kommt (2). Nicht selten ist auch, daß in einer Rechts- oder Interessengemeinschaft unterschiedliche Anteile oder Rechte bestehen, die zur Erhebung von Leistungen berechtigen. In diesem Bereich hat in Fällen unzureichenden Leistungsangebots das an sich vorgegebene Präventionsprinzip zunehmend Einschränkungen durch das Prinzip proportionaler Verteilung erfahren (3).

2. Die Bestimmung, daß den Beteiligten im Zweifel gleiche Anteile zustehen, stellt im rechtsgeschäftlichen Bereich eine Auslegungsregel dar. Bisweilen führt freilich schon die Auslegung ohne Heranziehung der Auslegungsregel zur Annahme gleicher Anteile. Das zeigt sich bei der Auslobung; § 659 Abs. 2 ist nichts anderes als das Ergebnis einer altbewährten Interpretation: „Ist die Handlung (sc. für welche die Belohnung ausgesetzt ist) von mehreren gleichzeitig vorgenommen worden, so gebührt jedem ein gleicher Teil der Belohnung". Darin ist zugleich eine Verteilungsregel enthalten.

> Hugo Grotius berichtet:
> Tractaverat olim Chrysippus hanc quaestionem, an praemium promissum ei qui primus ad metam pervenisset debeatur utrique, si simul pervenerint, an neutri. Et sane vox primi ambigua est, nam aut eum significat, qui omnes antecedit, aut quem nemo. Sed quia virtutum praemia favorabilia sunt, verius est concursuros ad praemium; quamquam liberalius Scipio, Caesar, Iulianus his, qui pariter muros ascenderant, solida praemia tribuerunt.[18]

---

[16] Protokolle, Bd. 5, 1899, S. 22 (mit weiteren Erwägungen), anders noch die 1. Kommission, Motive, Bd. 5, 1888, S. 32 f. – Bei dieser Argumentation ist es freilich nicht ganz konsequent, daß das BGB die Behandlung der alternativen Erbeinsetzung, für die Iust. C. 6,38,4 das disjunktive *aut* in ein konjunktives *et* umgedeutet und für Gültigkeit bei gleichen Anteilen entschieden hatte, offen läßt, vgl. dazu Protokolle, Bd. 5, 1899, S. 24 ff. gegen Motive, Bd. 5, 1888, S. 33 f. (§ 1769 Abs. 1 E I).

[17] Z.B. § 2153 Abs. 2 2 S. 1 sowie §§ 2154 Abs. 2, 2151 Abs. 3 S. 1, 430 BGB.

[18] De iure belli ac pacis libri tres (1625) 2,16,19, ed. de Kanter – van Hettinga Tromp, 1939, S. 418.

Chrysipp[19] erörterte einmal die Frage, ob eine Belohnung, die dem versprochen wurde, der als Erster das Ziel erreicht, dann, wenn zwei es gleichzeitig erreichen, beiden geschuldet werde oder keinem von ihnen. Und das Wort „als Erster" ist allerdings doppelsinnig, denn es bezeichnet entweder denjenigen, der alle anderen übertroffen, oder denjenigen, den niemand übertroffen hat. Da aber Belohnungen für Tapferkeit begünstigt sind, ist es richtig, daß sie gleichen Anteil an der Belohnung haben, mögen auch Scipio, Caesar und Julian freigiebiger denen, die gleichzeitig die [feindlichen] Mauern erklommen hatten, jeweils die volle Belohnung entrichtet haben.

Ist es mithin möglich, daß mehrere die entscheidende Handlung „zuerst" vorgenommen haben, und gebietet ihr Interesse es, ihnen die Belohnung zu gewähren, ohne daß dem ein schützendes Interesse des Auslobenden entgegenstünde, so bleibt, da der Auslobende aufgrund seines Versprechens die Belohnung nur einmal zu entrichten braucht, als gerechte Lösung nur die Teilung. Auf die konkurrierenden Ansprüche wird mithin nach Maßgabe des Vorhandenen, hier der Verpflichtung des Auslobenden, die Belohnung verteilt.

Auch für diese Lösung finden sich Parallelen. Sind etwa Miterben jeweils auf einen Bruchteil der Erbschaft eingesetzt und überwiegen die Bruchteile das Ganze, so tritt eine verhältnismäßige Minderung der Bruchteile ein, § 2090 BGB[20]. Auch wenn mehreren derselbe Gegenstand vermacht ist und die ihnen zugewiesenen Bruchteile das Ganze übersteigen, sind diese verhältnismäßig zu mindern, §§ 2157, 2090 BGB.

Es ist bemerkenswert, daß die Vorläufervorschrift zu § 2157 BGB, der § 1846 E I, einen Absatz 2 mit der folgenden Bestimmung enthielt: „Als mit einem und demselben Gegenstand bedacht gelten mehrere Vermächtnisnehmer auch dann, wenn eine Forderung oder eine Menge vertretbarer Sachen Gegenstand des Vermächtnisses ist". Dies war vorgesehen, um den Gedanken an eine Realteilung nach dem Grundsatz *nomina ipso iure divisa* auszuschließen[21];

---

[19] Ca. 281-208 v. Chr. Die Erörterung wird überliefert von Plutarch, Moralia, De Stoicorum repugnantiis 1045 D (ed. Loeb XIII/2, 1976, S. 510), vgl. J. v. Arnim, Stoicorum Veterum Fragmenta, Bd. 3, 1903, Nr. 699, S. 175.

[20] Vorbild für diese an sich selbstverständliche Vorschrift sind insbesondere Ulp. D. 28,5,13,4; Inst. 2,14,7; § 2177 Sächs.BGB, vgl. Motive, Bd. 5, 1888, S. 65. – Umgekehrt findet, wenn die für die Erben ausgeworfenen Bruchteile das Ganze nicht erschöpfen, nach § 2089 BGB eine verhältnismäßige Erhöhung der Bruchteile statt (also keine Aufteilung des Restbruchteils nach Köpfen), vgl. dazu Ulp. D. 28,5,13,3; Inst. 2,14,5 u. 7; §§ 264, 265 I 12 ALR; Motive, Bd. 5, S. 65. – Entsprechendes gilt beim gemeinschaftlichen Erbteil, § 2093 BGB.

[21] Motive, Bd. 5, 1888, S. 141.

doch wurde der Absatz von der 2. Kommission als „selbstverständlich" oder jedenfalls als „entbehrlich" gestrichen[22]. Aus diesem Absatz i.V.m. § 2090 BGB hätte sich immerhin ergeben, daß dann, wenn eine Quantität vertretbarer Sachen mehreren Vermächtnisnehmern zu Bruchteilen, die das Ganze übersteigen, ausgesetzt ist, eine verhältnismäßige Minderung der Bruchteile (an dem Übereignungsanspruch) eintritt.

3. Bekanntlich hat das Reichsgericht seit dem Zuckerrübensamen-Fall zu einer parallelen Lösung gefunden: Ein Landwirt hatte vor 1911 verschiedenen Abnehmern bestimmte Mengen des ausschließlich von ihm selbst gezüchteten Zuckerrübensamens „Wesche´s zuckerreichste Elite" des Jahrgangs 1911 verkauft. Infolge einer sich als höhere Gewalt darstellenden außerordentlichen Trockenheit konnte er 1911 statt der durchschnittlich zu erwartenden 4908 Zentner nur 993 Zentner ernten. Da er im Vorwege bereits 2160 Zentner verkauft hatte, verteilte er die Gesamternte auf die einzelnen Käufer unter prozentualer Erfüllung ihrer Lieferungsansprüche. Eine Klägerin verlangte Schadensersatz wegen des nicht gelieferten Rübensamens.

Das Reichsgericht wies die Klage ab und hob – die Geltung des früheren § 279 BGB im Bereich der Vorratsschuld einschränkend – hervor, wenn ausschließlich höhere Gewalt die Entstehung des unzureichenden Vorrats herbeigeführt habe, entspreche „es Treu und Glauben nicht, daß der Beklagte dem einen Käufer auf Kosten der anderen mehr leisten soll, als dem Verhältnis der ihm verkauften Menge zu dem gesamten verkauften Maße entsprechen würde. Umgekehrt forderte die Klägerin dann etwas, was dem gesunden Rechtsempfinden widerstritt". Eine denkbare Lösung im Sinne des Präventionsprinzips wies das Reichsgericht zurück: „Zwischen den mehreren Käufern ergab sich, für jeden von ihnen voraussehbar, eine Interessengemeinschaft, deren Folge sich zeigen mußte, wenn die Ernte zwar genügte, einen einzelnen oder mehrere zu befriedigen, nicht aber hinreichte zur Befriedigung aller. Dem Verkäufer durfte auch jetzt die Gefahr nicht aufgebürdet werden. Er konnte nicht mehr tun, als die gesamte Ernte der Gesamtheit der Käufer zur Verfügung zu stellen"[23].

---

[22] Protokolle, Bd. 5, 1899, S. 163.

[23] RGZ 84, 125, 129, 128 v. 1914, dazu kritisch, insbesondere im Hinblick auf die Interessengemeinschaft der Gläubiger, H.O. de Boor, Die Kollision von Forderungsrechten, 1928, S. 20ff. (S. 27: „der Gedanke der 'Interessengemeinschaft der Gläubiger' ... würde den Rahmen des relativen Rechts sprengen. Denn er würde zu einer Pflicht gegenseitiger Rücksichtnahme, zu Rechtsbeziehungen der Gläubiger zueinander führen, die allerdings dem Forderungsrecht einen absoluten Einschlag geben müßte"), 135ff. De Boor will an dem überlieferten und in den Motiven, Bd. 1, 1888, S. 276 deutlich zum Ausdruck gebrachten Grundsatz der isolierten Betrachtungsweise bei der Forderungskollision und damit am Präventionsprinzip festhalten. – Aus jüngerer Zeit s. B. Gsell, Beschaf-

Das Reichsgericht hat an dieser auf § 242 BGB gegründeten Rechtsprechung zur Befriedigung nach Anteilen festgehalten und die herrschende Ansicht ist ihm bis auf den heutigen Tag gefolgt[24].

Entsprechenden Lösungen begegnen wir etwa bei Sammelladung und Sammellagerung sowie in Fällen summenmäßiger Haftungsbegrenzung. Hat ein Verkäufer mehrere Gattungskäufe abgeschlossen und die für die Abnehmer bestimmten Quantitäten, etwa Getreide, Kohlen, Öl, zulässigerweise als Sammelsendung ungetrennt dem Frachtführer übergeben und tritt während des Transports ein Mengenverlust ein, so wird überwiegend unter Bejahung des Gefahrübergangs nach § 447 BGB angenommen, der Verlust treffe die Käufer nach dem Verhältnis ihrer Forderungen.[25] Nach dem früheren § 60 Abs. 2 BinnenSchG waren bei lose geladenen Gütern von gleichartiger Beschaffenheit ein Mindergewicht oder Mindermaß und ebenso ein etwaiges Übergewicht oder Übermaß unter die einzelnen Empfänger nach dem Verhältnis der für sie bestimmten Mengen zu verteilen.

Auch wenn durch einen Kraftfahrzeugunfall mehrere Personen getötet oder verletzt werden, verringern sich die Entschädigungsforderungen der Gläubiger in dem Verhältnis, in dem ihr Gesamtbetrag zu dem Haftungshöchstbetrag (von zur Zeit 3.000.000,-- € im Fall der Tötung oder Verletzung mehrerer Personen) steht, § 12 Abs. 2 StVG. Vergleichbare Bestimmungen zur proportionalen Verringerung der Entschädigungen, wenn deren Gesamtbetrag den Höchstbetrag überschreitet, finden sich in §§ 33, 37 Abs. 3 LuftVG, für das Seerecht in Art. 12 Abs. 1 des Londoner Haftungsbeschränkungsübereinkommens v. 1976 i.V.m. § 23 Abs. 1 SeeverteilungsVO,[26] ferner in §§ 10 Abs. 2 HaftpflG;[27] 15 S. 2

---

fungsnotwendigkeit und Leistungspflicht (Die Haftung des Gattungsverkäufers beim Eintritt nachträglicher Erfüllungshindernisse), 1998, S. 159 ff., die im Ergebnis dem Reichsgericht folgt.

24 S. etwa RGZ 91, 333 v. 1917; RGZ 95, 268 v. 1919 (weitere Nachweise bei de Boor, S. 136 Fn. 177); K. Larenz, Lehrbuch des Schuldrechts, Bd. 1, 14. Aufl. 1987, S. 155 m. Fn. 10; J. Gernhuber, Das Schuldverhältnis, 1989, § 10 IV 8, S. 250ff. (der statt auf eine Interessengemeinschaft auf die aus dem Schuldverhältnis entspringenden Rücksichtspflichten abstellt); Palandt/ Heinrichs, BGB, 61. Aufl. 2002, § 243 Rz. 3. Weitere Nachweise bei Gsell (o. Fn. 23). Vgl. auch Heuer, Unmöglichkeit der Leistung, LZ 1914, 370ff. (Eigelb aus Hankau). – Nach Einführung des § 313 Abs. 1 BGB durch die Schuldrechtsreform dürfte sich die verhältnismäßige Herabsetzung als „Anpassung des Vertrages“ rechtfertigen lassen.

25 HansOLG Hamburg Recht 1916 Nr. 654; de Boor, S. 130 ff.; Soergel/ Huber, BGB, 12. Aufl. 1991, § 447 Rz. 31. – Zur Sammellagerung vgl. den (aufgehobenen) § 32 OrderlagerscheinVO (Abzug eines angemessenen Hundertsatzes bei Gewichtsverlust); A. Baumbach/ K. Hopt, HGB, 31. Aufl. 2003, § 469 Rz. 6.

26 S. dazu D. Rabe, Seehandelsrecht, 4. Aufl. 2000, Art. 12 LondHBÜ Rz 1, S 134.

UmwelthaftpflG; 33 S. 2 GentechnikG; 10 Abs. 2 ProdukthaftpflG; 88 S. 2 ArzneiMG; 8 Abs. 3 BDatSchG sowie außerhalb des Bereichs der Gefährdungshaftung in § 156 VVG. Nicht zu vergessen ist schließlich der Prototyp einer verwirklichten Gefahrengemeinschaft, die auf die *Lex Rhodia* über den Seewurf (D. 14,2) zurückgehende große Haverei der §§ 700ff. HGB, für die § 716 HGB vorsieht: „Der gesamte Schaden, welcher die große Haverei bildet, wird über das Schiff, die Ladung und die Fracht nach dem Verhältnisse des Wertes des Schiffes und der Ladung und des Betrages der Fracht verteilt".[28]

III. Befriedigung in der Insolvenz

1. Daß nicht bevorrechtigte Gläubiger im Insolvenzverfahren nur eine Quote erhalten, steht nach der Insolvenzordnung von 1994 ebenso fest wie schon früher nach der Konkursordnung von 1877. Nach § 195 InsO bestimmt der Gläubigerausschuß für eine Abschlagsverteilung auf Vorschlag des Insolvenzverwalters den zu zahlenden Bruchteil. Die entsprechende Vorläufervorschrift des § 159 KO sprach von dem zu zahlenden Prozentsatz.

Ermittelt wird der Bruchteil aus dem Verhältnis der für die Verteilung zur Verfügung stehenden Barmittel (§§ 187 Abs. 2 S. 1, 188 InsO) zu der Summe der zu berücksichtigenden Forderungen, wobei auch die noch anfallenden Masseverbindlichkeiten in Betracht zu ziehen sind[29]. Die Insolvenzgläubiger erhalten mithin den Teilbetrag, der sich aufgrund einer für alle gleich geltenden prozentualen Kürzung ihrer Forderung ergibt.

2. Dies wird heutzutage als selbstverständlich und nicht weiter begründungsbedürftig angesehen. Jedenfalls ist nicht ersichtlich, daß in der juristischen Literatur der letzten Dezennien eine nähere Begründung für diese Art der Verteilung gegeben worden ist.

Man wird nicht fehlgehen in der Annahme, daß dies darauf beruht, daß das Insolvenz- und zuvor das Konkursverfahren ein gesetzlich eingerichtetes Verfah-

---

[27] Allerdings nur bei Schäden durch Energieanlagen. – Ebenso im Sonderfall der §§ 31 Abs.1 S. 2 i.V.m. 25 Abs. 3 AtomG (wo jedoch im Regelfall die Haftung summenmäßig unbegrenzt ist).

[28] Vgl. Paul. D. 14,2,2,2: Es hat sich die Meinung durchgesetzt, daß alle, die ein Interesse daran hatten, daß der Seewurf vorgenommen wurde, [zum Schadensausgleich] beisteuern müssen, weil die auf diese Weise geretteten Sachen einen Beitrag schuldeten. Daher sei auch der Schiffseigentümer anteilsmäßig [zum Schadensausgleich] verpflichtet. Der Schadensbeitrag muß entsprechend dem Geldwert der geretteten Sachen aufgeteilt werden.

[29] S. nur W. Uhlenbruck in: W. Uhlenbruck (Hrsg.), Insolvenzordnung, 12. Aufl. 2003, § 195 Rz. 5.

ren ist, um „die Gläubiger eines Schuldners gemeinschaftlich zu befriedigen, indem das Vermögen des Schuldners verwertet und der Erlös verteilt oder in einem Insolvenzplan eine abweichende Regelung insbesondere zum Erhalt des Unternehmens getroffen wird“ (§ 1 InsO). Der Umstand gesetzlicher Festlegung des Verfahrens bietet allerdings, auch wenn dieses Verfahren an Bewährtes anknüpft, noch keine Erklärung dafür, weshalb die Masse in der genannten Weise verteilt wird.

Die Motive zum Entwurf der Konkursordnung lassen jedoch eine Erklärung erkennen: „Wohl aber treten die Gläubiger kraft Gesetzes in eine Gemeinschaft (communio incidens), in eine zufällige, denn wenn auch die Theilnahme an dem Verfahren dem Belieben eines Jeden überlassen ist, so entsteht doch unabhängig von dem Willen des Einzelnen – durch die Existenz der anderen Forderungen, das Zahlungsunvermögen des Schuldners und die Kollision aller Gläubiger – unter ihnen die rechtliche Gemeinschaft. Diese allerdings ist es, welche das Verhältnis der Konkursgläubiger zu einander und das Konkursverfahren in Unterscheidung von jedem anderen Verteilungsverfahren charakterisiert. Das Befriedigungsrecht des Einzelnen erleidet durch den entstandenen Konkursanspruch eines Jeden rechtliche Beschränkung. Die Gemeinschaft hat zum Grund und Gegenstand: das Befriedigungsrecht eines jeden Gläubigers auf das gesammte, unzureichende Vermögen des Gemeinschuldners, zum Zweck und Inhalt: die gemeinschaftliche Befriedigung Aller aus diesem Vermögen. Darum darf kein Gläubiger rücksichtslos gegen die anderen sein einzelnes Befriedigungsrecht gegen den Schuldner verfolgen, darum dürfen Zwangsvollstreckungen zu Gunsten Einzelner nicht vorgenommen werden; das gleiche Recht aller verlangt, daß keiner seinen Anspruch anders als im gemeinschaftlichen Verfahren ausübe“[30].

Da sich bei der Gemeinschaft die Berechtigung der Teilhaber nach deren Anteil bemißt und im Hinblick auf den Konkurs als „Gemeinschaftsverhältnis“ die Forderungen der Gläubiger als deren „Anteile“ anzusehen sind, muß sich bei der Auseinandersetzung das Recht des einzelnen Gläubigers/ Teilhabers nach dem Verhältnis seines Anteils bemessen.

3. Diese gewissermaßen „privatrechtliche“ Einordnung des Verhältnisses der Konkursgläubiger, die nach heutiger Auffassung „eine Interessengemein-

[30] Motive, S. 18, abgedr. bei C. Hahn, Die gesammten Materialien zur Konkursordnung, 1881, S. 47. Der auf dem Dresdener Entwurffußende Vorentwurf folgt dem, s. W. Schubert, Die Vorentwürfe der Redaktoren zum BGB, Recht der Schuldverhältnisse, Bd. II/3, 1980, S. 222 f. (neue Zählung).

schaft, aber keine Rechtsgemeinschaft" bilden[31], ist ersichtlich vom römischen Recht inspiriert.

Das ordentliche Verfahren der Vermögensvollstreckung war bis gegen Ende des 3. Jh. die *venditio bonorum* (Vermögensverkauf).[32] Es begann damit, daß der Prätor den betreibenden Gläubiger in den ‚Besitz' des Schuldnervermögens zu dessen Erhaltung und Verwaltung einwies (*missio in bona rei servandae causa*). Die Tatsache dieser Einweisung wurde durch öffentlichen Anschlag (*proscriptio*) bekanntgegeben, um den weiteren Gläubigern die Teilnahme am drohenden Konkursverfahren zu ermöglichen. Sie hatten innerhalb der Proskriptionsfrist von grundsätzlich 30 Tagen (15 Tage beim Nachlaßkonkurs) ihre Forderungen anzumelden. War die Proscriptionsfrist abgelaufen, ohne daß der betreibende Gläubiger befriedigt worden war, so wurden die Gläubiger vom Prätor zusammengerufen, um aus ihrer Mitte einen Geschäftsführer (*magister bonorum*) zu wählen, der aufgrund der Verkaufsbedingungen, die von ihm aufzustellen und vom Prätor zu genehmigen waren, den Verkauf des Schuldnervermögens im Wege öffentlicher Versteigerung durchführte. Derjenige Bieter, der den Gläubigern die höchste Quote ihrer Forderungen bot, erhielt den Zuschlag (Ersteher des Schuldnervermögens, *bonorum emptor*).

Die *missio in bona* wurde von den römischen Juristen als eine das gemeinsame Interesse aller Gläubiger wahrende Maßnahme angesehen (Ulp. D. 36, 4, 5,2; Paul. D. 42,5,12 pr.). Ein Gläubiger, der nach diesem Beschlagnahmezeitpunkt seiner Forderung eingezogen hatte, mußte sich auf seinen Anteil (*portio*) beschränken und alles darüber hinausgehende herausgeben: ... *neque enim debuit praecipere ceteris post bonna possessa, cum iam par condicia omnium creditorum facta esset*, Iul.-Ulp. D. 42,8,6,7 (er durfte nach der Beschlagnahme des Vermögens den anderen nämlich nicht vorwegnehmen, weil die Rechtslage aller Gläubiger schon gleich geworden war).[33] Machte der Gläubiger nach der *missio in bona* Verwendungen auf das Schuldnervermögen, so konnte er diese mit einer besonderen Klage von den anderen Gläubigern anteilig ersetzt verlangen. Denn die Klage aus Geschäftsführung ohne Auftrag war ebensowenig gegeben wie in dem Fall, „daß ein Miteigentümer das gemeinsame Haus (*commune aedificium*) abgestützt hat, weil auch dieser Gläubiger ersichtlich ein gemeinschaftliches, kein fremdes Geschäft, *commune non alienum negotium*) geführt hat", Ulp. D. 42,5,9,4. Diese und ähnliche

---

[31] BVerwG NJW 1962, 979, 980 (mit Mentzel/ Kuhn).

[32] Näheres dazu bei M. Kaser/ K. Hackl, Das römische Zivilprozeßrecht, 2. Aufl. 1996, S. 388 ff.

[33] Diesem Text ist das Wort von der *par condicio creditorum* entnommen.

Äußerungen in den Quellen lassen vermuten, daß die römischen Juristen die Gemeinschaft der Konkursgläubiger mit der Bruchteilsgemeinschaft (*communio*) verglichen haben. Justinian hat später ausdrücklich davon gesprochen, daß unter den Konkursgläubigern im Hinblick auf den Vermögensbesitz eine *communio* bestehe.[34]

5. Für das römische Konkursverfahren war die verhältnismäßige Befriedigung der Gläubiger selbstverständlich; der *bonorum emptor* hatte bei der Versteigerung ebendies übernommen.[35] Ob aber das Prinzip der verhältnismäßigen Verteilung aus dem römischen Recht in unser Recht gelangte, ist ungewiß. Zu den Quellen des deutschen Rechts wird vor wie nach der Rezeption meist das Präventionsprinzip zugrundegelegt. Der Gläubiger, der die erste Besatzung des Schuldnervermögens erlangte, ging allen späteren vor; diese wurden nach der Reihenfolge befriedigt, in der sie ihre Forderungen gerichtlich geltend gemacht und deren Sicherung sie das Schuldnervermögen besetzt hatten. Seit der 2. Hälfte des 13. Jh. kam in niederdeutschen Quellen, vor allem in den Hansestädten, die verhältnismäßige Verteilung des Schuldnervermögens auf. Dazu nimmt die seit dem 19. Jh. fest etablierte herrschende Ansicht an, dies sei durch die Bedürfnisse des Handelsverkehrs ausgelöst worden, denn es habe eine Benachteiligung auswärtiger Gläubiger vermieden werden müssen, die von der Insolvenz ihres Kunden erst später Nachricht erhielten als die Kaufleute vor Ort, denen die Beschlagnahme viel früher möglich war. Auch hätten wahrscheinlich Einflüsse durch das Recht der oberitalienischen Städte die Umgestaltung des Konkursrechts begünstigt.[36] Doch dürfte dies zu einseitig gesehen sein. Beispielsweise bleibt unberücksichtigt, daß das wie der Codex Justinians in 12 Stücke eingeteilte Hamburger Ordeelbook von 1270, in dem das neue Verfahren vorgesehen ist, von dem Ratsnotar Magister Jordan von Boizenburg verfaßt ist,

---

[34] C. 7,72,10 pr., 1 (aus 532). S. zu alldem E. Eck, Die sogenannten doppelseitigen Klagen des römischen und gemeinen Rechts, 1870, S. 132 ff. – Auch haben die Klassiker die *possessio* des betreibenden Gläubigers mit einem Pfandrecht verglichen (Kaser/Hackl [o. Fn. 32], S. 392); daraus ist von einem Teil der gemeinrechtlichen Doktrin eine Rechtsgemeinschaft am Pfandrecht *communio pignoris*) der Konkursgläubiger abgeleitet worden.

[35] Auch wenn es so gewesen sein sollte, daß der *bonorum emptor* den Kaufpreis bar erlegte, wäre es nicht anders; die Quotenrechte der Gläubiger würden sich am Kaufpreis fortsetzen, so O. Behrends, Der Zwölftafelprozeß, 1974, S. 185 f.

[36] S. etwa V. v. Meibom, Das deutsche Pfandrecht, 1867, S. 457 ff.; O. Stobbe, Zur Geschichte des älteren deutschen Konkursverfahrens, 1888, S. 20 f. (mit Rezension von L. Seuffert, Krit. Vjschr. 32, 1890, 96 ff.); J. Kohler, Lehrbuch des Konkursrechts, 1891, S. 32 ff.; W. Uhlenbruck, Einhundert Jahre Konkursordnung in: W. Uhlenbruck / B. Klasmeyer / B. M. Kübler, Einhundert Jahre Konkursordnung 1877 - 1977, 1977, S. 8 ff.

der in Bologna studiert und in das Ordeelbook erkennbar römischrechtliche Bestimmungen aufgenommen hat.[37]

IV. Weitere Teilungsprinzipien

1. Die verhältnismäßige Teilung nach Anteilen ist allerdings nicht so selbstverständlich, wie sie uns erscheint. Im babylonischen Talmud findet sich ein Verteilungsverfahren, das in der modernen Spieltheorie auf höchste Anerkennung gestoßen ist. Der Traktat Kethuboth enthält fol. 93 a die folgende Mischna, die wie überhaupt die gesamte Mischna um 200 n. Chr. von Rabbi Jehuda, dem „Fürsten“, aus dem jüdischen Traditionsstoff gebildet worden ist (in der Übersetzung von Lazarus Goldschmidt):

> „Wenn jemand drei Frauen geheiratet hatte und gestorben ist, und die Morgengabe der einen eine Mine[38], der anderen zweihundert und der dritten dreihundert Zuz beträgt und nur eine Mine vorhanden ist, so teilen sie gleichmäßig; sind zweihundert vorhanden, so erhält, die eine Mine [zu bekommen hat], fünfzig, und die zweihundert und dreihundert [zu bekommen haben], je drei Gold[denare];[39] sind dreihundert vorhanden, so erhält, die eine Mine [zu bekommen hat], fünfzig, die zweihundert [zu bekommen hat], eine Mine, und die dreihundert [zu bekommen hat], sechs Gold[denare].[40] Auch drei, die [Geld] in den Beutel getan und Verlust oder Gewinn erzielt haben, teilen ebenso.“[41]

Es überrascht, daß die Verteilung unter den hier grundsätzlich gleichberechtigten[42] Frauen unterschiedlich ausfällt, je nachdem, welchen Umfang der

---

[37] Ausgabe: J. M. Lappenberg, Die ältesten Stadt-, Schiff- und Landrechte Hamburgs, 1845, Nachdr. 1966, S. 1 ff.; dazu H. Reincke, Das hamburgische Ordeelbook von 1270 und sein Verfasser, SZ (Germ. Abt.) 72 (1955) S. 83 ff.; ders., Frühe Spuren römischen und kanonischen Rechts in Niedersachsen, Fsch. Haff, 1950, S. 174ff.

[38] Also 100 Zuz.

[39] Also 75 Zuz.

[40] Mithin 150 Zuz.

[41] Kethuboth 10,4 (fol. 93 a) bei L. Goldschmidt, Der babylonische Talmud, Bd. 5, 1931, S. 297. Englische Übersetzung bei I. Epstein (Ed.), The Babylonian Talmud, Jeder Nashim, Bd. 2, Soncino Press 1936, S. 589 f. (Trad. I W. Slotki).

[42] Die kethubah war ein beurkundetes Zahlungsversprechen des Ehemannes, das in erster Linie die Sicherung der Frau bei Beendigung der Ehe, insbesondere im Fall der Scheidung, bezweckte und auch die Scheidung erschweren sollte. Übliche Beträge waren 100 Zuz für eine geschiedene oder verwitwete Frau, 200 Zuz für eine Jungfrau. Bei konkurrierenden Forderungen – Polygamie war gestattet – ging die Forderung der früheren Ehefrau der der späteren vor. Im konkreten Fall müssen die Urkunden über die kethuba an einem und demselben Tage ausgestellt worden sein. S. zu alldem G. Horowitz, The Spirit of Jewish Law, 1973, S. 308 ff. Vgl. auch Kethuboth 10,5 (93 b).

Nachlaß hat. Die A hat eine Forderung über 100, die B eine über 200 und die C über 300. Im Grundfall macht der Nachlaß 100 aus. Da die drei Frauen gleichmäßig teilen, erhält jede 33 1/3; die Teilung erfolgt nach Köpfen. In der 1. Variation finden sich 200 im Nachlaß: A erhält 50, B 75 und C ebenfalls 75. In der 2. Variation macht der Nachlaß 300 aus: Wie zuvor erhält A 50, auf B entfallen 100 und auf C 150: Hier kommt es mithin zu proportionaler Teilung. Sind danach die Lösungen des Grundfalls und der 2. Variation für sich erklärlich, so bleibt doch fraglich, worauf die Lösung der 1. Variation beruht und wodurch sich die wechselnde Verteilung rechtfertigt.

Die 2. Variation zeigt, daß A, nachdem sie in der 1. Variation 50 und damit die Hälfte erhalten hat, bei der späteren Verteilung nicht mehr berücksichtigt wird. Aus der 1. Variation ergibt sich, daß B und C die verbliebenen 150 nach Köpfen teilen. Damit läßt sich das übergeordnete Prinzip erkennen: Die Teilung erfolgt so lange nach Köpfen, bis eine Beteiligte die Hälfte erhalten hat. Diese scheidet damit (vorerst) aus der Verteilung aus und die Verbleibenden teilen weiterhin nach Köpfen, bis die nächste in Höhe der Hälfte Befriedigung erlangt. Man kann dies als eine beschränkt gleichmäßige Verteilung bezeichnen;[43] bei Lichte besehen handelt es sich freilich nur um eine Modifikation des Prinzips der Teilung nach Köpfen. Es ist deshalb anzunehmen, daß dann, wenn der Nachlaß 400 ausmacht, die über 300 hinausgehenden 100 wieder nach Köpfen geteilt werden und daß beispielsweise bei einem Nachlaß von 500 die A 100, also volle Befriedigung erhält, während auf B und C jeweils 175 bzw. 225 entfallen.[44]

Im allgemeinen wirkt sich eine verhältnismäßige Verteilung umso günstiger aus, je größer die Forderung ist, eine Aufteilung nach Köpfen hingegen umso günstiger, je geringer die Forderung ist. Die beschränkt gleichmäßige Verteilung nach Kethuboth 10,4 führt, wie sich in graphischer Darstellung gut veranschaulichen ließe, in der Regel zu Lösungen, die zwischen den Ergebnissen der gleichmäßigen Verteilung nach Köpfen liegen.[45] Das könnte daran denken lassen, dieses Verteilungsverfahren sei gewählt worden, um die

---

[43] Näheres dazu bei R. J. Aumann/M. Maschler, Game Theoretic Analysis of a Bankruptcy Problem from the Talmud, Journal of Economic Theory, Bd. 36, 1985, S. 195 ff., 196, 201 (den Hinweis verdanke ich meinem Kollegen Werner Hildenbrand; der Spieltheoretiker Aumann ist 2005 mit dem Wirtschafts-Nobelpreis ausgezeichnet worden). Diese Autoren sprechen von einer constrained equal division. Siehe jüngst auch M. Balinski, Die Mathematik der Gerechtigkeit, Spektrum der Wissenschaft März 2004, S. 90 ff.

[44] So sehen es auch Aumann/Maschler, S. 200 f.

[45] Für Gläubiger mit mittlerer Forderungshöhe wie B ist diese Verteilung bei mittlerer Vermögensgröße (im Beispiel zwischen 150 und 300) sogar vorteilhafter als die verhältnismäßige Verteilung und die nach Köpfen. Dies hat mir mein Mitarbeiter Lars Thießen nachgewiesen.

Witwe mit der geringsten Forderung und damit der geringsten Versorgung zu begünstigen. Diese Annahme ginge jedoch fehl; denn im Schlußsatz der Mischna wird klargestellt, daß diese Verteilung auch für den Verlust und den Gewinn gilt, wenn mehrere „[Geld] in den Beutel getan", also eine Gesellschaft abgeschlossen und Betriebskapital eingebracht haben.[46] Zwar wird das Verteilungsprinzip hier von Rabbi Nahmann in der Gemara auf Fälle der Veränderung des Wertes der eingebrachten Münzen beschränkt;[47] doch ändert dies nichts daran, daß die beschränkt gleichmäßige Verteilung auch außerhalb der Kethubah-Forderungen Anwendung fand.

2. In der Gemara zu unserer Mischna wird gefragt: „Wieso erhält, die eine Mine zu bekommen hat, fünfzig, ihr kommen ja nur dreiunddreißig und ein Drittel zu?"[48] Ferner wird zur 2. Variation gefragt: „Wieso erhält die [Inhaberin der] zweihundert eine Mine, ihr stehen ja nur 75 Zuz zu?"[49] Hinter diesen Fragen steht ein weiteres Verteilungsprinzip, das von Rabad (Rabbi Abraham ben David, 1125–1198) als das geeigneteste befürwortet wurde und das, weil in der Gemara aufscheinend, schon im 3. oder 4. Jh. bekannt gewesen sein muß.[50] Diesem Verteilungsverfahren liegt eine sehr gegenständliche Vorstellung vom Vermögen zugrunde, das offenbar als aus Minen bestehend gedacht wird. Angenommen, das Gesamt-vermögen beläuft sich auf 500 Zuz, also 5 Minen, und es bestehen Forderungen der Gläubiger G_1 - G_4 über 100, 200, 300 und 400. Da G_1 mit seiner Forderung auf 100 nur Anspruch auf eine Mine haben kann, da aber auch G_1 -G_3 Anspruch auf diese Mine haben, wird sie unter die vier Gläubiger aufgeteilt; jeder erhält 25. G_1 muß danach , da er nicht mehr als die Mine zu beanspruchen und diese mit den anderen zu teilen hat, aus der weiteren Verteilung ausscheiden.

G_2 ist in Höhe von 200 berechtigt und kann deshalb an der Verteilung der nächsten Mine teilnehmen; er erhält ebenso wie G_3 und G_4 1/3 von dieser Mine und wird im weiteren nicht mehr berücksichtigt. Auf die dritte Mine haben G_3 und G_4 Anspruch; sie teilen, so daß jeder 50 erhält. Die vierte Mine schließlich kann nur G_4 beanspruchen; er erhält sie ganz. Daraus ergibt sich, daß G_1 25 erhält, G_2 58 1/3, G_3 108 1/3 und G_4 208 1/3. Das nach unserem Empfinden sehr befremdliche Ergebnis dieser stufenweisen Verteilung ist, daß nicht das gesamte Vermögen verteilt ist, dem Schuldner trotz seiner Überschuldung vielmehr die fünfte und letzte Mine verbleibt. Überraschend ist ferner, daß G_1, der Gläubiger

---

46 Horowitz (o. Fn. 41), S. 562; vgl. auch Goldschmidt (o. Fn. 41), S. 297 Fn. 67; Slotki (o. Fn. 41), S. 590 Fn. 10.

47 Kethuboth 93 b, vgl. Goldschmidt, S.299 Fn. 82,83; Slotki, S. 594 Fn.4. Denn als Grundsatz galt, daß die Gesellschafter Gewinn und Verlust verhältnismäßig teilen.

48 Goldschmidt Bd. 5, S. 297; Soncino-Ausgabe (o. Fn. 41), Bd. 2, S. 590.

49 Kethuboth 93 a, vgl. Goldschmidt, Bd. 5, S. 29; Soncino-Ausgabe , Bd. 2, S. 597 f.

50 Aumann/Maschler (o. Fn. 41), S. 203 m. Fn. 14.

mit der geringsten Forderung, nur 25% erhält, G_4 als der größte Gläubiger dagegen 52%. Natürlich ist sein effektiver Verlust mit 192 wesentlich höher als der des G_1; doch ist der Verlust des G_3 nicht geringer.

Auf der Grundlage dieses Verfahrens wird begreiflich, weshalb die Fragen in der Gemara voraussetzen, A dürfe nicht mehr als 33 1/3 und B nicht mehr als 75 Zuz erhalten, dürften doch beide an der Verteilung auf der jeweils nächsthöheren Stufe nicht mehr beteiligt sein. Daß für B statt der zu erwartenden 83 1/3 (33 1/3 + 50) nur 75 Zuz angesetzt werden, beruht darauf, daß in der Gemara im Anschluß an R. Samuel unterstellt wird, B habe der A die schriftliche Erklärung erteilt, sie, B, werde ihren Anteil an der 1. Mine gegenüber A nicht geltend machen. A habe deshalb nur mit C teilen müssen und daher die 50 erhalten. Da B aber nicht der C gegenüber verzichtet habe, müsse diese ihre Hälfte aus der 1. Mine mit B teilen, so daß B aus der 1. Mine 25 Zuz erhalte, zu der dann die 50 Zuz als hälftiger Anteil aus der 2. Mine hinzugenommen seien.

Der Notbehelf, einen Verzicht zu unterstellen, und die juristische Schwäche der Erklärung, die voraussetzen muß, B habe mit ihrem einseitigen Verzicht die Rechtslage der C verschlechtern, deren Anteil von 33 1/3 nämlich auf 25 Zuz schmälern können – dies beides zeigt, daß mit dem Prinzip der stufenweisen Verteilung die in der Mischna zugrundegelegte Verteilung nicht befriedigend erklärt werden kann. Darin liegt zugleich eine Bestätigung dafür, daß die beschränkt gleichmäßige Verteilung die treffende Erklärung für das in der Mischna dargestellte Verfahren bietet.

3. Es ist bislang offenbar noch nicht gesehen worden, daß sich zur Mischna Kethuboth 10,4 eine Parallele in den Digesten findet:

D. 30,80 *Apud Iulianum libro trigesimo securando digestum Marcellus notat:*

Is, qui sola triginta reliquerat, Titio triginta legavit, Seio viginti, Maevio decem. Massurius Sabinus probat Titium quindecim, Seium decem, Maevium quinque consecuturos, ita tamen, ut ex his pro rata portionis Falcidiae satisfiat.

D. 30,80 Bei *Julian* im 32. Buch seiner Digesten merkt *Marcellus* an:

Jemand, der nur 30 hinterließ, hat dem Titius 30 vermacht, Seius 20 und Maevius 10. Massurius Sabinus hält es für richtig, daß Titius 15, Seius 10 und Maevius 5 erhalten, und zwar mit der Maßgabe, daß daraus nach dem Verhältnis der Anteile der Lex Falcidia Genüge getan wird.

Marcellus hilft der Überschwerung des Nachlasses ab, indem er die Vermächtnisse proportional auf die Hälfte kürzt und dann in einem zweiten Schritt aus den gekürzten Anteilen ebenfalls in proportionaler Kürzung das Viertel herausschneidet, das dem Erben nach der *Lex Falcidia* (40 v. Chr.) erhalten bleibt und im konkreten Fall 7 1/2 ausmacht. Die Vermächtnisse belaufen sich demnach auf 11 1/4 für Titius, 7 1/2 für Seius und 3 3/4 für Maevius, insgesamt also auf 22 1/2[51].

Die Lösung ist an sich selbstverständlich;[52] es ist kaum zu erkennen, wie sie anders sein sollte. Leider sind der Zusammenhang und insbesondere die Ausführungen Julians, die Marcellus zu seiner Note veranlaßten, nicht mehr erkennbar. Daß Marcellus die Autorität des Sabinus (1. Hälfte des 1. Jh.) bemüht, könnte ein Indiz dafür sein, daß sich zu der Frage, wie zu verteilen sei, seinerzeit noch keine feste Auffassung gebildet hatte. Auffällig ist jedenfalls, daß der Fall ganz parallel zur 2. Variation unserer Mischna liegt: Genau im Zehntel werden die Zahlenverhältnisse wiedergegeben, drei Personen sind mit entsprechenden Forderungen beteiligt, die insgesamt das Doppelte des Nachlasses ausmachen; die Lösungen stimmen überein. Es ist deshalb gut denkbar, daß auch unter den römischen Juristen andere Verteilungsverfahren diskutiert wurden und daß ein Zusammenhang zwischen den Diskussionen der *iurisprudentes* und der Rabbinen besteht; für die Annahme, daß es bereits unter den römischen Juristen Anhänger der beschränkt gleichmäßigen Verteilung gegeben habe, bietet D. 30,80 jedoch keine hinreichende Stütze.[53] Allerdings sollte die Intensität des Gedankenaustauschs im antiken Mittelmeerraum nicht unterschätzt werden.

4. Es zeigt sich, daß wir auch in dem hier erörterten Bereich weithin auf römischen Fundamenten stehen und daß die uns selbstverständlich gewordenen Teilungsregeln so selbstverständlich nicht sind, daß „jedes alte Weib so entscheiden könnte“[54]. Den Freund Zoltan Végh wird alldas nicht überraschen, haben die Nachwirkungen des römischen Rechts im heutigen doch immer sein waches Interesse gefunden, sei es, um unsere Rechtsordnung zu verstehen, sei es ob des „Ergetzen[s], sich in den Geist der Zeiten zu versetzen, zu schauen, wie vor uns ein weiser Mann gedacht und wie wir´s dann zuletzt so herrlich weit gebracht“[55].

---

51 S. auch D. Schanbacher, Ratio legis Falcidiae, 1995, S. 24f.

52 Vgl. o. Fn. 19 zu § 2090 BGB.

53 Insofern ist der Bericht von I. Kroppenberg, SZ 120, 2003, 443 mißverständlich.

54 So der indische König Phraotes (bei Philostratus, Vita Apollonii 2,39 [ed. F.C. Conybeare, 1950]) zur Halbteilung als Lösung in einem Falle, in dem ein Schatz in einer Kaufsache gefunden worden war. Apollonius bemerkt dazu, offenbar seien die Parteien keine Philosophen, denn dann würden sie sich um Gold nicht streiten, und er rät dem König, den Schatz dem zuzusprechen, der ein von Schuld freies Leben führe. Näheres dazu bei D. Nörr, Ethik und Jurisprudenz in Sachen Schatzfund, Bullettino dell'Istituto di diritto romano, Bd. 75 (1972) 11ff.

55 Um mit dem Philologus Wagner in des Doktors Studierzimmer zu sprechen.

Ambigua lex venditionis – Paulus/ Alfenus D. 18,1,40 pr.

Christoph Krampe, Bochum

Für die Vertragsinterpretation der republikanischen Jurisprudenz vermittelt die Paulinische Epitome der Digesten Alfens ein anschauliches Beispiel:

I. D. 18,1,40 pr.: Text und Übersetzung

PAULUS libro quarto epitomarum Alfeni digestorum Qui fundum vendebat, in lege ita dixerat, ut emptor in diebus triginta proximis fundum metiretur et de modo renuntiaret, et si ante eam diem non renuntiasset, ut venditoris fides soluta esset: emptor intra diem mensurae quo minorem modum esse credidit renuntiavit et pecuniam pro eo accepit: postea eum fundum vendidit et cum ipse emptori suo admetiretur, multo minorem modum agri quam putaverat invenit: quaerebat, an id quod minor is esset[1]) consequi a suo venditore posset. respondit interesse, quemadmodum lex diceretur: nam si ita dictum esset, ut emptor diebus triginta proximis fundum metiatur et domino renuntiet, quanto modus agri minor sit, quo[2]) post diem trigensimum renuntiasset, nihil ei profuturum: sed si ita pactum esset, ut emptor in diebus proximis fundum metiatur et de modo agri renuntiet, etsi[3]) in diebus triginta renuntiasset minorem modum agri esse, quamvis multis post annis posse eum quo minor is[4]) modus agri fuisset repetere.

Der Verkäufer eines Grundstücks hatte in einer Vertragsklausel bestimmt, dass der Käufer innerhalb der nächsten dreißig Tage das Grundstück vermessen und hinsichtlich der Größe Anzeige machen sollte, und dass, wenn er vor diesem Termin keine Anzeige gemacht habe, die Verkäuferpflicht erfüllt sei. Der Käufer hat innerhalb der Vermessungsfrist eine geringere Fläche in dem nach seiner Meinung gegebenen Umfang angezeigt und dafür den entsprechenden Geldbetrag erhalten. Später hat er dieses Grundstück verkauft, und als er es selbst seinem Käufer zumaß, hat er entdeckt, dass die Grundstücksfläche noch viel

1 Zu lesen ist: quod minoris esset. Vgl. H. Menge, Lehrbuch der lateinischen Syntax und Semantik, neu bearbeitet von Th. Burkard u. M. Schauer, Darmstadt 2000, S. 376: Genetivus quantitatis. Vgl. z. B. die Ausgabe der Brüder Kriegel, Leipzig 1844.

2 Anders Mommsen: quod. Vgl. auch die neuen Ausgaben des Corpus Iuris Civilis III, hrsg. von O. Behrends, R. Knütel, B. Kupisch, H. H. Seiler, Heidelberg 1999, S. 454, und von J. E. Spruit, R. Feenstra, K. E. M. Bongenaar, III, 's-Gravenhage 1996, S. 436.

3 Mommsen: si?; so auch die neue niederländische Ausgabe (o. Fn. 2). Zu lesen ist et si (siehe unten Fn. 29).

4 Zu lesen ist wohl auch hier quo minoris. Vgl. H. Menge (o. Fn. 1), S. 505 f.: Genetivus quantitatis mit ablativus mensurae.

geringer war als angenommen. Er bat um Auskunft, ob er Erstattung des der Mindergröße entsprechenden Betrags von seinem Verkäufer erlangen könne. Alfenus (Servius) hat das Gutachten erteilt, es komme darauf an, mit welcher Maßgabe die Klausel ausbedungen wurde. Denn wenn man bestimmt habe, der Käufer solle in den nächsten dreißig Tagen das Grundstück messen und dem Eigentümer anzeigen, um wie viel die Grundstücksfläche geringer sei, dann werde es ihm nichts nützen, soweit er die Anzeige nach dem dreißigsten Tag gemacht habe. Wenn die Vereinbarung aber dahin gegangen sei, dass der Käufer in den nächsten Tagen das Grundstück messen und hinsichtlich der Grundstücksfläche eine Anzeige machen solle, und wenn er innerhalb der Dreißig-Tage-Frist angezeigt habe, dass die Grundstücksfläche zu gering sei, dann könne er auch noch beliebig viele Jahre danach Erstattung des der geringeren Fläche entsprechenden Betrags verlangen.

Diese Übersetzung weicht von der neueren deutschen Übersetzung nicht nur im sprachlichen und sachlichen Detail, sondern auch gerade an der Stelle ab, wo es um ihr Grundverständnis geht. Aus der Sicht der Herausgeber beginnt das Responsum wie folgt:

„Er hat das Gutachten erteilt, es komme darauf an, wie die Vertragsklausel laute. Denn wenn sie so formuliert gewesen sei“ etc.[5]).

Es werden jedoch nicht zwei unterschiedliche Formulierungen unterschieden, sondern zwei Deutungsmöglichkeiten ein und derselben Vertragsklausel.

II. Sachverhalt, Quästio, Responsum

Das für Alfens *digesta* charakteristische Responsenschema[6]) bestimmt den Aufbau der Stelle: Sachverhalt, Quästio und Responsum.

1. Sachverhalt und Quästio

Zu Beginn ist der Sachverhalt geschildert (*Qui fundum vendebat – invenit*). Es geht um die *venditio* eines *fundus* mit einer *lex dicta venditionis*[7]). Vorausgesetzt wird ein Barkauf[8]) mit Identifizierung und Übergabe des Grund-

5 Corpus Iuris Civilis (o. Fn. 2), S. 454.

6 H. J. Roth, Alfeni Digesta, Eine spätrepublikanische Juristenschrift, Berlin 1999, S. 26 f. (Freiburger Rechtsgeschichtliche Abhandlungen, N. F. 32).

7 J. G. Wolf, Error im römischen Vertragsrecht, Köln, Graz 1961, S. 41 mit Anm. 62 (Forschungen zum Römischen Recht, 12).

8 J. G. Wolf, Per una storia della *emptio venditio*: l’acquisto in contanti quale sfondo della compravendita romana. Una lezione, IVRA 52 (2001, pubbl. 2005), S. 34 Anm. 21.

stücks sowie Zahlung des wohl nach *iugera* bemessenen Kaufpreises entsprechend der angenommenen, aber noch nicht durch Vermessung gesicherten Grundstücksgröße[9]). Die *traditio* bei Vertragsschluss wird durch die Vermessungs- und Anzeigefrist der *lex dicta* nahe gelegt, folgt aber auch aus dem *metiri* des *emptor* und dessen *admetiri* als *venditor*. Eine Manzipation hat nicht stattgefunden, heißt es doch, der Käufer solle dem Eigentümer Anzeige machen (*domino renuntiet*[10]).

Der Käufer hat das Grundstück fristgerecht vermessen und dem Verkäufer eine geringere Grundstücksfläche in dem nunmehr angenommen Umfang angezeigt (*renuntiavit*). Daraufhin hat er einen dieser geringeren Größe entsprechenden Geldbetrag erhalten (*accepit*), sodann das Grundstück weiterveräußert und, nunmehr in der Rolle des Verkäufers, seinem Käufer zugemessen. Dabei hat er eine gegenüber der ersten Vermessung weit geringere Grundstücksfläche festgestellt.

Die im Indikativ geschriebene Schilderung des Geschehens (*vendebat, dixerat, renuntiavit, accepit, vendidit, invenit*), gibt den als feststehend vorausgesetzten, unstreitigen Sachverhalt wieder. Der *narratio* folgt die *quaestio* des Käufers, ob er von seinem Verkäufer Erstattung eines weiteren, der Mindergröße entsprechenden Teils des Kaufpreises verlangen kann (*quaerebat, an id quod minoris*[11]) *esset consequi a suo venditore posset*). Gefragt wird nicht etwa nach der *actio de modo agri,* sondern nach der *actio empti*[12]).

2. Das Responsum

Das Responsum des Alfenus, wohl genauer das von Alfenus wiedergegebene Responsum des Servius, besteht in einer ergebnisoffenen Distinktio, eingeleitet durch die Worte, es komme darauf an, mit welcher Maßgabe die Vertragsklausel gesprochen wurde (*respondit interesse, quemadmodum lex diceretur*). Die Übersetzung, es komme darauf an, „wie die Vertragsklausel laute"[13]), ist unvereinbar mit der sogleich folgenden Distinktio, deren zweite Variante dem in der Sachverhaltsschilderung wiedergegebenen Wortlaut der Vertragsklausel entspricht. Es kann daher nicht darauf ankommen, wie die soe-ben wiedergegebene Klausel „lautet". Der Jurist gibt vielmehr ein differenzierendes

---

9 Vgl. Paulus/ Alfenus D. 18,1,40,2: *Qui agrum vendebat, dixit fundi iugera decem et octo esse, et quod eius admensum erit, ad singula iugera certum pretium stipulatus erat.*

10 B. Biscotti, Il mercante e il contadino, Labeo 45, 1999, S. 372 Anm. 10.

11 Genetivus quantitatis (o. Fn. 1 und 4).

12 O. Lenel, Quellenforschungen in den Ediktskommentaren, ZRG Rom. Abt. 3 (1882), S. 195 Anm. 62.

13 Corpus iuris civilis (o. Fn. 2).

Responsum entsprechend den unterschiedlichen Deutungsmöglichkeiten der *lex dicta*. Denn mit den Formulierungen, der Käufer soll „hinsichtlich der Grundstücksgröße Anzeige machen" (*ut de modo renuntiaret*) und „wenn er nicht anzeigt" (*si non renuntiaret*) wird nicht ausdrücklich gesagt, was angezeigt werden soll. Ohne Angabe des Gegenstands ist ‚*de modo renuntiaret*' daher interpretationsbedürftig. Wenn ein solcher Klauselinhalt in der Sachverhaltsschilderung wiedergegeben ist, so handelt es sich entweder um die wörtliche Wiedergabe der zwar unstreitig so gesprochenen, aber doppeldeutigen und in dieser Hinsicht streitigen *lex dicta* oder um die Wiedergabe des Sachverhalts mit einer die verschiedenen Parteibehauptungen überdeckenden allgemeinen und dem entsprechend unklaren Formulierung. Das Responsum des Juristen bezieht sich daher auf eine *lex dicta venditionis ambigua*. Demgemäß enthält die *narratio* zu Beginn der Stelle den für die *quaestio* relevanten, aber unvollständigen Sachverhalt: Inhalt und Bedeutung der *lex dicta* sind unklar und streitig.

Die Distinktio entspricht den beiden Deutungsmöglichkeiten[14]). Zunächst (*si ita dictum esset – profuturum*) wird die für den Käufer ungünstige, danach (*sed si ita pactum esset – repetere*) die für ihn günstige Interpretation aufgezeigt[15]). Ihm ungünstig ist es, den in der Klausel nicht eigens genannten Gegenstand der Anzeige hinzuzudenken, dass der Käufer innerhalb von dreißig Tagen anzeigen solle, um wie viel die Grundstücksfläche geringer ist als bei Vertragsschluss angenommen (*si ita dictum esset, ut emptor diebus triginta proximis fundum metiatur et domino renuntiet, quanto modus agri minor sit*). Dann nämlich werde ihm das nach Ablauf der Dreißig-Tage-Frist Angezeigte nichts nützen (*quo post diem trigensimum renuntiasset, nihil ei profuturum*[16]). Dem Käufer günstig ist es hingegen, die Klausel beim Wort zu nehmen, sie also im Sinne einer allgemeinen Anzeigeobliegenheit ohne Angabe der Mindergröße zu interpretieren (*sed si ita pactum esset, ut emptor in diebus proximis fundum metiatur et de modo agri renuntiet*). In diesem Fall könnte er, wenn er fristgerecht eine Mindergröße angezeigt hat, auch noch viele Jahre später den der wirklichen Mindergröße entsprechenden Geldbetrag zurückfordern (*et si in diebus triginta renuntiasset minorem modum agri esse, quamvis multis post annis posse eum quo minoris modus agri fuisset repetere*).

Ein solches Verständnis der Distinktio entspricht nicht der bisherigen Auffassung, in unserer Stelle gehe es um zwei verschiedene Formulierungen einer *lex dicta venditionis*[17]). Bereits D. Gothofredus[18]) spricht von einer zwei-

[14] Potentialis, nicht Irrealis. Vgl. Fn. 27.

[15] Arg. Konjunktiv Präsens *ut metiatur et renuntiet.*

[16] Zu ergänzen ist *esse*, nicht *fuisse*, arg. *posse* in der zweiten Variante.

[17] So explizit L. De Sarlo, Alfeno Varo e i suoi digesta, Milano 1940, S. 88 ff.

fachen, der Distinktio entsprechenden Klausel, die als Vemessungsbedingung einem Kaufvertrag hinzugefügt werden kann (*venditioni duplex haec mensurandi conditio potest adici*). H. Hulot hat den Beginn des Responsum mit den Worten übersetzt, man müsse die Vertragsklausel genau prüfen, geht aber mit Gothofredus von zwei verschiedenen Klauseln aus („qu'il fallait bien examiner qu'elle avait été la clause du contrat"[19]). Unserem Ansatz ähnlich spricht neuestens B. Biscotti[20]) von einem "responso duplice e di non univoca interpretatione", erkennt dann aber, "che l'elemento rilevante per potere rispondere al quesito proposto, sta nel modo in cui è stata formulata la *lex*". Letztes entspricht der heute gängigen Auffassung. Eigentümlich ist zunächst die Auffassung von J. Mackintosh[21]), Alfenus verweise den Käufer einfach auf die Vertragsklausel mit ihrer bestimmten Dreißig-Tage-Frist (*in diebus triginta proximis*) und füge hinzu, bei unbestimmter Frist (*in diebus proximis*) verhalte es sich anders. Damit aber würde die zweite Variante der Distinktio zur juristischen Banalität. Die in der zweiten Variante zwar unbestimmt formulierte Frist nimmt doch ersichtlich Bezug auf die Dreißig-Tage-Frist der Sachverhaltsschilderung. Nicht also die Frist, sondern das innerhalb der Frist Anzuzeigende bestimmt die Distinktio.

Allerdings beziehen die Autoren, die sich zuletzt mit dem Alfenus-Fragment auseinandergesetzt haben, nur die zweite Variante des Responsum auf den eingangs vorausgesetzten Sachverhalt, die erste jedoch auf einen davon abweichenden hypothetischen Fall. Während P.W. Duff[22]) es bei der Bemerkung belässt, „the point of the text seems to be that the rights of the parties may depend on the choice between two almost synonymous turns of phrase", besteht für D. Daube[23]) der Aufbau des Responsum zunächst in einer Einführung, sodann in einem hypothetischen Fall und schließlich in der Antwort auf den aktuellen Fall. Daube sieht in der Struktur des Textes „the product of a jurisprudence dominated by the task of *cavere*: the task of advising on, and preparing, forms of contract and other transactions in such a way as to guard against the

[18] Nota ad h.l., ed. Lugduni 1607.

[19] H. Hulot, Les cinquante livres du Digeste ou des Pandectes 2, Metz 1804 (réimpr. Aalen 1979), S. 549.

[20] B. Biscotti (o. Fn. 10), S. 370 f.

[21] J. Mackintosh, The Roman Law of Sale, 2. ed., Edinburgh 1907, S. 85 f. Vgl. bereits D. Gothofredus (o. Fn. 18): *Diversitatis haec ratio est : cum quae certo ac finito temporis spatio concedatur, ea finitum spatium excedere non possint. Quippe certa ac finita egredi non oportet. Indefinite dicta, quocumque possunt recte perfici.*

[22] P.W. Duff, An arrangement concerning shortage of measure and pacts in general, in: Studies in the Roman Law of Sale, Dedicated to the memory of Francis de Zulueta, ed. David Daube, Oxford 1959, repr. Aalen 1977, S. 64 – 67; dazu die Rez. von V. Arangio-Ruiz, IVRA 11, 1960, S. 312 und M. Kaser, ZRG Rom. Abt. 77 (1960), S. 462.

[23] D. Daube, Slightly Different, IVRA 12, 1961, S. 82 ff., 87.

pitfalls a layman might overlook, and above all, against the dangers threatened by a narrow, literal interpretation". Auch F. Horak, H. J. Roth und J. D. Harke sehen nur die zweite Variante auf die konkrete Anfrage bezogen. Horak[24]) rügt die fallbezogene Aussage als „Juristenentscheidung, die der sprachlichen Formulierung der *lex contractus* abgepresst wird". H. J. Roth[25]) stützt seine Kennzeichnung der Alfenischen Distinktionen als „didaktisch" insbesondere auch auf unsere Stelle, weil „hier der tatsächlich vereinbarten Vertragsklausel eine leicht abgewandelte Alternative gegenübergestellt" werde. J. D. Harke[26]) schließlich glaubt, Alfen ermittle „die Bedeutung der umstrittenen Klausel durch Vergleich mit einer verwandten *lex dicta*, deren Rechtsfolge ausgemacht ist".

Doch schon aus sprachlichen Gründen ist ein solches Verständnis der Distinktio unhaltbar. Beide Varianten sind in indirekter, von *respondit* abhängiger Rede geschrieben, jeweils mit einer in den Infinitiv gesetzten Hauptaussage. Untergeordnet sind konjunktivische Konditionalsätze und weitere, die abhängige Rede fortsetzende Passagen im Infinitiv oder Konjunktiv. Es handelt sich zwar um „hypothetische" Aussagen, aber in der zweiten Variante nicht anders als in der ersten. Deshalb ist der Konjunktiv Imperfekt des ersten Konditionalsatzes (*si ita dictum esset*) nicht etwa als Irrealis zu verstehen, sondern ebenso wie zu Beginn der zweiten Variante (*sed si ita pactum esset*) als Indefinitus oder Potentialis in Abhängigkeit von *respondit*[27]). Es sind die beiden Auslegungsmöglichkeiten, die durch den auf den Sachverhalt und die Quästio bezogenen Satz, es komme darauf an, *quemadmodum lex diceretur*, angekündigt sind. Die These, das Responsum bestehe zunächst aus einer hypothetischen, didaktischen ersten Variante und erst danach aus einer auf den gegebenen Sachverhalt bezogenen Variante, beruht auf der irrigen Annahme, in letzterer werde mit den Worten *de modo agri renuntiet* einfach die Sachverhaltsangabe *de modo renuntiaret* wiederholt. Damit aber werden Sachverhalt und Responsum vermengt. Es ist jedoch zu unterscheiden: In der *narratio* ist diese Passage als Inhalt der *lex dicta* wiedergegeben, im Responsum aber als eine vom Juristen für möglich gehaltene, nämlich diesem Wortlaut strikt folgende Auslegungsvariante. Dem entspricht es, dass die Klausel als Bestandteil des Sachverhalts im Imperfekt zum Ausdruck gebracht ist (*ut de modo renuntiaret*), als Auslegungs-

---

24 F. Horak, Rationes decidendi I, Aalen 1969, S. 208 f.

25 H. J. Roth (o. Fn. 6), S. 124 ff.

26 J. D. Harke, *Si error aliquis intervenit* – Irrtum im klassischen römischen Vertragsrecht, Berlin 2005, S. 317 f. Anm. 155 (FRA, N.F. 45).

27 Vgl. das Beispiel bei H. Menge (o. Fn. 1), S. 824 f.: Der Satz ‚*Si hoc dixeris, te vituperabo*' wird als Indefinitus oder Potentialis in der Abhängigkeit, etwa von einem ‚*putavit*', unter Berücksichtigung der *consecutio temporum* zu ‚*Putavit me, si hoc dixisses, te vituperaturum esse*'.

variante aber ins Präsens gesetzt ist (*renuntiet*): Die damals dem Kaufvertrag beigefügte *lex dicta* kann – hier und jetzt – als *‚de modo renuntiet'* wörtlich interpretiert werden (2. Variante), kann aber auch *‚renuntiet, quanto modus agri minor sit'* meinen (1. Variante).

III. Id quod actum est

Der Auslegungsmaßstab des konsultierten Juristen, *id quod actum est*, wird im weiteren Verlauf des Paulus-Alfenus-Fragments ausdrücklich hervorgehoben: *Respondit maxime referre, quid est actum*[28]). Alfenus folgt seinem Lehrer Servius, von dem es in einer Labeo-Epitome des Javolen heißt: *scio Servium respondisse, primum sequendum esse quod appareret actum esse*[29]). Auch in unserer Stelle wird auf das *pactum* Bezug genommen, also auf die Parteivereinbarung, welche die Auslegung der vom Verkäufer gesprochenen *lex dicta* bestimmt. Schon die *veteres* kennen zwar die Regel, eine *lex dicta* werde gegen den Verkäufer ausgelegt[30]). Aber auf eine solche *interpretatio contra venditorem* nimmt das Responsum in keiner Weise Bezug[31]). Alfenus zieht vielmehr sowohl eine verkäuferfreundliche erste Auslegungslegungsvariante als auch eine käuferfreundliche Wortlautauslegung in Erwägung. Keinesfalls wird letzterer der Vorzug gegeben. Vielmehr ist letztere so zum Ausdruck gebracht, dass sie der Jurist für eher unwahrscheinlich hält. Wenn Alfenus nämlich zugunsten des Käufers eine Auslegung der *lex dicta* als fristgerechte Anzeigeobliegenheit ohne Angabe eines bestimmten Vermessungsergebnisses für möglich hält und hinzufügt, der Käufer könne in diesem Fall noch viele Jahre nach Fristablauf Rückerstattung entsprechend der wirklichen Mindergröße verlangen, so liest sich das *quamvis multis post annis* wie die Konsequenz einer zwar möglichen, aber doch wohl fernliegenden Parteivereinbarung.

---

28 Vgl. Paulus/Alfenus D. 18,1,40,3: *respondit maxime referre, quid est actum*; dazu F. Pringsheim, Id quod actum est, ZRG Rom. Abt. 78 (1961), S. 1 ff., 9, 18 ff.; neuestens U. Babusiaux, Id quod actum est, Zur Ermittlung des Parteiwillens im klassischen römischen Zivilprozeß, München 2006, S. 192 ff; F. Wieacker, Römische Rechts-geschichte I, München 1988, S. 603.

29 Labeo 5 posteriorum a Iavoleno epitomatorum D. 18,1,80,2; dazu U. Babusiaux (o. Fn. 28), S. 213.

30 Papinianus 5 quaestionum D. 2,14,39: *Veteribus placet pactionem obscuram vel ambiguam venditori et qui locavit nocere, in quorum fuit potestate, legem apertius conscribere*; Paulus 5 Sab. D. 18,1,21: *Labeo scripsit obscuritatem pacti nocere potius debere venditori qui id dixerit quam emptori, quia potuit re integra apertius dicere.* Dazu J. G. Wolf (o. Fn. 7), S. 41 mit Anm. 63; Ch. Krampe, Die *ambiguitas*-Regel: *Interpretatio contra stipulatorem, venditorem, locatorem*, ZRG Rom. Abt. 100 (1983), S. 224 f.; U. Babusiaux (o. Fn. 28), S. 203.

31 Anders H. J. Roth (o. Fn. 6), S. 125 f., aber mit zutreffendem Hinweis auf Alfenus 7 dig. D. 19,2,29.

Was die Parteien vereinbart haben, ist im Streitfall eine Beweisfrage, muss also in einem Rechtsgutachten letztlich unbeantwortet bleiben. Indessen gibt Alfenus (Servius) dem Konsulenten mit der zweiten Variante den Tatsachenvortrag an die Hand, den er für eine schlüssige *actio empti* vorbringen muss, nämlich erstens die ihm günstige Auslegungsversion, dass der Käufer innerhalb von dreißig Tagen das Grundstück vermessen und nur allgemein eine Mindergröße anzeigen solle (*ut emptor in diebus proximis fundum metiatur et de modo renuntiet*), und natürlich zweitens, dass er dieser Anzeigeobliegenheit nachgekommen ist, dass er nämlich innerhalb von dreißig Tagen eine Mindergröße angezeigt hat (*et si in diebus triginta renuntiasset minorem modum agri esse*). Der zweite Teil des Klägervortrags ist demnach nicht mit ,auch wenn' (*etsi*), sondern mit ,und wenn' (*et si*) angeschlossen[32]). Dass überhaupt eine solche Wortlautinterpretation in Erwägung gezogen wird, dürfte daran liegen, dass das Vermessen des Grundstücks zu den Pflichten des Verkäufers gehört[33]). Bei einer *lex dicta*, welche diese Pflicht dem Käufer zuschiebt, handelt es sich demnach um eine Haftungsausschlussklausel. Wohl auch deshalb hält Alfenus in diesem Fall eine restriktive Wortlautauslegung für möglich[34]).

Zusammenfassend lässt sich festhalten: Der Text gibt ein Responsum zu einem Einzelfall wieder. Alfenus behandelt nicht zwei verschiedene Vertragsklauseln – eine hypothetische und eine wirkliche –, sondern einen Kaufvertrag mit einer unklaren Klausel. Mit seiner Distinktio berücksichtigt der Jurist diese Unklarheit. Denn das Responsum stellt darauf ab, ob die Klausel im Sinne der einen oder der anderen Variante auszulegen ist. Der Jurist erörtert nicht zunächst eine vom Sachverhalt abweichende, „didaktische" Variante, um sodann in der zweiten Variante auf die Fallfrage zu antworten. Die Distinktio entspricht vielmehr dem insoweit doppeldeutigen Sachverhalt, nämlich der *ambigua lex dicta* und den beiden Interpretationsmöglichkeiten. Es ist eine durch die Umstände des zur Begutachtung vorgelegten Falles veranlasste Distinktio. Indessen könnte der Jurist mit der literarischen Verarbeitung in seinen Digesten über die Wiedergabe seines Gutachtens hinaus durchaus auch didaktische Zwecke verfolgt haben[35]). Denn zum einen vermittelt der Auszug aus dem Werk des juristi-

---

32 Vgl. O. Lenel, Palingenesia iuris civilis I, Leipzig 1889, Alfenus Nr. 62, Sp. 50; anders Mommsen (o. Fn. 3). Unhaltbar ist die den Text ins Gegenteil verkehrende Vermutung von D. Gothofredus (o. Fn. 18), ein *non* sei zu ergänzen: *etsi non illis diebus (ea negatione adiecta hunc locum legendum puto) renuntiaverit minorem modum agri esse.*

33 Vgl. Paulus/Alfenus D.18,1,40,2: *Qui agrum vendebat, dixit fundi iugera decem et octo esse, et quod ei admensum erit, ad singula iugera certum pretium stipulatus erat.*

34 A. Bechmann, System des Kaufs nach gemeinem Recht III, 2, 2, Leipzig 1908, S. 220 f.

35 H. J. Roth (o. Fn. 6), S. 102 ff., 127 ff.

schen Schriftstellers dem Schüler die Respondiertechnik des *iurisconsultus*[36]), und zum anderen werden die Parteien und die Kautelarjuristen dahin gehend belehrt, dass sie künftig eine Vermessungsklausel nicht länger mit dem hier behandelten Auslegungsproblem belasten.

Erkennt der Jurist die Vertragsklausel als doppeldeutig und zieht er darum beide Auslegungsmöglichkeiten in Betracht, so bevorzugt er nicht die in der zweiten Variante für möglich gehaltene Wortlautauslegung. Die Worte *quamvis multis post annis* lassen eher vermuten, dass er hier eine strikte Wortlautauslegung zwar für möglich, nicht aber für wahrscheinlich hält. Bei Horaz findet sich für Alfenus das Attribut *vafer*[37]). Hier ist das Wort kaum pejorativ im Sinne von „gerissen"[38]) oder „spitzfindig"[39]) gemeint. Gerade auch unsere Stelle vermittelt eher das Bild eines subtil, aber problemgerecht distinguierenden Fachjuristen.

---

[36] Zu weiteren Alfenus/ Servius-Stellen vgl. bereits Ch. Krampe, *Tabernarius consulebat, Alfenus respondit* – D. 9,2,52,1 Alfenus 2 digestorum, in: Viva vox iuris Romani, Essays J. E. Spruit, Amsterdam 2002, S. 134 ff.; ders., Eine Auslegungs-*distinctio* Alfens: D. 17,2,71 pr. Paulus 3 epitomarum Alfeni digestorum, in: Iurisprudentia universalis, Festschr. Th. Mayer-Maly, Köln 2002, S. 357 ff.

[37] Horatius, Sermones I, 3, 130: *ut Alfenus vafer omni abiecto instrumento artis clausaque taberna sutor erat: sapiens operis sic optimus omnis est opifex, solus sic rex.*

[38] So die Übersetzung von H. Färber und W. Schöne in der Tusculum-Ausgabe.

[39] H. J. Roth (o. Fn. 6), S. 18.

Operae et dies freigelassener Sklavinnen in Erwartung des 50. Lebensjahres[*]

Carla Masi Doria, Napoli

Mit dem Gefühl einer tief empfundenen Dankbarkeit und Freundschaft gegenüber den Salzburger Romanisten, kehre ich nun an diesen angesehenen Ort zurück, an dem ich vor siebzehn Jahren zu Beginn meiner wissenschaftlichen Arbeit mit großem Wohlwollen von Wolfgang Waldstein und Theo Mayer-Maly empfangen worden bin. Von ihnen, ebenso wie von Max Kaser, habe ich viel gelernt. Seit den ersten Tagen meiner Salzburger Zeit hatte ich eine weiteres Glück, eine Gruppe von Freunden zu treffen, deren menschliche und wissenschaftliche Aspekte ich zu schätzen lernte und mit denen, die mich damals in eine Familie aufnahmen, eine dauerhafte Freundschaft schließen konnte: mit Zoltán Végh, den wir heute *feliciter* feiern, mit Karl Hackl, Johanna Filip-Fröschl, Martin Schermaier, Peter Mader und dann mit Michael Rainer, hier in Salzburg Nachfolger von Wolfgang Waldstein. Gerade in Erinnerung dieser Salzburger Zeit habe ich mich vor kurzem wieder des Problems des Verhältnisses zwischen *patroni* und *liberti* angenommen, eine Thematik, die ausgehend von der Lektüre des großartigen Buches von Wolfgang Waldstein bezüglich der *operae*[1] über viele Jahre hinweg mein wissenschaftliches Interesse in Beschlag genommen hat. Es ist heute meine Absicht, einige - nicht endgültige - Überlegungen über die besondere Beziehung zwischen *patroni* und *libertae* nach der Freilassung vorzutragen.

Die ehemaligen Herren, die nun nach der Freilassung zu Patronen wurden, denen die Freigelassenen Sklavinnen größte Ehrerbietung schuldeten, verfügten über eine weitreichende Kontrollbefugnis, die auch das Liebes- und Sexualleben der eigenen Freigelassenen betraf. So entstanden sicher in gewisser Zahl sehr verabscheuungswürdige Verhältnisse, aber auch Verbindungen, die auf Liebe und Leidenschaft beruhten.

Insbesondere mit diesen Aspekten, aber auch mit weiteren Fragen betreffend die Verbindungen zwischen Patron und Freigelassene, wie zum Beispiel, ob der Patron die Freigelassene als *uxor* nehmen (*ducere*) konnte, auch wenn sie

---

[*] Der Text entspricht, ergänzt um einige Fußnote, dem Vortrag, den ich am 27. November 2004 in Salzburg beim '*Romanistischen Symposium aus Anlass des 65. Geburtstages von Zoltán Végh*' gehalten habe. Für die Übertragung des Vortrages ins Deutsche möchte ich meinen lieben Freunden und Kollegen Michael Rainer und Anna Seelentag herzlich danken.

[1] W. Waldstein, *Operae libertorum. Untersuchungen zur Dienstpflicht freigelassener Sklaven* (Stuttgart 1986).

nicht einverstanden war, «*invita*»[2], habe ich mich in einer Arbeit befasst, die in dem Vortragsband zum Symposium für E. Kupiszewski erschienen ist[3].

Die Quellen von verschiedener Typologie scheinen, die Behauptung von Staermann[4], deren Interpretation vielleicht zu sehr von einer strengen Ideologie beherrscht war, die jedes Gefühl in einem Verhältnis ablehnte, dass sie im Wesentlichen als ökonomische Ausbeutung bezeichnete, zu widerlegen[5]. Im Gegenteil, die Bevorzugung des weiblichen Geschlechts in der *manumissio*, die kürzlich von Ingomar Weiler[6] betont wurde, ergibt sich aus den Quellen und dürfte durch Liebe und Leidenschaft der Patrone gegenüber ihren ehemaligen

---

[2] Vgl. D. 23.2.28 (Marcian. 10 *inst.*). *Invitam libertam uxorem ducere patronus non potest*; D. 23.2.29 (Ulp. 3 *ad l. Iul. et Pap.*) *quod et Ateius Capito consulatu suo fertur decrevisse. Hoc tamen ita observandum est, nisi patronus ideo eam manumisit, ut uxorem eam ducat.*

[3] *Matrimoni e «tresche» libertine. Qualche osservazione sul rapporto patrono-liberta*, in *Marriage: Ideal - Law - Practice. Proceedings of a Conference Held in Memory of Henryk Kupiszewski*, Hrg. Z. Służewska, J. Urbanik (Warsaw 2005) 123 ff. Auf diese Arbeit greife ich hier zurück um den vorliegenden Beitrag einzuleiten.

[4] *Die Blütezeit der Sklavenwirtschaft in der römischen Republik* (Wiesbaden 1969) 211. Kritisch bereits A. Wacke, *Manumissio matrimonii causa: le mariage d'affranchies d'après les lois d'Auguste*, in *RHD.* 67 (1989) 417 [=*Estudios de Derecho romano y moderno en quatro idiomas* (Madrid 1996)]; und in erweiterter Fassung Id., *Manumissio matrimonii causa. Die Freilassung zwecks Heirat nach den Ehegesetzen des Augustus*, in *Fünfzig Jahre Forschungen zur antiken Sklaverei an der Mainzer Akademie 1950-2000* (Stuttgart 2001) 140.

[5] S. z.B. die Geschichte der Allia Postestas: *CIL.* VI 37965, und dazu *CIL.* I^2 1259 (vgl. S. 840) = VI 37806 = *ILS.* 7480 = *ILLRP.* II 802: ... *patrono dum vixsit placuit* (vgl. zur aktuellen Literatur, *CIL.* I^2/2 Bnd. 4 *add.* III [Berolini-Novi Eboraci 1986] 973). Zu dieser Quelle grundlegend A. Degrassi, *Un mercante di buoi di Roma*, in *Epigraphica III*, in *Mem. Acc. Naz. Lincei* Cl. sc. mor., stor. filol. R. VIII 13 (1967) 49 ff. [=*Scritti vari di antichità* III (Venezia-Trieste 1967, Nachdr. 1972) 148 ff.]. Vgl. S. Treggiari, *Roman Freedmen during the Late Republic* (Oxford 1969) 211; G. Fabre, *Libertus. Recherches sur les rapports patron-affranchi à la fin de la république romaine* (Roma 1981) 243, 251. Desweiteren Plaut. *Most.* 1.167. *Volo me placere Philolachi, meo occello, meo patrono*; App. *b. c.* 4.24. S. zu dieser Geschichte und der Person Allia Potestas F. Hinard, *Les proscriptions de la Rome républicaine* (Rome 1985) 281, insbes. 469 f.; G. Rizzelli, *Il dibattito sulle LL. 28-29 dell'Elogio di Allia Potestas*, in *SDHI.* 61 (1995) 623 ff.; E. Höbenreich, [G. Rizzelli,] *Scylla. Fragmente einer juristischer Geschichte der Frauen im antiken Rom* (Wien-Köln-Weimar 2003) 153 ff.

[6] I. Weiler, *Eine Sklavin wird frei. Zur Rolle des Geschlechts bei der Freilassung*, in *Fünfzig Jahre Forschungen zur antiken Sklaverei* zit. insbes. 131, aber hierzu muss man sich die Zurückhaltende Position der Jurisprudenz vergegenwärtigen, die in der Diskussion um die *iustae causae* bezüglich der *lex Aelia Sentia* hervortritt; vgl. D. 40.2.16 pr. (Ulp. 2 *ad l. Ael. Sent.*). *Illud in causis probandis meminisse iudices oportet, ut non ex luxuria, sed ex affectu descendentes causas probent: neque enim deliciis, sed iustis affectionibus dedisse iustam libertatem legem Aeliam Sentiam credendum.*

ancillae geprägt gewesen sein[7]. Gewiss, dieser Aspekt erscheint von Mal zu Mal unter verschiedenen Vorzeichen und ist von verschiedenem Charakter der Akteure und den verschiedenen Situationen abhängig.

Zumindest unter einer juristischen Betrachtungsweise konnten wenigsten bis zum Beginn des Prinzipats sexuelle Handlungen auch innerhalb des *officium* angenommen werden, die die *liberta* oder der *libertus* dem Patron schuldeten. Doch wenn man die juristischen Überlegungen verfolgt, so wird man darin die Absicht erkennen, der sexuellen Ausbeutung von Sklaven und Freigelassenen ein Ende zu setzen oder sie zumindest einzuschränken. Es handelt sich weder um vereinzelte Versuche noch um die Ansichten einzelner Juristen, sondern in zunehmendem Maße um ein dichtes Netz juristischer Interpretationen und kaiserlicher Eingriffe. Aus diesem vielfältigen Geflecht tauchen die verschiedenen Formen der Unterwerfung auf sowie in der Folge das Streben die Würde der Sklaven und Freigelassenen, jedenfalls zu bewahren und zu schützen, ein Umstand, den Wolfgang Waldstein besonders hervorgehoben hat[8], nicht nur in seinem wichtigen Werk betreffend die *operae libertorum*. So fand in der fortschreitenden Spezifizierung auf definitorische Art der *operae libertorum* eine qualitative Dimension im zunehmenden Ausmaße Berücksichtigung. Dabei gelangte man zur Bestimmung besonderer Umstände der Leistung, die in Wahrheit den Ansprüchen der Patronen Grenzen setzten. Die Tätigkeit musste *honeste non contra dignitatem liberti et sine turpitudine*[9] erfolgen, so wie es zahlreiche Stellen des Titels 38.1 der Digesten *de operis libertorum* beweisen.

Auch in Bezug auf die Kontrollgewalt, die der Patron über den Bereich des Liebes- und Sexuallebens und folglich über das Eheleben seinen Untergebenen[10] ausübte, kann man den Versuch ausmachen, den Einfluss der Patrone zu beschränken, dieses Mal durch Gesetz. Es handelt sich um ein Verbot der lex Iulia *de maritandis ordinibus*, welches Patronen untersagte, einer Sklavin den

---

7 Hierzu jetzt I. Weiler, *Eine Sklavin wird frei* zit. 113 ss. (mit einer eingehenden Analyse und aktueller Literatur). Zum besonderen Interesse der Juristen für dieses Thema s. S. Treggiari, *Questions on Woman Domestics in the Roman West*, in *Schiavitù, manomissione e classi dipendenti nel mondo antico* (Roma 1979) insbes. 200.

8 Vgl. W. Waldstein, *Operae libertorum* zit. 392 f.; Id., *Zum Menschsein von Sklaven*, in *Fünfzig Jahre Forschungen zur antiken Sklaverei* zit. 49 f.; C. Masi Doria, *Inpudicitia, officium e operae libertorum*, in *Civitas operae obsequium. Tre studi sulla condizione giuridica dei liberti* (Napoli 1993) 73 f. [= *ZSS.* 110 (1993) 97 ff.].

9 S. D. 38.1.16 pr. (Paul. 40 *ad ed.*). ... *operas debebit praestare, si haec sint, quae quandoque honeste et sine periculo vitae praestantur* ...; D. 38.1.17 (Paul. *l. sing. de iure patron.*) *Nec audiendus est patronus, si poscit operas, quas vel aetas recusat vel infirmitas corporis non patiatur vel quibus institutum vel propositum vitae minuitur*; D. 38.1.34 (Pomp. 22 *ad Q. Muc.*). ... *nam dum languet libertus, patrono operae, quae iam cedere coeperunt, pereunt* ...; D. 38.1.38 pr. (Call. 3 *ed. monit.*). *Hae demum impositae operae intelleguntur, quae sine turpitudine praestari possunt et sine periculo vitae* ...

10 Auch nach der Freilassung und über die vormundschaftliche Gewalt hinaus.

Schwur abzuringen, nicht zu heiraten, nach ihren Freilassung D. 37.14.6.4 (Paul. 2 *ad l. Ael. Sent.*). *Lege Iulia de maritandis ordinibus remittitur iusiurandum, quod liberto in hoc impositum est, ne uxorem duceret, libertae, ne nuberet, si modo nuptias contrahere recte velint.* Dieses Verbot wurde in der Folgezeit durch eine Sanktion der *lex* Aelia Sentia des Jahres 4 n. Chr. eingeschärft: sowohl der Patron wie auch seine Söhne sollten des *ius patronatus* verlustig gehen: D. 37.14.15 (Paul. 8 *ad l. Iuliam et Papiam*). *Qui contra legem Aeliam Sentiam ad iurandum libertum adegit, nihil iuris habet nec ipse nec liberi eius* und wie es scheint ist dadurch auf dem Schwur des *libertus non tollere liberos* jede Kraft genommen (D. 37.14.6 pr., Paul. 2 *ad l. Ael. Sent.*).

Offenbar diente die Praxis des Schwures, sich nicht verheiraten zu wollen, dazu die Entstehung von Familien Freigelassener mit legitimen Kindern zu verhindern[11]. Diese Kinder hätten allein durch ihre Existenz zumindest vor der lex Papia auf Grund des prätorischen Ediktes die Patrone von jedem erbrechtlichen Anspruch bezüglich des Vermögens ihrer Freigelassenen ausgeschlossen. An das erinnert uns sehr gut Gaius in seinem langen Exkurs bezüglich der Erbfolge der Freigelassenen 3.40 ff.[12]. Die Freilassung in Verbindung mit einem Schwur bezüglich der Ehelosigkeit konnte den Patronen als gute Investition erscheinen. In der Tat, auf Grund der erbrechtlichen Bestimmungen seit den Zwolf Tafeln und der *bonorum possessio*, die vom Prätor zugunsten der Patrone im letzten Jahrhundert der Republik eingeführt worden war, kam das gesamte Vermögen der Freigelassenen ohne Kinder in der *successio ab intestato*, oder die *dimidia pars*, wenn der Freigelassene ein Testament gemacht hatte und einen *heres extraneus* oder einen *suus non naturalis* eingesetzt hatte[13], an den Patron. Abgesehen von diesen erbrechtlichen Aspekten konnte die Geburt von Kindern *in potestate* des Freigelassenen auch seine Verpflichtung *operae* zu leisten, beeinflussen. In der Tat befreiten oder mehr Kinder, den Freigelassenen von der Pflicht, *operae* zu leisten (D. 38.1.37 pr., Paul. 2 *ad l. Iul. et Pap.*)[14]. Im Übrigen lehrt uns ein allgemeiner Blick auf Ehegesetze des Augustus, dass man auch das *ius liberorum* miteinbeziehen muss, ein Privileg zugunsten derjenigen

---

[11] S. z.B. D. 37.14.6.2 (Paul. 2 *ad l. Ael. Sent.*) worin ein signifikant Unterschied erkennbar ist zwischen dem Freigelassenen, der *liberos tollere* kann, und dem gegenüber der Eid nicht galt, und dem Kastraten, der den Eid, wenn der Patron ihn verlangte, nicht ablehnen konnte. Letzteres aus dem offensichtlichen Grund, dass es nicht gegen die *ratio legis*.

[12] Zu diesem Text des Gaius und zum Erbrecht des patrons am Vermögen des Freigelassenen vgl. mein *Bona libertorum. Regimi giuridici e realtà sociali* (Napoli 1996) *passim*.

[13] Vgl. C. Masi Doria, *Bona libertorum* zit. 15 ff., 61 ff.

[14] W. Waldstein, *Operae libertorum* zit. 170 ff.; P. Pescani, *Le «operae libertorum». Saggio storico-romanistico* (Trieste 1967) 110, 123 ff. S. auch C. 6.3.7.1. Imp. Alexander A. Minicio. *Qui autem duos filios in potestate vel diversis temporibus habuit, lege Iulia de maritandis ordinibus obligatione operarum liberatur.* D. XII k. Iun. Iuliano et Crispino Conss. [a. 224].

Frauen, die Kinder geboren hatten, *liberis honoratae*. Während nämlich bis zur *lex* Papia der Patron immer die Möglichkeit hatte, das Testament der *liberta* auf Grund seiner Vollmacht als Vormund zu kontrollieren, so wurde eine Freigelassene, die vier Kinder geboren hatte, von der Vormundschaft des Patrons befreit und sie erlangte auf diese Weise die *libera testamenti factio*[15].

Aber auch nach der Augusteischen Gesetzgebung, mit all ihren *rationes* allgemeiner Nützlichkeit, die sie in den Vordergrund gestellt hatten, finden sich weitere Bereiche bedeutsame Beschränkungen der Kontrolle durch die Patrone. Ein Beispiel kann man in D. 40.9.31 finden.

D. 40.9.31 (Ter. Clem. 5 *ad l. Iul. et Pap.*). Quaesitum est, si libertam patronus iureiurando adegisset, ne ea liberos impuberes habens nuberet, quid iuris esset. Iulianus dicit non videri contra legem Aeliam Sentiam fecisse eum, qui non perpetuam viduitatem libertae iniunxisset.

Aus dieser Stelle ergibt sich, dass die Werte, die von *dominus* unterstrichen werden wie die Aufzucht und Erziehung der Kinder einer Sklavin in dem Moment virulent werden, in dem diese Freigelassenen schwören müssen nicht zu heiraten bis die Kinder volljährig wären, was den Juristen zur Frage *quid iuris* führt. Die Antwort ergibt sich daraus dass eine derartige Verpflichtung die Frau nicht zu einer ewigen Witwenschaft verurteilen würde. Der Jurist unterstreicht somit, die Zulässigkeit eines derartigen Verlangens im Rahmen der gesetzlichen Möglichkeiten, weil der Schwur zeitlich begrenzt war. Das war zumindest die Meinung Julians, die von Terentius Clemens überliefert wird. Wenn man sich fragt, was denn die eigentlichen Motive auf Seiten des Patrons gewesen sein könnten, ein derartiges Gelübde zu verlangen, so kann man gewiss an die Möglichkeit denken, dass die Ehelosigkeit der Frau im Rahmen der Familie des Patrons dazu verwendet werden sollte, die kleinen Sklaven, die noch nicht bereit waren selbstständig zu dienen, zu erziehen und auszubilden.

Aber in diesem Zusammenhang muss man einen weiteren Aspekt aufzeigen, der mit der Augusteischen Ehegesetzgebung zusammenhängt: tatsächlich enthob nämlich, die Ehe einer Freigelassenen mit Zustimmung des Patrons die freigelassene Sklavin von jeglicher Verpflichtung zu versprochenen *operae*. Es ist vielsagend, dass eben diese Folge gerade nicht hinsichtlich der männlichen Freigelassenen eintrat: *etiam si uxorem habeat libertus, non prohibetur patronus operas exigere* (D. 38.1.13.3, Ulp. 38 *ad ed.*). Dieses Gelübde bedeutete eine weitere Sicherheit zugunsten des Patrons dafür, dass während eines gewissen Zeitraumes die Frau zu den persönlichen und versprochenen Leistungen verpflichtet bleiben würde. Die Zusammenhänge, Konsens - Ehe - *operae*, der Freigelassenen werden in einer Hermogenian Stelle wirkungs-

[15] Vgl. C. Masi Doria, *Bona libertorum* zit. 154.

voll dargestellt. Daraus ergibt sich, dass zumindest teilweise die Bestimmungen der Augusteischen Ehegesetze weiter bestanden:

D. 38.1.48 pr.-2. (Herm. 2 *iur. epit.*). Sicut patronus, ita etiam patroni filius et nepos et pronepos, qui libertae nuptiis consensit, operarum exactionem amittit: nam haec, cuius matrimonio consensit, in officio mariti esse debet. 1. Si autem nuptiae, quibus patronus consensit, nullas habeant vires, operas exigere patronus non prohibetur. 2. Patronae, item filiae et nepti et pronepti patroni, quae libertae nuptiis consensit, operarum exactio non denegatur, quia his nec ab ea quae nupta est indecore praestantur.

Wir konzentrieren uns im Augenblick auf das *principium.* Die Stelle beginnt mit einer Auflistung derjenigen Personen, die die Patronatsgewalt ausüben können (der Patron selbst, sein Sohn, Enkel, und Urenkel) um zu unterstreichen, dass die Zustimmung irgendeiner dieser Personen zur Verehelichung der *liberta* dazu führt, dass das Recht die *operae* der Untergebenen zu verlangen, erlischt. Das heißt, die Zustimmung zur Verehelichung einer Freigelassenen zu geben bedeutet, dass man sich derjenigen Leistungen, die Aufgrund der *iura patronatus* im Augenblick der Freilassung versprochen worden waren begibt[16]. Dieser Teil des Fragments ist tatsächlich grundlegend, um die Verbindung zwischen Konsens zu Ehe und der Befreiung von den *operae* zu verstehen. Freilich, zwar scheint die Bedeutung vielmehr auf das Familienleben und die sozialen Aspekte als auf präzise juristische Thematik gelegt zu sein.

Eines ist jedoch klar. Die Verpflichtung, im *officium* des Ehemannes zu sein, entbindet die Freigelassene von ihrem Patron, zumindest was die Pflicht zu Leistungen anbelangt. Der Freilasser verliert das Recht der *exactio.* Die Voraussetzung einer derartigen Befreiung der Untergebenen liegt in der Zustimmung des Patrons. Die zur Ehezustimmung, wie man im Paragraphen 1 sieht, jene Wirkung zugunsten des Patrons, erlischt im Augenblick, in dem, aus welchem Grund auch immer, die Ehe nichtig wird (*nullas habeant vires*). In diesem Falle lebt das Recht des Patrons wieder auf[17] Der Konsens, der die Möglichkeit, Ansprüche zu erheben, beseitigt hatte, ist durch die Unwirksamkeit der Ehe

[16] Die Struktur des Textes, die pedantischen Wiederholungen in der Liste der zu Patronatsgewalt Befugten, die Eindeutigkeit der rechtlichen Konsequenz scheinen mir auf einen Gesetzestext hinzudeuten, auch wenn es hierüber keine Gewissheit geben kann. Ebenso wie, was in dem Textstück zwischen *nam* und *debet*, auch dies im *principium* des Textes, dem gegenüber von einem Kommentar der Jurisprudenz herzurühren, scheint. Letzteres kann man sowohl dem wiederholten Gebrauch des Verbes *consentio* entnehmen, das die Willensäußerung des Patrons unterstreicht (als ob dadurch dem Leser dasjenige Element des Tatbestandes eingeschärft werden sollte, auf das er am meisten achten soll), als auch der Erklärung *nam haec ... in officio mariti esse debet.*

[17] Und es wird nun vom Gesichtspunkt des nicht Verbotenen aus gesehen.

unwirksam geworden. Und aus diesem Grunde *operas exigere patrono non prohibetur*. Das *officium mariti* stellt kein Hindernis mehr dar. Das jedenfalls musste die herrschende Meinung der Rechtswissenschaft sein. Aber dass es diesbezüglich Diskussionen gegeben hat, geht aus D. 38.1.14 (Ter. Clem. 8 *ad l. Iul. et Pap.*). *Plane cum desierit nupta esse, operas peti posse omnes fere consentiunt* hervor, wo trotz des Wortes *plane*, das am Beginn des Fragments steht, scheint der Schluss mit dem Wort *fere* auf eine entgegengesetzte Mindermeinung hinzuweisen[18].

Kehren wir zu D. 38.1.48 (Herm. 2 *iur. epit.*) zurück. In Paragraph 2 wird das Problem unter dem Aspekt behandelt, was geschiet, wenn eine Frau Trägerin des Patronatsrechts ist. Wiederum eröffnet eine Liste, die kurze, aber bedeutsame entscheidende Behandlung darstellt. Es werden die Patronin sowie die Abkömmlinge weiblichen Geschlechts des Patrons genannt. Dieser Teil des Fragments sollte auch, was den Text selbst anbelangt, kurz die Aufmerksamkeit erregen. Pescani hat angenommen, dass die Lesart *patroni* somit der Hinweis auf die Abkömmlinge des Patrons männlichen Geschlechts unhaltbar sei[19]. Die Argumentationsweise des Gelehrten, um seine Hypothese, nämlich die Umwandlung in *patronae* zu verteidigen, erscheint ziemlich schwach. Er unterstreicht nämlich nur, dass es in dieser Stelle nicht um die *patroni*, sondern um die *patronae* geht und zieht zu diesem Zwecke einen Paralleltext in den Basiliken (49.3.46) heran, der offenkundig verkürzt ist. In Wirklichkeit ergibt es durchaus Sinn, eine Differenzierung dieser Art vorzunehmen, indem neben der Patronin die weiblichen Abkömmlinge des Patrons genannt werden, ebenso wie dies in der Abhandlung des Gaius zum Erbrecht in 3.46.ff und 49 geschieht. Auch dort wird von den weiblichen Abkömmlingen des Patrons und nicht der Patronin gesprochen. Aus diesem Grunde scheint der Text in der vorliegenden Form zu akzeptieren zu sein und wir können zur *ratio* der unterschiedlichen Lösungen vordringen. In diesem Falle bedeutet die Zustimmung zur Verehelichung der Freigelassenen kein Hindernis bezüglich der Pflicht *operae* zu leisten: *operarum exactio non denegatur*. Dies erklärt sich dadurch, dass nicht unmittelbar der Ehemann der Betroffene ist, handelt es sich doch um Beziehungen unter Frauen. Unter Frauen gibt es keine Leistung, die man als schändlich bezeichnen könnte, eben nicht vergleichbar mit jenen, die unter Umständen zwischen *libertae* und *patroni* auftreten konnten und aus diesem Grunde nach der Eheschließung der Freigelassenen verboten sind. Eine gewisse Unsicherheit, was diese Interpretation anbelangt, könnte sich aus der Lektüre des Textes D. 38.1.30.1 (Cels. 12 *dig.*) ergeben. *In libertam, quae voluntate patroni nupsit,*

[18] Tatsächlich hat die interpolationistische Kritik die Beziehung den beiden Adverbien nicht übersehen, statt aller vgl. S. Solazzi, *Studi sul divorzio II*, in *BIDR*. 34 (1925) 297 Fn. 8 [=*Scritti di diritto romano* III (Napoli 1960) 23 Fn. 8].

[19] *Le «operae libertorum»* zit. 98.

praeteritarum ante nuptias operarum actio datur. Die Voraussetzung ist immer die gleiche. Die Zustimmung des Patrons zur Verehelichung der *liberta* war vorhanden und wird hier mit der *voluntas* betont. Aus diesem Grunde könnte man die Leistung der *operae* nicht erlangen. Dennoch, sagt Celsus, dass man dem Freilasser die *actio operarum* bezüglich jener *operae* gibt die vor der Eheschließung fällig geworden waren. *Praeteritae ante nuptias*. Was soll das heißen? Dass der Patron für jene Verpflichtungen die Leistung erhalten hat? Ich meine nein. Die Stelle bezieht sich klarerweise auf ein typisches Prozessinstrumentarium, das zum Ziele eine *condemnatio pecuniaria*[20] als Äquivalent der *operae* anpeilt.

Vom beträchtlichen Interesse ist der Gesichtspunkt den D. 38.1.28 hervorhebt: (Paul. *l. sing. de iur. patron.*). *Si duorum pluriumve communis liberta unius patroni voluntate nupserit, alteri patrono ius operarum manet*. Falls eine zwei Patronen verpflichtete *liberta* sich ausschließlich mit der Zustimmung des einen verheiratet hatte, so bedeutet das, dass nur dieser seine Rechte verliert, während der andere sie behält. Offenbar war die Zustimmung beider Patronen zur Eheschließung erforderlich, in Anlehnung an die *auctoritas* des Vormundes oder der Vormünder, die, wie man weiß, von allen Berechtigten gewährt werden musste. Freilich, in der Realität hat sich wohl das Recht (*ius*) auch hier in eine entsprechende Klagemöglichkeit umgewandelt, wenn eine Frau eine persönliche Leistung verweigerte, um die Ehre des Ehemannes nicht in Frage zu stellen.

Wenn man zu D. 38.1.48 (Herm. 2 *iur. epit.*) zurückkehrt, so liegt der Schlüssel für die Erklärung des gesamten Fragments meines Erachtens in Adverb *indecore*, der eindeutig auf den negativen Charakter der Leistung hinweist: hinsichtlich berechtigter Frauen kann die Leistung für den Juristen, auch wenn sie von einer verheirateten Frau geleistet wird, gar nicht schändlich sein. Aus diesem Grunde ist sie immer Anständig (*decorosa*).

Die Übersetzung kann den Sinn der Stelle nur im gewissen Maße wiedergeben. Man sollte aber bemerken, dass der Begriff *indecore* ein *hapax legomenon* in der technischen Rechtsprache Roms darstellt. Und es gibt ganz wenige außerjuristische Zeugnisse. Gewiss ist *indecore* mit Sittlichkeit in Zusammenhang zu bringen, einem Anstand, der nach außen hin eindeutig erkennbar ist. In diesem Zusammenhang verweise ich auf Parallelstellen, wie das Entblößen des Nabels bei Celsus der Arzt 7.14.1, das effeminierte Verhalten (Cic. *de off.* 1.114) der Metapher der unanständigen Rhetorik als halbnackt (Fronto p. 96.21. N.)[21]. Allemal wurde in der römischen Welt *decus* gerade auf

[20] Gemäß dem in Gai 4.48 Grundsatz.

[21] Alles dies Bilder, die noch vor wenigen Jahren auch unser allgemeines Schamgefühl berührt hätten oder auch die Maskerierung, die Begriffe wie Ehre, Anstand und Sittlichkeit in der Geschichte hervorgebracht haben.

natürliche Art mit Schamhaftigkeit in Verbindung gebracht: *pudicitia* (in Sall. *Catil.* 25.3). Des Weiteren, in einer vielsagenden Reihe bei Seneca mit Sitte (*mores, ius, pietas, fides, pudor*) (Agam. 112)[22]. Aus dem Blickwinkel des Hermogenians Fragments bedeutet das *officium* zugunsten des Ehemannes, das mit der Ehe begründet wird, Aufgrund der Zustimmung des Patrons eine ausschließliche Beziehungssphäre[23].

Wenn wir nun zu den verheirateten Freigelassenen die sich mit Zustimmung des Patrons verehelicht hatten und keine *operae* schuldeten[24], zurückkehren, so scheint es sinnvoll zu sein, die Fälle noch einmal zu untersuchen, indem wir die Ehe zwischen Patron und Freigelassener in den Mittelpunkt unseres Interesses stellen. Es handelt sich dabei um eine gesellschaftlich überaus relevante Beziehung, wenn man bedenkt, dass nach den von Weaver[25] vorgeschlagenen Statistiken mindestens 29 Prozent der *libertae* ihre eigenen *patroni* ehelichten. Bevor wir aber die einzelnen Stellen untersuchen muss hervorgehoben werden, dass die *dignitas*, die von der Frau ohne Zweifel durch die Ehe erwor-

---

22 Wenn für Varro, der dem *officium mariti* eine leider verlorene *Satura Menippaea* gewidmet hat, soweit wir wissen – und so berichtet es Aulus Gellius – Aufgabe des Ehegatten war das *tollere* oder *ferre* des *vitium uxoris*: Varr. *Sat. Men.* frg. 83 ed. Astbury (Gell. 1.17.4. *Quanta cum animi aequitate toleraverit Socrates uxoris ingenium intractabile; atque inibi, quid M. Varro in quadam satura de officio mariti scripserit.* 4. *Secundum hanc sententiam quoque Varro in satura Menippea, quam de officio mariti scripsit: Vitium, inquit, uxoris aut tollendum aut ferendum est.*

23 Der Ausdruck *in officio esse* erscheint in einem Text von Seneca dem Redner, dem einzigen, der mir nach einer sowohl auf gedruckte wie elektronische Lexika gestützten Untersuchung mit dem des Hermogenianus vergleichbar erscheint, wenn auch nur unter strukturellen Gesichtspunkt. Der Text bietet als Orientierungsmuster die enge Verflechtung mit der *domus* desjenigen, dem der Dienst geleistet wird, der lange Zeitraum, den man in diesem Status verbracht hat, die Vergleichbarkeit mit der Sklavenstand: *per annos duodecim in officio tuo fui; dic, quid in domo tua peccaverim. Sed haec est consuetudo vestra: iniuriam vocatis finem servitutis* (*Controv.* 2.1.36; *exc. contr.* 2.1.40). Außerdem findet man gerade bei Seneca dem Ältern (der eine lebensnahe Beschreibung von Aterius wiedergibt) die berühmte Stigmatisierung der Unsittlichkeit als *crimen* für den Freigeborenen, als *necessitas* für den Sklaven, als *officium* für den Freigelassenen. Vgl. C. Masi Doria, *Inpudicitia, officium e operae libertorum*, in *Civitas operae obsequium. Tre studi sulla condizione giuridica dei liberti* (Napoli 1993) 47 ff. [= *ZSS.* 110 (1993) 77 ff.]. Die homoerotische Perspektive verändert m.E. das Aussehen des Abhängigkeitsverhältnisses wie es oben beschrieben wurde nicht: wenn die Leistung für den *servus necessitas* ist, ist sie für den Freigelassenen und die Freigelassene (aber auch die Ehefrau) *officium*, feste Verpflichtung zu Dienst und Verfügbarkeit, bis hin zu sexuellen Dienstleistung, die auch in einem kleinen *officium* bestehen können, eine «Gefälligkeit».

24 S. Solazzi, *Studi sul divorzio II* zit. 297 [=*Scritti* zit. III 23], mit Nachweis zu den Quellen.

25 *Familia Caesaris. A Social Study of the Emperor's Freedmen and Slaves* (Cambridge 1972) 193; vgl. die Lit. bei R. Friedl, *Der Konkubinat im kaiserzeitlichen Rom* (Stuttgart 1996) 177 und Fn. 138.

ben werden konnte[26], zu jenen faktischen Situationen zählt, aus denen man nützliche Kriterien zu Bestimmung der *operae* entnehmen konnte[27], die eben dazu führen konnten, dass die Rechte des Patronsselbst erlöschen mussten, wie es eben ausdrücklich hinsichtlich der *libertae* unterstrichen wird. Freilich, in einem Fragment, das sehr allgemein wirkt:

D. 38.1.34 (Pomp. 22 *ad Q. Muc.*). ...[28] Sed si liberta, quae operas promisit, ad eam dignitatem perveniat, ut inconveniens sit praestare patrono operas, ipso iure hae intercident.

In der Stelle[29] erinnert Pomponius in seinem Kommentar des *ius civile* des Quintus Mucius an «eventuali diminuzioni aumenti mutamenti delle *operae* che il liberto, la liberta debbono al *patronus manumissor*»[30]. Unter diesem Blickwinkel scheint die Erhöhung der *dignitas* der *liberta* zur Auslöschung *ipso iure* der versprochenen Verpflichtung zu führen. Die Begründung ist auch hier der Relationen mit der sozialen Realität verbunden. Wenn *indecore* in D. 38.1.48.2 (Herm. 2 *iur. epit.*) dazu diente, die Voraussetzung einer Rechtsfolge zu beschreiben, so findet man hier *inconveniens*, ein Wort, das semantisch dem eben genannten Adverb sehr nahe steht[31] und das ähnlich wirksam werden soll. Freilich, die möglichen Fälle des Aufstiegs der *liberta* allesamt zu beleuchten, kann nicht unmittelbar abgeleitet werden. Unter diesen Voraussetzungen ist es wesentlich leichter gewisse Ausschlüsse vorzunehmen: Wie Waldstein[32] bereits unterstrichen hat, kann die *dignitas* von der Frau nicht Aufgrund der Ausübung eines Amtes, hier spielt das öffentliche Recht eine wichtige Rolle, erzielt werden, ebensowenig, wie es scheint, durch ein Priesteramt. Eine Möglichkeit

---

[26] S. besonders den in C. 6.3.9 berichteten Fall, der unten besprochen wird.

[27] Vgl. D. 38.1.16.1 (Paul. 40 *ad ed.*). *Tales patrono operae dantur, quales ex aetate dignitate valetudine necessitate proposito ceterisque eius generis in utraque persona aestimari debent.*

[28] *Interdum et deminutionem et augmentum et mutationem recipere obligationes operarum sciendum est. nam dum languet libertus, patrono operae, quae iam cedere coeperunt, pereunt.*

[29] Dessen palingenetische Einordnung – vielleicht ist es interessant darauf hinzuweisen – nicht einfach ist: vgl. O. Lenel, *Pal.* nr. 284 und Fn. 1; M. Lauria, *Ius Romanum* I/1 (Napoli 1963) 124.

[30] So M. Lauria, *Ius Romanum* I/1 zit. 124.

[31] S. die Interpretationen von A. Forcellini et Al., *Lexicon totius Latinitatis* II (Bononiae 1965) 787 und *ThlL.* VII/1 (Lipsiae 1934/1964) 1019 f., *s.h.v.*, wo *indecorus* al Synonim der übertragenen Bedeutung angeführt ist (i.S.v. «unschicklich»). Nach *VIR.* III/1 (Berlin-New York 1979) 692, *s.h.v*, sind die einzigen weiterenVorkommen in Texten der Jurisprudenz D. 1.2.1 (Gai. 1 *ad L. XII tab.*) und D. 1.2.2.31 (Pomp. *l. s. ench.*); in den Institutionen von Justinianus s. die Verwendung in 2.7.3.

[32] *Operae libertorum* 276 ff.

scheint sich aufzutun, wenn man an die Ehe einer freigelassenen Sklavin mit einem Mann aus höheren Schichten rechnet (natürlich mit all der Problematik hinsichtlich der Ehe einer *liberta* mit einem Senator33) all das wiederum, und wir haben es bereits gesehen, setzt den Konsens des Patrons voraus. Wenn also diese Zustimmung vorliegt, wenn sich die Freigelassene auf Grund der Zustimmung des Freilassers verheiratet hatte, so wird sie von allen Verpflichtungen zu *operae* frei. Jene *dignitas*, die vom Ehemann übertragen wird, würde dann eine Rolle spielen, wenn der Patron von der Eheschließung nichts gewusst hatte oder sie sogar hatte verhindern wollen. Wenn es in diesem Fall und unter den soeben genannten Voraussetzungen, dennoch auf der Leistung der *operae* bestanden hätte, so müsste man annehmen, dass die erhöhte *dignitas*, die die *liberta* durch die Eheschließung erworben hatte, *ipso iure* die Verpflichtung zur Leistung erlöschen ließ. Wie wir bereits oben festgehalten haben, würde unter derartigen Umständen das *officium mariti* der Leistungspflicht entgegenstehen. Dies würde auch dann gelten, wenn die Zustimmung zur Ehe gefehlt hatte oder auch jedenfalls gegen den Willen des Patrons. Andererseits müsste man unterstreichen, dass im Falle nicht gebilligter Eheschließungen mit einem weniger hervorragenden Partner wahrscheinlich jene Verpflichtungen nicht zum Erlöschen gebracht werden konnten, und dieses Ergebnis wurde bislang wohl von der einschlägigen Wissenschaft stiefmütterlich behandelt. Aber gerade diesbezüglich erlauben die Quellen eine weitere wichtige Präzisierung. Wenn man die verschiedenen Voraussetzungen der Unschicklichkeit, Dienstleistungen zu erbringen, betrachtet, so muss man sich allemal jenen Fall vor Augen halten, dass die *liberta* den Patron selbst geheiratet hat. Ein derartiger Sachverhalt ist in den juristischen Quellen in Form eines Reskripts des Alexander Severus aus dem Jahre 225 an einen gewissen Laetorius überliefert.

C. 6.3.9. *Imp. Alexander A. Laetorio.* Libertae tuae ducendo eam uxorem dignitatem auxisti, et ideo non est cogenda operas tibi praestare, cum possis legis beneficio contentus esse, quod invito te iuste non possit alii nubere. *D. X K. Mart. Fusco et Dextro Conss. [a. 225]*

Symptomatisch ist in dieser Stelle, ein Reskript des Alexander Severus an einem gewissen Laetorius, die Bezugnahme auf *augere dignitatem*, was gleichsam dem Mann selbst beim Vorgang des *ducere uxorem* zugeschrieben wird, also im Wege der Eheschließung. Dies entspricht genau den Voraussetzungen, die sich in D. 38.1.34 (Pomp. 22 *ad Quint. Muc.*) hinsichtlich des Ausschlusses der *operae* finden. Bei der Anfrage an den *princeps* bewegt sich jedoch die gesamte Problematik im Inneren Verhältnis des Ehepaares. Dies betrifft sowohl die Aufforderung Dienste zu leisten, wie auch die Unterschei-

[33] Vgl. statt aller M. Kaser, *Römisches Privatrecht*[17] I (München 2003) 319.

dung, Aufgrund derer im Reskript festgehalten wird, dass der Patron in seiner Rolle als Ehemann diese nicht verlangen könne. Vielsagend ist in diesem Zusammenhang die knappe, aber präzise Begründung hinsichtlich der sozialen Bewertung des Falles und der Verweis auf eine normative *ratio*. Severus Alexander bezieht sich nämlich auf das *beneficium legis*, Aufgrund dessen *invito patrono* eine Frau nicht rechtskräftig (*iuste*) einen anderen heiraten könne. Aus diesem Grund muss sich Letorius zufrieden geben, zufrieden insbesondere, dass diese Beschränkung auf Grund der ehelichen Freiheit der Ehefrau beruht. Dieser Blickwinkel hat die Interpreten dazu geführt anzunehmen[34], dass die Frau des Fragenstellers sich von ihm getrennt habe und daraus die Konsequenz gezogen wurde, dass von einer geschiedenen Frau *invito patrono* keine Dienstleistungen verlangt werden konnten[35]. Man muss jedoch stets festhalten, dass die Verpflichtung zu den *operae* ganz allgemein für die Frau durch den Umstand der Eheschließung mit dem Patron selbst erlosch. Das ergibt sich aus:

D. 38.1.46 (Val. 5 *fideic.*). Liberta si in concubinatu patroni esset, perinde ac si nupta eidem esset, operarum petitionem in eam dari non oportere constat.

Die Stelle stammt aus dem fünften Buch *fideicommissorum* des Valens. Sie ist aller Wahrscheinlichkeit nach mit jenen Normen in Zusammenhang zu bringen, die die allgemeine Geschäftsfähigkeit regelten[36]. Der Jurist drückt an dieser Stelle eine *comunis opinio* aus, wie man auch aus der Verwendung des abschließenden *constat* schließen kann. Zumindest seit Hadrian[37] muss es eine derartige Ansicht gegeben haben: Die Position einer *liberta*, die mit dem Patron in einem Konkubinat lebt, ist was die Verpflichtung *operae* zu leisten anbelangt, mit einer Ehe gleichzusetzen. Aus diesem Grunde wird dem Mann nicht die *petitio* bezüglich der *obligatio operarum* gegenüber der Konkubine gewährt und geradezu *a minori maius* bedeutet dies, dass selbstverständlich der Versuch von Seiten des Ehemannes, diese in Anspruch zu nehmen, scheitern muss. So ergibt sich aus den soeben untersuchten Quellen, dass man das Verhältnis *patronus-liberta* folgendermaßen in ein Schema einordnen kann. Der Freilasser kann die *operae* im Falle einer Ehe oder eines Konkubinates mit der *liberta* (D. 38.1.46, Vol. 5 *fideic.*) nicht verlangen. Ebenso auf Grund der Anwendung des Konsensprinzips gilt, dass wenn der Patron die Ehescheidung akzeptiert, oder wenn er mit einer folgenden Eheschließung einverstanden ist, er ebenso wenig die *operae* verlangen kann. Auch wenn die Frau sich vom Patron trennt, kann dieser

---

[34] Von S. Solazzi, *Studi sul divorzio II* zit. 297 f. [=*Scritti* III zit. 23 f.], bis R. Astolfi, *La lex Iulia et Papia*[3] (Padova 1995) 200 Fn. 14.

[35] So R. Astolfi, *La lex Iulia et Papia* zit. 200 Fn. 14.

[36] Vgl. V. Giodice Sabbatelli, *La tutela giuridica dei fedecommessi fra Augusto e Vespasiano* (Bari 1993) 220, Lit.; W. Waldstein, *Operae libertorum* zit. 167.

[37] W. Waldstein, *Operae libertorum* zit. 167 s.

die gegenständlichen Leistungen nicht einfordern, auch wenn er nicht der folgenden Ehe zustimmt, da er über das *beneficium legis* nach C. 6.3.9. froh sein muss. Wenn schließlich der Patron der Ehescheidung zustimmt, aber nicht der Eheschließung der *liberta*, so scheint es auf deduktivem Wege, dass er die *operae* verlangen kann, nicht aber in jenem Fall, in dem die von der Frau erreichte *dignitas* diese definitiv ausschloss. Die Befreiung der *liberta* von der Verpflichtung, *operae* zu leisten, beruhte aller Regel nach auf einer Entscheidung des Patrons: Sei es, dass er der Ehe zugestimmt hatte, sei es daß er die Freigelassene selbst zu seiner Ehefrau oder Konkubine machte. In all jenen Fällen galt es als unehrenhaft oder unanständig, dass die Dienstverpflichtungen erfüllt wurden. Ebenso verhält es sich bei dem einzigen Tatbestand, der nicht von der Kontrolle des Patrons abhing, nämlich demjenigen, in dem die besondere *dignitas*, die die Frau erworben hatte, obsiegte. In allen anderen Fällen war die *liberta* zu der Leistung der *operae* angehalten. Aber nicht für alle Zeiten. Wenn die Schwierigkeiten des Lebens es ihr ermöglicht hatten bis zum fünfzigsten Lebensjahr zu gelangen, konnte sie nicht gezwungen werden dem Freilasser zu dienen:

D. 38.1.35. (Paul. 2 *ad l. Iuliam et Papiam*). Liberta maior quinquaginta annis operas praestare patrono non cogitur.

Diese Altersgrenze war auch in der *lex Papia Poppaea* festgelegt worden[38]. Danach galt nicht mehr der Zwang, eine Ehe einzugehen. Aus diesem Grunde hat Astolfi innerhalb der Augusteischen Ehegesetzgebung eine enge Beziehung zwischen der Verpflichtung *operae* zu leisten unter Verpflichtung eine Ehe einzugehen festgestellt, als ob die Leistung zugunsten des Patrons gleichsam eine Sanktion für den Fall darstellen sollte, dass die *liberta* sich nicht verheirate[39]. Dies freilich entspricht einer sonderbaren Logik, da es ja gerade dem Patron oblag, mit Hilfe seiner Zustimmung die Eheschließung seiner Untergebenen zu gestatten. Und wenn der Patron es gewollt hätte, so hätte er auch die *liberta* von den Dienstleistungen freistellen können, ohne dass die sich verheiraten hätte müssen einfach mit einem einfachen Akt des Erlassens der *operae*. So kann man das Erlöschen der Verpflichtung zur Leistung von *operae* auch nicht einfach als besondere Belohnung darstellen, denn es ist nicht die Ehe an und für sich, die die Befreiung von den *operae* bewirkt, aber es handelt sich hierbei um das Ergebnis komplexerer Vorgänge, die letztendlich als erste Voraussetzung die notwendige Zustimmung des Patrons hinsichtlich der Eheschließung haben.

---

[38] Tit. Ulp. 16.1 (vgl. 16.3, 4 und *Gnom Idiol.* 27-28). Mit Lit. F. Mercogliano, *«Actiones ficticiae». Tipologia e datazione* (Napoli 2001) 131 Fn. 121.

[39] So Astolfi, *La lex Iulia et Papia* zit. 200.

Im Übrigen ist das Kriterium des Alters hinsichtlich der Bestimmung der *operae* in den Quellen ziemlich allgemein (man vergleiche beispielsweise D. 38.1.16.1[40]) und jene Meinungen der Interpreten, die grundsätzlich eine Vorgangsweise zugunsten der Frauen anpeilen[41], erscheinen in Wirklichkeit ziemlich schwach in ihrer Argumentationsweise (was die männlichen Freigelassenen anbelangt, so haben wir bezeichnenderweise keine wesentlichen Bestimmungen hinsichtlich des Alters, was die Verpflichtung zur Leistung von *operae libertorum* anbelangt[42]). Wenn man nicht eine gewisse Form der Alterskontrolle aufstellte, die nicht nur rein privater Natur war, konnte das Problem auftreten. So kann man also nicht vollig den Vorschlägen von Astolfi beitreten. Man kann nicht anders, scheint mir an dieser Stelle, als festzuhalten, dass es hinsichtlich dieses Problems noch eine einzige weitere Stelle gibt, in der der Umstand, dass eine Frau das fünfzigste Lebensjahr überschritten hat (mit einer wortgleichen Umschreibung), eine Rolle spielt. Es handelt sich um einen Fall aus dem Gewährleistungsrecht. Der Umstand, dass eine Frau älter als fünfzig Jahre ist, und in diesem Fall handelt es sich um eine Sklavin, führt zur Vermutung der Unfruchtbarkeit: D. 19.1.21 (Paul. 33 *ad ed.*). *Si sterilis ancilla sit, cuius partus venit, vel maior annis quinquaginta, cum id emptor ignoraverit, ex empto tenetur venditor*[43].

Aber wenden wir uns, um zum Schluß zu kommen, noch einmal dem fünfzigsten Lebensjahr der Freigelassenen zu. In der Interpretation, die in einer kurzen Abhandlung über die Rechtswirkungen des Zeitablaufs, der sogenannten *Rhopai*, die wahrscheinlich in das sechste Jahrhundert zurückreicht[44], enthalten

---

[40] (Paul. 40 *ad ed.*). *Tales patrono operae dantur, quales ex aetate dignitate valetudine necessitate proposito ceterisque eius generis in utraque persona aestimari debent.*

[41] Lit. bei Pescani, *Le «operae libertorum»* zit. 111; K. Visky, *Le «operae» dei liberti*, in *Index* 1 (1970) 221 ff.; W. Waldstein, *Operae libertorum* zit. 174 f. B. Biondi, *Acta Divi Augusti* I (Roma 1945) 177 Fn. 6, sagt, dass das gleiche Regime zugunsten eines (männlichen) Freigelassenen ab 60 Jahren gilt, aber ohne einen Beleg hierfür in den Quellen zu benennen.

[42] Jedoch ist darauf hinzuweisen, dass in manchen Tatbeständen das Alter von 50 Jahren (für die Männer) eine Grenze darstellt für bestimmte berufliche Tätigkeiten; z.B. für die *operae* der *lex Puteolana libitinaria*, d.h. für die Arbeiter im Bestattungswesen von Puteoli (wahrscheinlich zur Zeit des frühen Prinzipats), die nicht älter sein dürfte als 50 Jahre: col. II lin 6 ... *ne quis eor(um) maior ann(orum) L* ..., vgl. jetzt S. Castagnetti, *Le 'Leges libitinariae' flegree. Edizione e commento* (Napoli im Druck). Für die Soldaten ist (aber in einem rhetorischen Zusammenhang) belegt, dass sie, wenn sie das Alter von 50 Jahren erreicht hatten, um die Entlassung bitten könnten: Quintil. *inst. or.* 9.2.85.

[43] Bezug auf diese Stelle vgl. die zitierte Bibliographie in N. Donadio, *La tutela del compratore tra 'actiones aediliciae' e 'actio empti'* (Milano 2004) 104 nt. 53.

[44] Mit besonderem Augenmerk auf die Handschriftliche Überlieferung und die ursprüngliche Fassung des Werkes s. F. Sitzia, *Le Rhopai* (Napoli 1984), der sich der herkömmlichen im Text angegebenen (auf Zachariae von Lingenthal zurückgehenden) Datierung

ist, wird der Text von D. 38.1.35 (Paul. 2 *ad l. Iul. et Pap.*) mit einer gewissen Aufmerksamkeit in dem Kapitel, welches den fünfzigjaehrigen Verjährungsfristen gewidmet ist, wiedergegeben.

Κα⇐ ″ με⇔ζϖν τ∩ν πεντ→κοντα/τ∩ν ο⌈ δ⇔δϖσιν | πηρεσ⇔αω.

Der Transliteration | πϒραω folgt eine dem Verständnis des griechischsprachigen Lesers (an den sich das Werk ganz offenkundig richtet) hilfreiche, funktionale Auslegung: Es handelt sich um δουλε⇔αω/ργασ⇔αω, d.h. um Werke, Dienstleistungen, die jedenfalls gewöhnlich von *douloi*, Sklaven, erbracht werden.

Auch die syntaktische Konstruktion45, mit dem Gebrauch des Verbums *apaitèo,* entspricht in direkter Parallele der Struktur des Digestenfragments. Die unmittelbare Verbindung zwischen dieser griechischen Version und dem lateinischen Text (die, wie man sogleich sehen wird, nur unter einer einzigen, aber bedeutsamen Abweichung leidet) kann durch die Lektüre des in den Basiliken erhaltenen, parallelen Überlieferungszweiges noch deutlicher aufgezeigt werden.

Bas. 49.3.33 (ed. Scheltema).

Κα⇐ ″ με⇔ζϖν τ∩ν πεντ→κοντα/τ∩ν ο⌈ δ⇔δϖσιν | πηρεσ⇔αω.

Durch den engen Bezug auf den vorhergehenden Schritt im Aufbau des Titels *de operis libertorum* und eine gewisse semantische Verschiebung in der Wiedergabe des Konzepts der *operae*, stellt sich der Zusammenhang mit dem von Justinian rezipierten juristischen Diskurs in der Tat weniger zwingend dar. Umso deutlicher fällt auf die einzige, aber bedeutende Abweichung hervor, die dem Kompilator der Rhopài unterlief: In seinem Text ist das Subjekt des Satzes nicht mehr die Freigelassene (wie für Paulus, für Justinian, und auch, sei es auch nur *per relationem*, für die Basiliken): Wir finden vielmehr einen *apeléutheros*, einen männlichen Freigelassenen. Handelt es sich um ein Versehen, ein Miß-Verständnis des byzantinischen Übersetzers? Vielleicht. Aber (auch) eine durch den Gebrauch der maskulinen Form bewirkte Verallgemeinerung, die vielleicht auf die Schwierigkeit zurückzuführen ist, die Bedeutung der Unterscheidung des Geschlechts zu verstehen (könnte man auch von bewusster Frauenfeindlichkeit sprechen?), erscheint nicht unwahrscheinlich. Wenngleich es nicht schwer fällt, diese Verallgemeinerung in einem von der *ratio* der augusteischen Gesetzgebung weit entfernten Kontext zu verstehen, bereitet es doch, wie aufgezeigt wurde, Schwierigkeiten, sie mit der Patronatsgewalt bezüglich der Eheschließungs-

---

anschließt und hervorhebt dass, was von dem Traktat auf uns gekommen ist, auf eine im 10. Jahrh. entstandene Kurzfassung des Originaltextes zurückgeht.

45 In der Fassung Rhop^{c}, derjenigen, die mit Zitaten der *Basilici* (F. Sitzia, *Le Rhopai* zit. 50 ff.) aktualisiert ist, fehlt das Wort *douleias* (vgl. F. Sitzia, a.a.O. 165), das in der Überlieferung die auf das *Prochiron auctum* (s. die Ed. von Zachariae, in J. Zepos, P. Zepos, *Jus Graecoromanum* III [Nachdr. Aalen 1962] 337) zurückgeht, und die hier verwendet wird, vorhanden ist. Dies könnte in einem Diskurs des 6. Jahrh. der (natürlich nur annäherungsweisen) Definition des Begriffes *operae* dienen.

freiheit der freigelassenen Sklavin und ihrer Befreiung von der Dienstpflicht, die infolge der mit Einwilligung des Patrons geschlossenen Ehe eintritt, zu koordinieren.

L'Identità del lenone come paradigma di infamia

Daniele Mattiangeli, Salzburg

1. Introduzione generale della figura del Lenone e della *Lena*.

Nel panorama giuridico-sociale romano, una figura interessante e piena di risvolti paradigmatici è quella del *Leno*, anche grazie alla comicità intrinseca di questo personaggio. Il *Leno* plautino, che corrisponde al *Pornoboskos* di Menandro, è colui che fa prostituire schiave per ricavarne profitto o anche chi gestisce le "case di piacere". Un imprenditore di meretrici e di "lupanari", insomma, la cui figura ha avuto grande fortuna nelle rappresentazioni teatrali e nella letteratura greca e latina. Grazie alle commedie latine di Terenzio e soprattutto di Plauto, la storia ci ha tramandato un immagine ben caratterizzata e molto dettagliata di questo personaggio, sia dal punto di vista sociale che morale[1]. Inoltre, grazie a molti frammenti giuridici, possiamo ricostruire e definire nelle sue molteplici caratteristiche il lenone e la sua attività di *lenocinium.* Le maschere teatrali antiche, ancor oggi conservate, come quella del *pornoboskos* nel museo archeologico di Lipari, ci lasciano anche un immagine "comica" e viva di questo personaggio.

Per inquadrare l'aspetto "giuridico" dell'attività del Lenone cominciamo con l'esposizione di fonti giuridiche del periodo romano classico e giustinianeo, contenute nel Digesto di Giustiniano, che ci danno una adeguata definizione del significato di *lenocinium* e del mestiere di *leno* (o *lena,* la odierna "*maîtresse*" o gestrice di bordelli). Sotto questo aspetto notevole è il testo di Ulpiano in D.23.2.53.6-9:

> *Lenocinium facere non minus est quam corpore quaestum exercere. Lenas autem eas dicimus, quae mulieres quaestuarias prostituunt. Lenam accipiemus et eam, quae alterius nomine hoc vitae genus exercet. Si qua cauponam exercens in ea corpora quaestuaria habeat (ut multae adsolent sub praetextu instrumenti cauponii prostitutas mulieres habere), dicendum hanc quoque lenae appellatione contineri*

Secondo Ulpiano il *lenocinium* non è un attività meno disdicevole del derivare profitto dal proprio corpo[2]. Si chiamano "*lenas*" (che in italiano potremmo tradurre con il termine "mezzane") coloro che inducono alla prostituzione altre donne per derivarne profitto. Anche chi fa questo tipo di vita

---

1 Vedi R. F. Hartkamp, *Von „leno" zu „Ruffiano": die Darstellung, Entwicklung und Funktion der Figur des Kupplers in der römischen Palliata*, Tübingen 2004, pp. 12 ss.

2 Vedi la traduzione di T.J. McGinn in *Prostitution and Julio-Claudian legislation in early imperial Rome,* (diss. Ann Arbor, 1986), p. 486

alterius nomine[3] è considerata *lena*. Se coloro che gestiscono una taverna traggono profitto dall'uso dei corpi delle impiegate (come molti abitualmente usano prostituire le donne che sarebbero impiegate come cameriere), sono anch'essi considerati *lenae*[4]. Questo testo è certamente riferibile alle donne che esercitano la professione di "mezzana", ma allo stesso tempo si può estendere questa definizione anche ai lenoni uomini, dal momento che come apprendiamo da altre fonti letterarie (le commedie di Plauto appunto), essi esercitavano lo stesso tipo di mestiere[5] ed erano soggetti allo stesso tipo di "reputazione" sociale e morale che ne derivava. Non vi è inoltre alcuna fonte giuridica che dichiari l'esistenza di una differenza tra la condizione giuridica del *leno* e quella della *lena*[6]. La dottrina è pero discordante in merito all'applicazione dell'infamia alla donna e alla sua origine ai suoi contenuti[7].

Dopo questa precisazione di carattere generale, è da notare come nel passo appena esposto l'attività di lenocinio sia parificata a quella della prostituzione stessa. Quasi se le due attivitá fossero ritenute paritetiche dal punto di vista della "stima" pubblica e sociale che deriva dall'esercitare queste due professioni[8]. Di grande importanza è poi la definizione stessa di *lena* (o *leno*): colei che deriva

---

[3] Per quanto riguarda il come si debba intendere l'espressione *alterius nomine*, ci sono due interpretazioni seguite. La prima seguita da Gardner tradurrebbe come „sotto la copertura di un altro nome" („under cover of another's name"), ipotizzando ad esempio un proprietario di un bordello che si nasconde dietro il nome di un manager che in realtà lavorerebbe per lui. Una seconda, invece, seguita da Riggsby, tradurrebbe l'espressione nel significato di „falso nome". Si veda Gardner in *Women in roman law and society*, Bloomington 1986, p. 250; e Riggsby in *Lenocinium: Scope and Consequence*, in *Zeitschrift der Savigny-Stiftung für Rechtsgeschichte, romanistische Abteilung*, 112 (1995), p. 423

[4] Si veda la traduzione di McLeod nell'edizione inglese del Digesto: Edizione Mommsen / Krüger, traduzione Watson, *The digest of Justinian*, Philadelphia 1985

[5] Se confrontiamo la descrizione della *lena* madre di Gymnasium, che fa prostituire la figlia, e della *lena* Melaenis, entrambe nel Cistellaria di Plauto, ci accorgiamo che esse fanno esattamente le stesse cose di Ballione e Cappadoce nel Curculio e nello Pseudolus. Sia le mezzane che i lenoni si comportano nella stessa maniera e „godono" della stessa „fama" e stima sociale, come si vede nelle commedie plautine.

[6] Sicuramente ad entrambi sarebbe stata comminata la sanzione dell'infamia con tutte le conseguenze giuridiche che ne derivano. Non vi è infatti traccia di una differenziazione tra gli effetti giuridici dell'infamia „maschile" da quelli di quella „femminile". È vero, infatti, che relativamente al postulare vi erano differenze di capacità tra uomini e donne, ma d'altro canto in seguito alla dichiarazione di infamia pretoria entrambi sarebbero rientrati nella classe degli *infames* con tutti gli effetti giuridici conseguenti. Sul problema generale dell'infamia applicabile alle donne si veda Greenidge, *Infamia, It's place in roman public and private law*, Oxford 1894, pp. 171 ss.

[7] Vedi sull'argomento Karlowa, in „Zeitschrift für Rechtsgeschichte" 9 (1872), pp. 224 ss.

[8] Si veda ad esempio sull'argomento A. Petiziol, *La Prostituzione. Profilo psicologico storico-sociale*, Roma 1962, p. 32 ss.

profitto dallo sfruttamento della prostituzione. Delle sfruttatrici o sfruttatori che guadagnano sul mercimonio sessuale delle meretrici. Il lenone è colui che sfrutta le donne che si prostituiscono, ne trae guadagno, e ne gestisce direttamente l' attività come se fosse un imprenditore. Questa è l'esatta definizione di chi può esser detto lenone perché appunto compie attività di *lenocinium.*

2. L'attivitá di *lenocinium* del Leno e la sua problematica

La letteratura giuridica[9] del Digesto ci dice che l'editto del pretore comminasse l'infamia a coloro che svolgessero attività di *lenocinium* e quindi anche ai lenoni, che sfruttavano appunto la prostituzione, come vediamo in un passo di Giuliano in D. 3.2.1 in cui si enunciano le categorie di persone che incorrevano in questa sanzione:

Praetoris verba dicunt: "infamia notatur qui ab exercitu ignominiae causa ab imperatore eove, cui de ea re statuendi potestas fuerit, dimissus erit: qui artis ludicrae pronuntiandive causa in scaenam prodierit: qui lenocinium fecerit [...]"

Sempre nello stesso titolo del Digesto (*De his qui notantur infamia)* un ulteriore passo di Ulpiano (in D.3.2.4.2) dà di nuovo una definizione di chi incorra nell'attività di *lenocinium*:

Ait praetor: "qui lenocinium fecerit". lenocinium facit qui quaestuaria mancipia habuerit: sed et qui in liberis hunc quaestum exercet, in eadem causa est. sive autem principaliter hoc negotium gerat sive alterius negotiationis accessione utatur (ut puta si caupo fuit vel stabularius et mancipia talia habuit ministrantia et occasione ministerii quaestum facientia: sive balneator fuerit, velut in quibusdam provinciis fit, in balineis ad custodienda vestimenta conducta habens mancipia hoc genus observantia in officina), lenocinii poena tenebitur.

In questo passo Ulpiano definisce chi "commette" o pratica lenocinio, cioè chi si macchia di questa "condotta" infame. Pratica il lenocinio colui il quale prostituisce schiave per il profitto oppure colui che fa prostituire persone libere sempre per derivarne vantaggio economico[10]. Sarà imputabile della pena dovuta per l'attività di lenocinio colui il quale esercita questo "business" primariamente o accanto ad un'altra attività.

---

[9] Si veda la voce Leno, Lenocinium di George Long, in W. Smith, *Dictionary of Greek and roman antiquities,* Londra 1875, p. 680

[10] Vedi voce *Leno* in *Thesaurus linguae latinae,* Vol. VII-1, Leipzig 1979, pp. 1149-1150; e vedi anche la voce *Lenocinium* , sempre nel *Thesaurus*, vol. VII-2,2, pp. 1151-1153

In questa ulteriore definizione di Ulpiano è da notare come al lenocinio sia riconnessa una *poena*, e cioè quella dell'infamia, che colpisce appunto chi esercita questa attività[11].

Quest'ultima definizione di fonte giuridica è solo una delle tante testimonianze che descrivono la figura dello sfruttatore e il suo agire. È interessante notare l'ultima frase del passo: "*lenocinio poena tenebitur*". E cioè il fatto che colui che esercita queste attività è tenuto alla pena derivante dal lenocinio. Il digesto specifica, dunque, che una pena (l'infamia[12]) sia ricollegata al lenocinio. Questa pena sarebbe appunto l'incorrere nella dichiarazione di infamia, con tutti gli effetti che ne derivano[13].

Molto importante è però sottolineare che sia la prostituzione che lo sfruttamento, nel diritto romano classico, non erano proibiti in sé ma si incorreva nella sanzione dell'infamia qualora li si esercitasse direttamente[14]. È colui che esercita l'attività diretta (o collaterale) di sfruttamento o prostituzione che viene visto male dalla società e sanzionato dalla legge. Il "reato" di *lenocinium* sembra essere un reato di condotta in cui appunto viene sanzionato l'agire e non il fatto. Il bordello e la prostituzione non sono, infatti, vietati, ma chi li esercita viene punito.

Interessante è poi la definizione di *lenocinium* della *lex Iulia de adulteriis* contenuta in D. 48,5,2,2*:*

„Lenocinii quidem crimen lege iulia de adulteris praescriptum est, cum sit in eum maritum poena statuta, qui de adulterio uxoris suae quid ceperit, item in eum, qui in adulterio deprehensam retinuerit."

Qui il lenocinio viene definito "*crimen*" e si compie se un marito permette alla moglie di commettere adulterio per ottenerne un guadagno. La legge prevede numerose altre ipotesi di lenocinio come quella ad esempio di sposare una donna condannata per adulterio, o quella di una persona che scopre un adulterio e fa finta di non sapere dietro pagamento, oppure colui che presta la sua casa per

---

11 Si veda Greenidge, *Infamia, It's place in roman public and private law*, Oxford 1894, pp. 38 ss.

12 Che la pena sia l'infamia lo si deduce dal titolo stesso del digesto *De his qui notantur infamia* sotto cui è inserito questo frammento.

13 Si veda in generale sulle conseguenze dell'infamia: Bonfante, *Istituzioni di diritto romano,* Torino 1946, pp. 62-63

14 Testimonianza del fatto che prostituzione, bordelli e l'andare con una prostituta non fossero proibiti possiamo trovarla anche in Plauto, proprio nella commedia del Curculio, di cui parlerò più avanti. Precisamente nei versi 33-36 in cui Palinuro dice a Fedromo che la merce di questa bottega (riferendosi alla casa del lenone) nessuno vieta di venderla e comprarla dal momento che è liberamente in vendita: *„Nemo hinc prohibet nec vetat, quin quod palam est venale, si argentum est, emas."* Vedi di nuovo G. Long, voce Leno in W. Smith, *Dictionary of Greek and Roman antiquities*, Londra 1875, p. 682

farvici commettere un adulterio o uno stupro, ed altri ancora[15]. Questa legge segna una grande "evoluzione" del reato di lenocinio, che si arricchisce di numerose nuove ipotesi e di nuove pene assai più severe di quella dell'infamia[16]. Il lenocinio si arricchisce, tramite la legge moralizzatrice di Augusto, di vere e proprie conseguenze penali gravi, ben diverse da quelle ricollegate all'infamia, le stesse che erano previste per l'adulterio e lo stupro[17]. Se questa legge augustea fosse stata veramente applicata, cosa che peraltro è dubbia, un marito troppo "permissivo" potrebbe passare per uno squallido lenone e sarebbe punito come un criminale stupratore[18].

Anche la legislazione giustinianea estese le ipotesi di lenocinio e gli ricollego sanzioni sempre più gravi, addirittura anche per coloro che affittavano le case in cui erano esercitati bordelli[19].

Ma le nuove ipotesi di lenocinio e le sanzioni penali ricollegate, introdotte dalla *lex Iulia de adulteriis* e dalla legislazione giustinianea, non riguardano direttamente l'argomento di questa ricerca. Qui, infatti, si terrà conto del reato di *lenocinium* commesso dai lenoni delle commedie plautine, e dell'infamia che si ricollega ad essi, e non quindi delle diverse ipotesi di rei e pene contenuti nella *lex Iulia de adulteriis* e nelle *Novellae* giustinianee. È infatti il lenone plautino, sfruttatore di prostituzione e gestore di bordelli che si vuole elevare a paradigma di infamia e non altri casi di persone che commettono *lenocinium.* Il reato di *lenocinium* commesso dallo sfruttatore o "magnaccia" a cui è collegata l'infamia pretoria è infatti "sui generis". Con il *lenocinium* pretorio non si punisce il fatto in sé, che è invece ammesso, ma il commetterlo. La stessa sanzione che se ne riceve assomiglia ad una odierna "pena accessoria" e non principale. Si punisce, infatti, chi commette il lenocinio, comminandogli determinate incapacità legali, ma non si chiude né il bordello né si vieta la prostituzione in esso. Entrambe queste attività restano legali, ma l'esercitarle è considerato un fatto disonorevole e disdicevole e causa una menomazione della "*existimatio*"[20]. E questa

---

15 Per le fonti si veda in generale il titolo 5 "*Ad legem iuliam de adulteriis coercendis*" del libro 48 del Digesto. Mentre per un'analisi critica dei casi di lenocinio proposti da questa legge si veda A. Mette-Dietmann, *Die Ehegesetze des Augustus,* Stuttgart 1991, p. 67 ss.

16 Vedi W. Rein, *Criminalrecht der Römer,* Leipzig 1844, p. 883

17 Vedi A. Mette-Dietmann, *Die Ehegesetze des Augustus,* Stuttgart 1991, p. 34 ss. e 61 ss.

18 Vedi sull'argomento della probabile scarsa applicazione della legge augustea sul matrimonio in determinati punti vedi ad esempio gli studi di Susan Treggiari, in *Roman marriage.Iusti coniuges from the time of Cicero to the time of Ulpian,* Oxford 1991, p. 453 ss.

19 Si vedano in questo senso le *Novellae* 14 e 117, in cui sono contenuti (soprattutto nella Novella 14) numerosi nuovi "casi" di lenocinio e soprattutto nuove pene di natura penale anche grave. Vedi a riguardo la voce *Lenocinium,* G. Long in *Dictionary of Greek and Roman antiquities*, Londra 1875, p. 680

20 Sull'argomento della menomazione della reputazione pubblica di una persona (*existimatio)* si veda in generale Girard, *Manuel élémentaire de droit romain*, Paris 1924, p. 206

menomazione della pubblica "reputazione" viene correlata da effetti giuridici che sono appunti quelli a cui va incontro colui che viene dichiarato infame.

3. L'infamia o ignominia nei diversi periodi storici romani. Aspetti generali e particolari

L'infamia nel diritto romano era generalmente considerata come una sanzione speciale nell'ambito della *existimatio,* che menomava la reputazione di una persona[21] e dava luogo a determinate incapacità giuridiche, ma non a una *capitis deminutio*[22]. Una sorta di condizione legale sanzionatoria di determinati comportamenti ritenuti appunto diffamanti[23] (come quello di chi commette *lenocinium),* che dava luogo a determinate conseguenze giuridiche sfavorevoli di diritto pubblico e privato. Vi sono però differenze a seconda dei periodi storici del diritto romano. Il concetto stesso di infamia, i soggetti che ne sono affetti e gli effetti giuridici ad essa collegati, cambiano a seconda del periodo storico[24]. Nel periodo antico, i cittadini romani erano tenuti a comportarsi non solo in conformità ai precetti del diritto ma anche a quelli della morale e dell'onore romano[25], se non volevano andare incontro ad una menomazione della loro *existimatio*[26]. La *existimatio* è, come possiamo vedere da una definizione di Callistrato in D. 50,13,5,1, il grado di dignità e onore personale e giuridico-sociale dell'uomo: " *existimatio est dignitas inlaesae status, legibus ac moribus comprobatus.* La riduzione della *existimatio* era una forma di diminuzione della pubblica stima di cui un uomo godeva[27]. Concetto molto importante nell'età arcaica e in linea di massima definito dai precetti dei *boni mores* e sanzionato a livello più che altro sociale[28]. Questa diminuzione di stima divenne nell'età

---

21 Per le tante testimonianze della parola infame si veda la voce *Infamis* in *Thesaurus linguae latinae,* Vol. VII , Leipzig 1979, pp. 1339-1342

22 Per la definizione generale e per la negazione del fatto che si tratti di una *capitis deminutio* vedi Levy, *Die römische Kapitalstrafe,* Heidelberg 1930, p. 31 ss. e 45 ss., nonché la frase di Callistrato in D.48,19,28,1: "*Ceterae poenae ad existimationem non ad capitis periculum pertinet*".

23 Vedi la voce Infamia in Smith W., *Dictionary of Greek and Roman antiquities,* Londra 1875, p. 634 ss., in cui si enumerano anche i cosidetti comportamenti diffamanti, come ad esempio lo spergiurare, l'affermare sempre il falso, il non essere affidabili, il non mantenere mai la parola data, la cupidigia, ecc...

24 Vedi Girard, *Manuel élémentaire de droit romain*, Paris 1924, p. 207-208

25 Vedi a proposito A. Barton Carlin, *Roman Honor*, Berkeley 2001, p. 199 ss.

26 Vedi Perozzi, *Istituzioni di diritto romano,* I, Roma 1928, p. 545

27 Vedi a riguardo anche Vedi anche Kaser, *Das römische Privatrecht,* München 1973, p. 274

28 Sulla sanzione sociale a cui andavano incontro gli individui la cui reputazione era diminuita, e per vedere in generale i rapporti tra *existimatio* e infamia, si veda Pommeray, *Etudes sur l'infamie en droit romain,* Parigi 1937, pp. 75-111

repubblicana causa di determinate degradazioni giuridiche delle persone stesse[29]. Queste degradazioni erano in generale conseguenze della costatazione ufficiale della diminuzione di stima[30]. Con l'istituzione della censura, poi, fu attribuita ai censori la "*cura morum*" e gli si diede la facoltà di redigere le liste del censo[31]. Redigendo tali liste, i censori potevano "degradare"[32] da una classe all'altra coloro che per la loro mala condotta si fossero resi indegni di rimanere in una classe superiore. I censori annotavano nelle liste del censo il motivo dell'esclusione (da qui il nome di nota censoria)[33], il quale non era normalmente determinato da leggi ma rimesso al loro arbitrio[34]. Essi infliggevano la nota per ogni grave mancanza al costume romano (i *boni mores)*, e chi ne era colpito era considerato "*ignominiosus*". Il che significa "di cattivo nome" o malfamato, di cattiva fama o reputazione. L'ignominia fu l'antecedente dell'infamia[35]. All'inizio, nella letteratura romana l'infamia giuridica era infatti chiamata ignominia, e nasceva dall'azione di rimprovero dei censori[36]. Ad essa era legata una "declassazione sociale", operata dai censori, e ne derivava una pubblica diminuzione della *existimatio*. Con il diritto romano classico, invece, l'infamia comincia un processo di "legalizzazione"[37] e "tipizzazione" e inizia a dar luogo a conseguenze "giuridiche" precise. Essa tende soprattutto ad escludere determinate persone (gli infami appunto) da alcuni diritti, quali ad esempio quello di *postulatio*[38]. Rispetto al diritto di *postulatio*, infatti, l'editto del pretore divide le

---

[29] Perozzi in "*Bullettino dell'istituto di diritto romano*" XV (1903), p. 89 ss.

[30] Vedi Pommeray, *Etudes sur l'infamie en droit romain,* Parigi 1937, p. 26 ss.

[31] Vedi J. M. Rainer, *Römisches Staatsrecht,* Darmstadt 2006, p. 84 ss.

[32] Potevano ad esempio escludere dal senato il senatore, o dall'ordine dei cavalieri il cavaliere o da una tribù il cittadino, degradandoli in una classe inferiore a quella di appartenenza.

[33] Vedi Mommsen, *Droit publique romaine,* vol. IV, Parigi 1894, pp. 53-57

[34] Su questo punto vedi l'opinione di Perozzi in *Istituzioni di diritto romano,* I, Roma 1928, p. 546

[35] Vedi Kaser, *Infamia und Ignominia in den römischen Rechtsquellen,* in "Zeitschrift der Savigny Stiftung für Rechtsgeschichte" RA, 73 (1956), p. 227

[36] Si veda Charisius Grammaticus, *Ars Grammatica*, libro 5, pag. 401, riga 8: "*Ignominia imponitur a beo qui potest animadversione innotare; infamia ex multorum sermone nascitur*". Qui *animadversio* ha il senso tecnico di biasimo censorio come fa notare Mommsen in *Römisches Staatsrecht, 2,* Leipzig 1889, p. 384. In realtà la parola infamia inizia ad essere usata in senso giuridico solo a cominciare da Ulpiano e Paolo, come ci spiega Kaser in *Infamia und Ignominia in den römischen Rechtsquellen,* in "Zeitschrift der Savigny Stiftung für Rechtsgeschichte" RA, 73 (1956), p. 233

[37] Non a caso Kaser chiama l'infamia del periodo classico „gesetzliche Infamie". Vedi a riguardo Kaser in *Infamia und Ignominia in den römische Rechtsquellen,* in "Zeitschrift der Savigny Stiftung für Rechtsgeschichte" RA, 73 (1956), p. 254

[38] Sull'argomento dell'esclusione parziale dalla *postulatio* si veda in generale Schulz in *Festschrift Zitelmann* (1913), p. 11 ss.

persone in tre classi[39]. Una prima classe a cui appartengono le persone che non potevano postulare affatto. Una seconda composta da coloro che potevano postulare solo per sé. La terza classe, che sarebbe appunto quella a cui appartengono gli infami[40], a cui sono negati solo determinati diritti di proporre azioni, ma che poteva invece per alcuni casi relativi a se stessi e ad altri (normalmente per i congiunti più vicini) postulare[41].

Sul contenuto di queste vere e proprie limitazioni del diritto di *postulatio*, la dottrina è molto discordante. Secondo Kaser, l'infame, relativamente ai suoi diritti privati, avrebbe potuto postulare davanti al pretore solo in alcuni casi (strettamente personali), ma mai poteva essergli assegnata una causa di azione per altri, così come non poteva essere ne *cognitor* ne *procurator*[42] e non poteva intentare alcuna azione popolare[43]. Per von Haimberger l'infame non poteva sicuramente proporre azioni popolari, non poteva testimoniare nei processi criminali, non poteva amministrare beni di altri e in più era passibile di querela *inofficiosi testamenti* qualora fosse stato istituito erede[44]. Secondo Perozzi e Greenidge l'*infamis* sarebbe stato quasi del tutto escluso dalla *postulatio*, eccetto che nei casi di azioni strettamente personali[45] (e non poteva sicuramente *postu-*

---

39 Vedi Kaser/Hackl, *Das römische Zivilprozessrecht,* II Edizione, Monaco 1996, pp. 206-207

40 Questa lista di infami è contenuta in D. 3,2,1, ma alcuni autori, tra cui Lenel e Girard, ritengono che la parola infamia sia una interpolazione giustinianea e che originariamente nell'editto del pretore fosse contenuta la parola ignominia. Vedi Girard, *Manuel élémentaire de droit romain*, Paris 1924, p. 207-208

41 Vedi il testo di Ulpiano (6, *Ad edictum)* in D.3,1,1,8: "*Ait praetor: "qui lege, plebis scito, senatus consulto, edicto, decreto principum nisi pro certis personis postulare prohibentur: hi pro alio, quam pro quo licebit, in iure apud me ne postulent." hoc edicto continentur etiam alii omnes, qui edicto praetoris ut infames notantur, qui omnes nisi pro se et certis personis ne postulent.*"

42 Vedi Fragmenta Vaticana 322-24: *Verba autem edicti haec sunt: "alieno", inquit, "nomine, item per alios agendi potestatem non faciam in his causis, in quibus ne dent cognitorem neve dentur, edictum comprehendit".*
Quod ait "alieno nomine, item per alios", breviter repetit duo edicta cognitoria, unum, quod pertinet ad eos qui dantur cognitores, alterum ad eos qui dant; ut qui prohibentur vel dare vel dari cognitores, idem et procuratores dare darive arceantur.Ob turpitudinem et famositatem prohibentur quidam cognituram suscipere, adsertionem non nisi suspecti praetori.
Vedi inoltre le osservazioni di Kaser in *Infamia und Ignominia in den römische Rechtsquellen,* in Zeitschrift der Savigny Stiftung für Rechtsgeschichte RA, 73 (1956), p. 246 ss.

43 In questo senso e soprattutto riguardo al *cognitor* vedi anche Kaser/Hackl *Das römische Zivilprozessrecht,* II Edizione, Monaco 1996, p. 212

44 Vedi A. von Haimberger con traduzione di F. Fulvio, in *Diritto romano privato e puro,* Napoli 1863, p. 42

45 Vedi Perozzi, *Istituzioni di diritto romano* I, Roma 1928, p. 544 ss. e Greenidge, *Infamia, It's place in roman public and private law*, Oxford 1894, p. 158 ss.

lare pro alio) e mai poteva essere *cognitor* o *procurator*. Su queste conclusioni sembrerebbe addivenire in un certo modo anche Kaser, secondo cui non solo era vietato agli infami il postulare per altri, ma erano anche interdetti dall'*advocatio*[46] per sempre o per almeno un determinato periodo[47].

L'infame aveva inoltre delle limitazioni matrimoniali, come dice la *lex Iulia*[48] *de maritandis ordinibus*, dal momento che non poteva sposarsi con senatori e con figli e figlie di senatori[49]. Sempre sulla base della stessa legge gli *ingenui* non potevano sposare le sfruttatrici *(lenas)* e coloro che erano state manomesse dal lenone o dalla mezzana oppure colte e condannate in adulterio[50], nonché le prostitute[51].

Sembrava inoltre che egli, secondo la legge *Iulia municipalis*[52] (che però non contiene il termine infamia ma fa però riferimento a molte persone che

[46] Sull'*advocatio* e la funzione dell'*advocatus* in relazione agli infami, soprattutto nell'ambito delle riforme giustinianee delle *exceptiones pretoriae*, è interessante vedere ad esempio *Institutiones Iustiniani* 4,13,11: „*Praeterea etiam ex persona dilatoriae sunt exceptiones: quales sunt procuratoriae, veluti si per militem aut mulierem agere quis velit: nam militibus nec pro patre vel matre vel uxore nec, ex sacro rescripto, procuratorio nomine experiri conceditur: suis vero negotiis superesse sine offensa disciplinae possunt. eas vero exceptiones quae olim procuratoribus propter infamiam vel dantis vel ipsius procuratoris opponebantur, cum in iudiciis frequentari nullo perspeximus modo, conquiescere sancimus, ne, dum de his altercatur, ipsius negotii disceptatio proteletur.*" Inoltre su questo argomento si veda Lemosse M., in *Études romanistiques-Maxime Lemosse. Recueil publié en hommage à l'auteur par la Faculté de droit de l'Université d'Auvergne,* Clermont-Ferrand 1990, p. 233 ss.

[47] Vedi sull'argomento della interdizione dall'*advocatio* Kaser/Hackl *Das römische Zivilprozessrecht,* II Edizione, Monaco 1996, p. 560

[48] Vedi *Tituli ex corpore Ulpiani* XIII: "*Lege Iulia prohibentur uxores ducere senatores quidem liberique eorum libertinas et quae ipsae quarumve pater materve artem ludicram fecerit, item corpore quaestum facientem. Ceteri autem ingenui prohibentur ducere lenam, et a lenone lenave manumissam, et in adulterio deprehensam, et iudicio publico damnatam, et quae artem ludicram fecerit ; adicit Mauricianus et a senatu damnatam*". Si veda sull'argomento anche H. Krüger, *Verweisungsedikte im prätorischen Album,* in „Zeitschrift der Savigny Stiftung für Rechtsgeschichte" RA, 37 (1916), p. 266 ss.

[49] Vedi la voce Infamia in W. Smith, *Dictionary of Greek and Roman antiquities*, Londra 1875, p. 635. Si veda inoltre Kaser in „*Zeitschrift der Savigny Stiftung für Rechtsgeschichte*" RA, 73 (1956), p. 263

[50] Vedi su quest'argomento Solazzi, in *Atti Accademia di Napoli,* 59 (1939), p. 276

[51] Sul divieto di matrimonio tra *ingenui* e mezzane o comunque persone colpevoli di *lenocinium,* si veda Talamanca, *Istituzioni di diritto romano,* Milano 1990, p. 344

[52] Sull'esclusione degli infami dal decurionato e dal senato si veda la *Tabula Heraclensis* (vulgo *lex Iulia municipalis)*nell'edizione di Crawford nei passi 108-125 in cui peró non si usala parola infamia ma ignominia:"*...queiue iudicio publico Romae/ condemnatus est erit, quocirca eum in Italia esse non liceat, neque in integrum resti<tu>tus est erit; queiue*

erano considerati infami dall'editto del pretore), fosse escluso da determinate cariche pubbliche quali il decurionato, il senato e altre magistrature, e avrebbe avuto addirittura delle limitazioni al diritto di voto[53].

Secondo un passo di Plauto che esaminerò più avanti egli inoltre non avrebbe *l'auctoritas*[54] e non potrebbe neanche essere garantito da nessuno. Una lunga serie di "incapacità" pubbliche e private, dunque. Inoltre, anche nel periodo classico gli infami "legali"[55] ricevevano comunque la qualifica di "ignominiosi" a riprova non solo dell'ulteriore condanna dell'opinione pubblica e sociale[56] ma anche dell'originario significato tecnico della parola ignominia[57]. Con il periodo giustinianeo la figura dell'infame si "istituzionalizza" ancor di più e diviene una qualifica "legale" nel vero senso della parola e allo stesso tempo l'infamia diventa una categoria giuridica vera e propria. Il diritto giustinianeo

---

in eo/ municipio colonia praefectura foro conciliabulo, quoius erit, iudicio publico condemnatus est erit; quemue/ 120 k(alumniae) praeuaricationis caussa accussasse fecisseue qu<i>d iudicatum est erit; quoiue aput exercitum ingnominiae/ caussa ordo ademptus est erit; quemue imperator ingnominiae caussa ab exe<r>citu decedere ius<i>t iuserit;/ queiue ob caput c(iuis) R(omanei) referundum pecuniam praemium aliudue quid cepit ceperit; queiue corpor<e> quaestum/ fecit fecerit; queiue lanistaturam artemue ludic<r>am fecit fecerit; queiue lenocinium faciet <feceritue>. quei/ 124 aduersus ea in municipio colonia praefectura{ue} foro conciliabulo <in senatu> decurionibus conscripteisue <f>uerit/ sentemtiamue dixerit, is (sestertium) (quinquaginta milia) p(opulo) d(are) d(amnas) esto, eiusque pecuniae quei uolet petitio esto. vacat/ quoi h(ac) l(ege) in municipio colonia praefectura foro conciliabulo senatorem decurionem conscriptum esse/ inque eo ordine sentemtiam dicere ferre non licebit, nei quis, quei in eo municipio colonia praefectura/...". Vedi l'intero testo in M. H. Crawford , *Roman Statutes*, I, London 1996, pp. 355-391

53 Vedi su tutto l'argomento Greenidge, *Infamia, It's place in roman public and private law*, Oxford 1894, pag 154-56.

54 Sul significato di *auctor* e *auctoritas* vedi Kaser,in *Römisches Privatrecht*, München 2005, p. 45-46

55 Che erano appunto tali perché cadevano nelle incapacità di cui si dice nell'editto e nelle leggi *Iuliae*

56 Si veda a riguardo ad esempio Gaio in *Institutiones*, IV, 182: "*Quibusdam iudiciis damnati ignominiosi fiunt, uelut furti, ui bonorum raptorum, iniuriarum, item pro socio, fiduciae, tutelae, mandati, depositi. sed furti aut ui bonorum raptorum aut iniuriarum non solum damnati notantur ignominia, sed etiam pacti, ut in edicto praetoris scriptum est; et recte. plurimum enim interest, utrum ex delicto aliquis an ex contractu debitor sit. nec tamen ulla parte edicti id ipsum nominatim exprimitur, ut aliquis ignominiosus sit, sed qui prohibetur et pro alio postulare et cognitorem dare procuratoremue habere, item procuratorio aut cognitorio nomine iudicio interuenire, ignominiosus esse dicitur.*"

57 Vedi Kaser in *Infamia und Ignominia in den römische Rechtsquellen*, in Zeitschrift der Savigny Stiftung für Rechtsgeschichte RA, 73 (1956), p. 229. Nonché Gaio nelle *Institutiones* IV, 60 e II, 154.

sembra trasformare un infamia "giuridico-sociale" in una totalmente "legale", in cui tutte le incapacità giuridiche divengono conseguenze dirette della "infamia" pronunciata dalla legge[58]. L'infamia giustinianea, accresciuta di nuove ipotesi e effetti, fu concepita non più come una categoria solo processuale (o al massimo di incapacità pubblica) ma come un istituto giuridico autonomo minorativo della capacità personale di un soggetto[59]. Ma questa non è però la sede in cui approfondire ulteriormente questo difficile problema dei contenuti e degli effetti della infamia[60]. In questa ricerca, infatti, si vuole affrontare un aspetto particolare dell'infamia, che si ricollega alla figura del lenone e ne diviene paradigma stesso.

4. Le caratteristiche che determinano l'identitá del Lenone nelle commedie plautine

Dopo questo breve excursus introduttivo sull'infamia, l'ignominia e sulla definizione giuridica di lenone e di *lenocinium*, passiamo ad analizzare quali fossero le caratteristiche stesse del lenone nelle commedie plautine, portandole a paradigma dei tratti costitutivi dell'identità di questo tipo di infame in contrapposizione a quella dell'uomo virtuoso. Enunciando le caratteristiche del lenone raccontato da Plauto e paragonandole poi a quelle dell'uomo virtuoso si potrà vedere come grazie a questa comparazione si riuscirà, a mio avviso, a delineare l'identità personale e sociale di questo tipo di infame. Tutti i lenoni, infatti, sono dei personaggi, che a causa dell'attività svolta, rappresentano un determin-ato "tipo" sociale, a cui si ricollegano determinate caratteristiche negative che sono conseguenza del giudizio popolare e morale[61]. E grazie agli esempi ripor-tati dalle commedie di Plauto sarà possibile ricostruire queste caratteristiche che rendono la categoria dei lenoni disprezzata a livello sociale e morale e a sua volta sanzionata a livello giuridico con l'infamia.

Vorrei cominciare questa analisi da alcuni passi del Curculio, una commedia di cui il protagonista è un parassita e in cui Plauto ci presenta la figura del

---

58 Vedi per questa considerazione Perozzi, *Istituzioni di diritto romano* I, Roma 1928, p. 548. Vedi anche Brasiello, *NNDI* VIII, p. 641 ss.

59 Vedi a riguardo Guarino, *Diritto privato romano,* Napoli 2001, pp. 299 ss.

60 Per ulteriori approfondimenti sull'infamia in generale e sull'analisi delle sue fonti si rimanda all'opera di Kaser *Infamia und Ignominia in den römischen Rechtsquellen,* in "*Zeitschrift der Savigny-Stiftung für Rechtsgeschichte* ", RA, 73 (1956) pp. 220 ss. Interessante sull'argomento è anche Kübler in *Zeitschrift der Savigny-Stiftung für Rechtsgeschichte* ", RA, 58, (1938), p. 298 ss.

61 Vedi anche l'articolo di P. Panero Oria , *lenae et lenones,* in E*studios juridicos in memoriam del professor A. Calonge,* Salamanca 2002, pp. 783-798

lenone Cappadoce, disprezzabile antagonista dell'amore tra l'adolescente Fedromo e la vergine Planesio[62].

Iniziamo innanzitutto con un chiaro esempio di disprezzo verso il personaggio del lenone, che sicuramente rispecchiava anche il sentimento collettivo della società romana, nei versi 38-41 in cui Fedromo dice al servo Palinuro che "questa è la casa di un lenone" e l'amico gli risponde iniziandolo ad insultare il *leno* Cappadoce (proprietario della casa) e a dire che egli fa uno "sporco servizio"[63]:

PH: *Lenonis hae sunt aedes.*
PA: *Male istis evenat!.*
PH *Qui…*
PA: *Quia scelestam servitutem serviunt.*

Successivamente è espresso un giudizio morale relativo alla mancanza di "*pudor*" [64]del lenone da Palinuro nel verso 53: "*Credam, pudor si quoiquam lenoni siet*". Nei versi 63-65 , poi, troviamo un'altra affermazione di grande rilievo per la nostra ricerca, in cui Fedromo sostiene che da un lenone non si possa mai ottenere niente che sia "buono ed equo" e Palinuro gli risponde che non si può ottenere ciò che a nessun lenone si può chiedere (giustizia e equità):

PH: *Alias me poscit pro illa triginta minas, alias talentum magnum; neque quicquam queoaequi bonique ab eo impetrare.*
PA: *Iniuriu's, qui quod lenoni nulli est id ab eo petas.*

Più avanti, nell'atto secondo, Palinuro, un servo, incontra il lenone Cappadoce e lo saluta chiamandolo „*scelerum caput*", che in italiano potremmo tradurre, seguendo Paratore, come „re dei farabutti"[65]. Ciò vuol dire che anche un servo può offendere un lenone e probabilmente egli stesso può esser considerato migliore di un infame come Cappadoce. E ancora più avanti notiamo un'altra caratteristica essenziale di tutti i lenoni-infami: la qualità di spergiuri. In un dialogo con il cuoco della casa di Fedromo, Cappadoce viene infatti deriso per i suoi falsi giuramenti ed egli risponde dicendo che è talmente pieno di

---

62 Vedi la commedia di Plauto nela traduzione inglese di P. Nixon in *Plautus,* II, in *Loeb Classical Library,* Cambridge (Massachusetts) 1965, p.186 ss.

63 Vedi il testo latino e la traduzione inglese di P. Nixon in *Plautus,* II, in *Loeb Classical Library,* Cambridge (Massachusetts) 1965, p. 192

64 La mancanza di *pudor* è un elemento caratteristico di tutti i lenoni nella commedia plautina (vedi ad es. anche il lenone Ballione nello *Pseudolus* o il lenone Labrace nel *Rudens*) e probabilmente anche nella realtà, dal momento che e sercitano un tale mestiere.

65 Vedi la traduzione di E. Paratore in il Curculio di Plauto, Roma 2004, ed. Newton Compton, p. 327

persone che fanno giuramenti falsi, che il tempio di Giove capitolino non avrebbe più posto se tutti dovessero andare lì a espiare (qui con il sonno sacro)[66]. Anche il cuoco (probabilmente un altro schiavo) insulta il lenone: "*Quae res male vortat tibi*". Sempre nel tema del non rispettare i giuramenti abbiamo un altra testimonianza nei versi 458-463[67], in cui il lenone Cappadoce chiede al banchiere cosa succederà se non rispetterà il giuramento fatto, e Licone gli risponde: "cosa ti importa, se intaschi il denaro?". Cappadoce risponde successivamente che questo è un ottimo consiglio. Un'altra caratteristica dell'infame–lenone è proprio quella di tradire tutto e tutti per guadagnare denaro: la venalità priva di ogni etica.

Ma è nell'atto quarto (versi 493-504) che troviamo un passo pronunciato dal parassita Curculio (che risponde alla promessa del lenone di dargli una schiava in proprietà assoluta) in cui egli esprime un giudizio, morale, sociale e giuridico sulle persone dei lenoni che è di grande aiuto per la nostra ricerca:

CA: *Memini, et mancupio tibi dabo.*

CU: *Egon ab lenone quicquam mancupio accipiam, quibus sui nihil est nisi una lingua, qui abiurant si quid creditum est? alienos mancupatis, alienos manu emittitis alienisque imperatis, nec vobis auctor ullus est nec vosmet estis ulli. item genus est lenonium inter homines meo quidem animo ut muscae, culices, cimices pedesque pulicesque: odio et malo et molestiae, bono usui estis nulli, nec vobiscum quisquam in foro frugi consistere audet; qui constitit, culpant eum, conspicitur vituperatur, eum rem fidemque perdere, tam etsi nil fecit, aiunt.*

Curculio inizia il suo discorso con l'affermare che non si può ricevere qualcosa in proprietà[68] da un lenone dal momento che egli possiede solo una lingua per fare falsi giuramenti e dire il falso. Nei versi 513-16 addirittura si afferma che al lenone Curculio non riconosce alcun diritto di proprietà. Queste affer-

---

[66] Come possiamo vedere nei versi 263-69 in cui per altro viene proprio usato il verbo „*periuraverint*" che indica proprio lo spergiurare: "*CO. Item alios deos facturos scilicet: sane illi inter se congruont concorditer. nihil est mirandum, melius si nil fit tibi, namque incubare satius te fuerat Iovi, qui tibi auxilio in iure iurando fuit. CA. Siquidem incubare velint qui periuraverint, locus non praeberi potis est in Capitolio*".Si veda la traduzione inglese di P. Nixon in *Plautus*, II, in *Loeb Classical Library*, Cambridge (Massachusetts) 1965, pp. 217-219

[67] Si vedano i versi latini: "*CA. Quid quod iuratus sum? LY. Quid id refert tua, dum argentum accipias? CA. Qui monet quasi adiuvat. sequimini. CU. Leno, cave in te sit mora mihi.*"

[68] Peraltro lo stesso Curculio affrema successivamente nei versi 513-16 affermerà proprio che egli non riconosce alcun diritto di proprietá ai lenoni: "*CU. Indignis si male dicitur, male dictum id esse dico, verum si dignis dicitur, bene dictumst meo quidem animo. ego mancupem te nil moror nec lenonem alium quemquam*".

mazioni, benchè ancora mai trattate dalla dottrina romanistica, mi semabrano in realtà di grande interessa nell'ambito della presente ricerca. Dato , infatti, che il periodo plautino è quello repubblicano e che in questa fase la totalità delle *actiones* romane erano basate sulla parola[69], potrebbe essere possibile una tale incapacità per un infame. Come potrebbe , infatti, esperire una azione a difesa della proprietà o del possesso oppure trasferire un diritto tramite *in iure cessio* un uomo privo di onore e la cui parola non vale niente? In un periodo in cui *l'existimatio* di un uomo era di fondamentale importanza[70] e in cui il diritto si svolgeva secondo forme orali basate sulla "parola data" delle parti, soprattutto in materia di proprietà, come avrebbe potuto un uomo infame e la cui parola non valeva niente accedere ad un tale sistema giuridico?

Verrebbe a questo punto davvero da pensare se un infame come il lenone potesse veramente accedere al sistema della proprietà romana e alla sua tutela oppure potesse solo possedere al di fuori della legge[71].

A riprova di quanto appena detto e della invaliditá della parola del *leno* nelle transazioni commerciali basta ricordarsi che egli è grande maestro nel mentire tanto che spesso sostiene di non aver neanche ricevuto il denaro in consegna per la vendita di una schiava[72] come possiamo vedere in particolare nei versi 494-496 del lungo discorso del parassita:" *Egon ab lenone quicquam mancupio accipiam, quibu' sui nil est nisi una lingua qui abiurant siquid creditum est?".* Curculio afferma addirittura che il lenone vende anche „roba che non è sua“ (quindi è anche un ladro) o „affranca“ chi non gli appartiene[73]. Ma cosa importantissima dal punto di vista giuridico, è l'affermazione: "*nec vobis auctor ullus est nec vosmet estis ulli",* e cioè che nessuno può garantire un lenone e essi stessi non possono fare da garanti *(auctor)* a nessuno, il che configurerebbe una mancanza totale di *auctoritas*[74].

---

69 Per un quadro generale sulle *actiones* vedi Talamanca, *Istituzioni di diritto romano,* Milano 1990, p. 273 ss.; Mentre per un quadro particolare sul processo formulare e sulle azioni nel diritto romano arcaico e antico si veda Kaser, *Das altrömische ius. Studien zur Rechtsvorstellung und Rechtsgeschichte der Römer,* Göttingen 1949, p. 14 ss.

70 Vedi Coli, *Capitis deminutio,*Firenze 1922, p. 36 ss.; E vedi anche Perozzi, *Istituzioni di diritto romano,*I, Roma 1928, p. 545

71 Su trasferimento della proprietà nel diritto romano antico e repubblicano si veda nuovamente Kaser, *Eigentum und Besitz in älteren römischen Recht,* in *Forschungen zum römischen Recht*, libro I, parte I, II ediz., Köln-Wien 1956, p.34 ss.

72 Si veda la traduzione italiana dei versi 493-494 di E. Paratore in il Curculio di Plauto, Roma 2004, ed. Newton Compton, p. 352

73 Vedi Hartkamp R.F., *Von „leno" zu „Ruffiano": die Darstellung, Entwicklung und Funktion der Figur des Kupplers in der römischen Palliata* , Tübingen 2004, pp. 134 ss.

74 Sul significato di *auctor* e *auctoritas* vedi V. Arangio Ruiz, *Istituzioni di diritto romano,* Napoli 1984, p. 202 e pp. 342-343. Ci sarebbe inoltre da chiedersi come a questo punto il leno possa compiere una valida *mancipatio* in periodo repubblicano senza poter prestare

Infine anche un parassita come Curculio, che come tale non è certo ai vertici della società romana, emette un pesantissimo giudizio sulla razza dei lenoni dicendo non solo che essi siano simili alle cimici, ma anche che sono odiosi, dannosi e fastidiosi. Peraltro, sempre secondo Curculio, chi si arrischia a scambiare una parola con un lenone viene a sua volta „mal visto“ e diffamato dalla folla. Altro segno che sicuramente i lenoni-infami fossero stati isolati e marginalizzati dalla società, tanto che qualora le persone virtuose e oneste ci scambiassero qualche parola sarebbero state anch'esse mal viste, quasi come se si fossero contaminate nel loro avvicinarsi a questi esseri infami.

Ma andiamo avanti, per notare un altra caratteristica della "razza" dei lenoni e cioè quella di raggirare e imbrogliare gli altri per trarne guadagno. Ben lo vediamo nelle parole di Cappadoce (versi 527-32)[75] stesso quando si vanta di come abbia ottenuto la ragazza Planesio e di come ci abbia guadagnato su. E sempre dei raggiri, della disonestá e della totale mancanza di parola dei lenoni sono testimoni i versi 535-580, in cui il militare Terapontigono si lamenta dal lenone di come esso non abbia mantenuto la sua parola pur di prendere i soldi. E nelle sue lamentazioni è bello anche notare la forza con cui lo insulta, come ad esempio in questa frase al verso 587: „*Male vale, male sit tibi*“. Il che dimostra nuovamente il disprezzo della gente verso i lenoni.

Ma per finire vorrei presentare un ultimo passo del Curculio dove si può notare ancora una volta come i lenoni siano degli spergiuri. Un chiarissimo discorso tra Terapontigono e Cappadoce (vv. 705-09):

T. *Quodne promisti?*
CA. *Qui promisi?*
PH. *Lingua.*
CA. *Eadem nunc nego. dicendi, non rem perdendi gratia haec nata est mihi.*[76]

Ma lasciamo ora il Curculio per prendere alcuni passi dello Pseudolus dove potremo ritrovare le stesse caratteristiche dei lenoni che abbiamo appena

l'*obligatio auctoritatis*. Un altro argomento che potrebbe venire in aiuto dell'affermazione sull'impossibilità della proprietà per gli infami lenoni.

75 Si veda nuovamente il testo: "*CA. Quando bene gessi rem, volo hic in fano supplicare. nam illam minis olim decem puellam parvolam emi, sed eum qui mi illam vendidit numquam postilla vidi; periisse credo. quid id mea refert? ego argentum habeo. quoi homini di sunt propitii, lucrum ei profecto obiciunt. nunc rei divinae operam dabo. certumst bene me curare.*

76 Vedi la traduzione di E. Paratore in il Curculio di Plauto, Roma 2004, ed. Newton Compton, p. 372

esposto, quasi come se appunto tutti i lenoni-infami le possedessero di natura[77]. In questa commedia il giovane Calidoro vuole tentare di liberare la fanciulla Fenicio dal lenone Ballione, che minaccia di prostituirla, con l'aiuto del servo Pseudolus[78]. Iniziamo subito con i temi dello spergiuro e del disprezzo sociale che contraddistinguono tutti i lenoni-infami, che possiamo subito vedere nei versi 130-133:

CAL. *Ostium lenonis crepuit.*
PS. *Crura mavellem modo.*
CAL. *Atque ipse egreditur intus, periuri caput.*

In queste parole vediamo come il servo Pseudolo si auguri che siano le ginocchia del lenone a scricchiolare e non la porta[79].

Anche Calidoro non ha parole pregiate per il nostro Ballione, dal momento che subito lo indica come spergiuro (*periuri caput*). La qualità di spergiuro sembra comunque connaturata al lenone come "tipico" infame, indipendentemente da ciò che egli faccia.

Dopo ancora nei versi 193-194 Calidoro attacca di nuovo Ballione chiamandolo „*Furcifer*"[80], mentre Pseudolo gli da l'appellativo di „*malificus*". Mentre invece Ballione stesso scherza poco dopo, nei versi 197-200 sulla capacità dei lenoni e dei macellai di fare falsi giuramenti:

BAL. *Aeschrodora, tu quae amicos tibi habes lenonum aemulos lanios, qui, item ut nos iurando, iure malo male quaerunt rem, audi: nisi carnaria tria gravida tegoribus onere uberi hodie mihi erunt, cras te quasi Dircam olim, ut memorant, duo gnati Iovis devinxere ad taurum, item ego te distringam ad carnarium id tibi profecto taurus fiet.*

In questo testo, come in molti altri plautini, vediamo come il lenone si prenda gioco anche di se stesso e in generale della società[81]. Egli infatti è con-

---

[77] Il lenone così assumerebbe una vera „tipicità sociale". Il lenone ha queste caratteristiche proprio perché fa questo mestiere, indipendentemente dalla sua personalità individuale

[78] Vedi lo *Pseudolus* di Plauto, traduzione di E.Paratore, ed. Mondadori, Milano 2000, pp. 6-8.

[79] Vedi la traduzione inglese di P. Nixon in *Plautus,* IV, in *Loeb Classical Library,* Cambridge (Massachusetts) 1965, p. 162

[80] *Furcifer* potremmo tradurlo come „furfante" nel senso negativo del termine, in accordo con la traduzione di tale termine nel *Vocabolario della lingua latina* (Castiglione / Mariotti), Torino 1966, pag. 599. Ma una migliore traduzione sarebbe quella di "pendaglio da forca", che indicherebbe proprio il furfante destinato alla forca, come vediamo nel *Dizionario della lingua latina (*Georges/Calonghi), Torino 1966, p. 1175

[81] Per queste considerazioni generali sui personaggi delle commedie plautine (e quindi anche sul lenone) si veda R. Danese, *Modelli letterari e modelli culturali del teatro plautino*, in *Due seminari plautini*, a cura di C. Questa e R. Raffaelli, Urbino 2002, pp. 133-154.

tento e va fiero di far fortuna con falsi giuramenti e non gli importa assolutamente che gli uomini virtuosi non siano soliti farlo (anzi l'accusa di spergiuri sarebbe per loro una diffamazione).

Ma di grande impatto è senz'altro il verso 204 in cui Pseudolo definisce i lenoni una „peste" di cui liberarsi :"... *quin una omnes peste hac populunt hunc liberant?"* . Di nuovo a testimonianza del disprezzo che la gente aveva verso di loro. Persino un servo furfante come Pseudolo si può permettere di fare queste affermazioni, forse a riprova del fatto che l'uomo infame non avesse alcuna considerazione sociale a Roma[82], addirittura ancor meno di un servo.

Ma veniamo ora ad una altra importante caratteristica propria di un lenone-infame: il non rispettare la religione e la morale, la cosiddetta empietà[83] (a grande differenza dell'uomo onesto e virtuoso!). Nei versi 265-69 leggiamo, infatti:

BAL. *Respiciam istoc pretio; nam si sacruficem summo Iovi atque in manibus exta teneam, ut poriciam, interea loci si lucri quid detur, potius rem divinam deseram. non potest pietati opsisti huic, utut res sunt ceterae.*

PS. *Deos quidem, quos maxume aequom est metuere, eos minimi facit.*

Mentre Pseudolo sostiene che bisogna avere timore e rispetto degli dei, Ballione pur di guadagnare offenderebbe Giove in persona lasciando incompiuto un sacrificio. Perfino un servo si scandalizza davanti all'empietà di un lenone. Lui infatti a differenza del lenone- infame ha le sue leggi morali e religiose, mentre l'altro ne è totalmente al di fuori[84].

Un'ulteriore testimonianza dell'empietà del lenone la possiamo di nuovo trovare nei versi 287-95, in cui Ballione suggerisce a Calidoro di rubare i soldi a suo padre per pagare Fenicio e Pseudolo gli risponde scandalizzato che questo non sarebbe „retto". Mentre Ballione gli risponde a sua volta che una cosa retta non sarebbe da lenone...[85]

Calidoro , in seguito, gli risponde che la *pietas* lo proibisce („*pietas prohibet"*), e Ballione lo deride prendendo in giro la sua *pietas*[86]. E ancora nei

---

[82] Sul punto si veda ancora C.A. Barton in *Roman honor*, Berkeley 2001, p. 268 ss.

[83] Vedi sull'argomento dell'empietà e sul concetto stesso di pietas dal punto di vista giuridico-sociale De Francisci, *La leggittimazione attiva nell'azione funeraria*, in *il Filangeri* XL, 1915, p. 19 ss.

[84] Vedi le note di Faranda allo Pseudolus di Plauto, ediz. Mondadori, Milano 2000, p. 247. Qui il lenone mostra il lato della sua "empietà", altra caratteristica molto importante per un infame

[85] Vedi sempre il testo e la traduzione inglese di P. Nixon in *Plautus*, IV, in *Loeb Classical Library*, Cambridge (Massachusetts) 1965, pp. 178-180

[86] Ma vediamo il testo originale: "*BAL. Si amabas, invenires mutuom, ad danistam devenires, adderes faenusculum, surruperes patri. PS. Surruperet hic patri, audacissume?*

versi 351-56 in cui Calidoro accusa Ballione di aver fatto un giuramento in forma solenne (con formula e parole adeguate "*..conceptis verbis*") e di non averlo rispettato, come un furfante, e il lenone gli risponde candidamente di si e che grazie a questo ha guadagnato soldi. Ballione si prende anche gioco di Calidoro e della sua onestà, quasi come se questa fosse un disvalore[87].

E proprio qualche verso più in giù (362) Calidoro chiama Ballione delinquente (*sceleste)* e lui gli risponde tranquillamente che lo è, quasi come se non gliene importasse niente, anzi quasi se per lui fosse un complimento. C'è da chiedersi addirittura se forse il lenone "volesse" essere definito delinquente per "guadagnare" una certa reputazione e un certo "credito" nel "suo" ambiente sociale popolato da furfanti[88].

Ma la testimonianza più grande di tutto il disprezzo sociale e del disvalore di cui godevano i Lenone (e probabilmente gli infami tutti) al periodo di Plauto lo vediamo nei versi 360-369, in cui il lenone viene fregiato di tutta una serie di epiteti che riassumono le sue caratteristiche. Alcuni tra i più rilevanti: *Bustirape (*ladro di tombe), *Furcifer* (furfante, pendaglio da forca), *Parricida, Sacrilege, Periure* (spergiuro), *Legerupa (*violatore di leggi), *Inpure, Fur* (ladrone), *Fraudulente (*imbroglione)[89]. In questi versi si possono di certo sintetizzare tutte le qualità del lenone-infame, che probabilmente proprio per tutte queste sue „caratteristiche" gode dell'infamia[90]. Un altra caratteristica di cui ho già portato

non periclumst ne quid recte monstres. BAL. Non lenoniumst. CAL. Egon patri surrupere possim quicquam, tam cauto seni? atque adeo, si facere possim, pietas prohibet. BAL. Audio. pietatem ergo istam amplexator noctu pro Phoenicio. sed cum pietatem te amori video tuo praevortere, omnes <homines> tibi patres sunt? nullus est tibi quem roges mutuom argentum?" É interessante notare come un servo furfante quale Pseudolo dica del lenone *„audacissume*".

87 I versi eccezionali: *CAL. Quid ais, quantum terra tegit hominum periurissume? iuravistin te illam nulli venditurum nisi mihi? BAL. Fateor. CAL. Nempe conceptis verbis? BAL. Etiam consutis quoque. CAL. Periuravisti, sceleste. BAL. At argentum intro condidi. ego scelestus nunc argentum promere possum domo: tu qui pius, istoc es genere gnatus, nummum non habes.*Qui siamo al paradosso: per Ballione l'esser onesti è qualcosa di disdicevole e di cui vergognarsi. Quasi come se queste caratteristiche lo potessero "svalutare" nel suo mondo di furfanti e infami.

88 Ad esempio il lenone Labrax del *Rudens* di Plauto in più di un'occasione si vanta di fronte al pubblico di essere un furfante e un delinquente.

89 Le parole *legerupa, Periure, Parricida, Fraudulente,*mi sembrano sicuramente tratte dal linguaggio giuridico. Sebbene, vi siano molto studiosi che affermano che il dirito delle commedie Plautine sia un dritto „da commedia", mi sembra contrariamente che grande sia la conoscenza del diritto da parte di Plauto e che molto probabilmente ,e fino a prova contraria, non si possa affermare che queste parole siano state inserite per far spettacolo. Credo, infatti, siano state usate per definire anche in maniera giuridica le caratteristiche negative del lenone.

90 Secondo Pommeray l'infamia sarebbe nata prima come reazione morale-sociale nel periodo romano antico verso determinati comportamenti e poi, con i censori prima e con il

alcuni esempi, ma di cui voglio illustrare ancora un altro aspetto è quella della mancanza di rispetto verso le istituzioni e l'ordinamento giuridico nonché religioso, che possiamo ben vedere in un altro famoso passo di Plauto, questa volta nel Rudens ai versi 1372-77[91]:

GRIP. *Non tu iuratus mihi es?*
LABR. *Iuratus sum, et nunc iurabo, si quid voluptati est mihi: ius iurandum rei servandae, non perdendae conditum est.*
GRIP. *Cedo sis mihi talentum magnum argenti, periurissime.*
DAEM. *Gripe, quod tu istum talentum poscis?*
GRIP. *Iuratust mihi dare.*
LABR. *Libet iurare. Tu n'meo pontifex peiurio es?*

Come possiamo vedere in questi versi, il lenone Labrax, accusato dal pescatore Gricus di spergiuro, gli risponde prendendolo in giro e chiedendogli se lui fosse il Pontefice, visto che lo accusa di spergiuro. Un altra bella caratteristica, dunque, da aggiungere alla breve lista derivata dallo Pseudolus. Ora tutte queste caratteristiche potremmo ricondurle a un primo aspetto caratterizzante l'infamia del lenone e cioè l'attacco ai buoni *mores (*comprendendo in essi l'onestà e la virtù) e alla *pietas.* Un altro filone di esempi sono da riscontrarsi in quelli invece che caratterizzano l'infamia come reazione alla rottura della *bona fides* (cioè lo spergiurare e l'imbrogliare continuamente) da parte di un lenone. Vediamo ad esempio le parole di Plauto (pronunciate dalla Vergine) nel verso 347 del *Persa: "Nam ad paupertatem si admigrant infamiae, gravior paupertas fit, fides sublestior."* E ancora il verso 144 del Mostellaria, in cui l'autore oltre all'attentato alla virtù, al buon nome e a ciò che conviene fare, inserisce appunto quello alla *fides: "Nunc simul res, fides , fama, virus, decus deserverunt"*[92].

5. Aspetti caratterizzanti l'infamia del Lenone dal punto di vista giuridico-sociale.

Dagli esempi presentati sembrerebbe dunque che l'infamia del lenone, almeno per come ce la presenta Plauto, si muova sempre come "reazione" popolare, sociale e giuridica a tutti quei comportamenti contrari al buon costume, co-

---

pretore e i provvedimenti imperiali si sarebbe trasformata in una condizione giuridica sanzionata dalla legge stessa oltreché dalla morale sociale. Ma comunque fino a tutto il periodo romano classico sarebbe sempre rimasta molto legata alla *existimatio* pubblica. Vedi Pommeray L., *Etudes sur l'infamie en droit romain,* Parigi 1937, pag. 271 ss.

91 Vedi di nuovo la traduzione di P. Nixon in *Plautus,* IV, in *Loeb Classical Library,* Cambridge (Massachusetts) 1965, p. 428

92 Vedi ancora Pommeray, *Etudes sur l'infamie en droit romain,* Parigi 1937, p. 12

me insieme di onestà e virtù (il che ricomprende in generale tutti i precetti dei *boni mores*), alla *pietas,* e alla *fides.*

Questi aspetti caratteristici intorno a cui ruota l'infamia del lenone plautino, come vediamo dalle osservazioni di Leon Pommeray[93], che muovono le mosse degli studi precedenti di Mommsen e Savigny, corrispondono nella maggioranza alle caratteristiche dell'infame stesso in generale. Nei suoi studi, infatti, l'autore stigmatizza tutte le caratteristiche dell'infamia intorno alla contrarietà a questi principi dell'ordinamento romano giuridico, sociale e morale. Secondo Pommeray l'infamia come conseguenza del non rispetto dei *boni mores* deriverebbe dall'attività dei censori (la nota censoria) e dalla cosiddetta "ignominia". Mentre quella della *fides* e della *pietas* deriverebbe dal sentimento popolare e religioso di disgusto verso colui che non mantenesse un *ius iurandum,* su cui si basa la *fides* stessa o verso colui che non rispettasse le regole morali e religiose romane[94]. Ma incerta è l'origine stessa dell'infamia, come notiamo dalle tesi assolutamente contrapposte di Savigny e Mommsen. Savigny[95], infatti, affermava l'origine giuridica di questo istituto in relazione all'*existimatio,* delineandola come una categoria giuridica nata in rapporto all'onore civico. Mommsen[96] invece lo negava categoricamente, caratterizzando l'infamia come reazione popolare e addirittura priva di conseguenze penali, se non occasionali e accessorie. Lo stesso Pommeray[97], ma anche Smith, sostengono invece che essa sia probabilmente nata da legge non scritta e cioè dai "mores" romani e dal sentimento popolare, e che sia poi stata ripresa sia dai censori con la loro nota di ignominia sia dall'editto del pretore che dalla legge *Iulia municipalis* e *de adulteriis*, trasformandosi così in un istituzione giuridica. Questa origine antica, risalente al periodo arcaico, spiegherebbe il suo stretto rapporto con l'onore e il disonore. Come ci mostrano gli studi di Carlin A. Barton, in questo periodo la visione sociale, giuridica e religiosa romana era molto influenzata dai temi dell'onore e del disonore[98]. Temi che senza dubbio erano molto legati al concetto di infamia e ignominia. L'infamia, dunque, nascerebbe e deriverebbe non solo dall'ordinamento giuridico, come voleva Savig-

93 Vedi Pommeray L., *Etudes sur l'infamie en droit romain,* Parigi 1937, p. 10. Qui l'autore riporta le opinioni di Mommsen e Savigny sull'origine stessa dell'infamia. Secondo il primo, infatti, l'infamia sarebbe una razione popolare e morale e sicuramente non una pena. Per Savigny invece l'infamia nasce come una concezione giuridica in rapporto all'*existimatio,* un istituzione di diritto pubblico che attraversa tutta la storia romana.

94 Pommeray L., *Etudes sur l'infamie en droit romain,* Parigi 1937, p.12 ss.

95 Vedi Savigny, *System des heutigen römischen Rechts,* Berlino 1840, tomo II, § 76 ss., pp. 170 ss.,

96 Vedi Mommsen in *Römisches Staatsrecht,* Leipzig 1889, pp. 496 ss.; e in *Römisches Strafrecht,* Leipzig 1899, pag. 993 ss.

97 Pommeray L., *Etudes sur l'infamie en droit romain,* Parigi 1937, pag. 43 e ss.

98 Vedi Carlin A. Barton, Roman Honor, Berkeley 2001, pag. 31 ss.

ny, ma anche dalla morale sociale romana. Non si è infame solo in seguito alla dichiarazione dell'infamia, ma anche perché è la morale sociale che lo dice. E sicuramente un buon esempio di questo fenomeno parallelo giuridico-sociale è la figura del *Leno*[99].

Ma ritorniamo ora a tutti gli esempi finora visti. Da essi possiamo senz'altro derivare autonomamente una buona immagine dell'identità di questo personaggio immorale e riprovevole (e anche per questo infame) che è il lenone. Ora se sommiamo tutte queste caratteristiche e le paragoniamo a quelle dell'uomo virtuoso potremmo ben vedere come esse siano esattamente il loro contrario. Nella ricostruzione delle caratteristiche dell'uomo onesto vorrei aiutarmi anche con la rassegna compiuta da Senn sulle attività contrarie ai buoni costumi[100]. L'uomo virtuoso mantiene sempre la parola, non truffa, non dice il falso, non pronuncia falso giuramento, rispetta i *mores*, esercita in maniera retta le magistrature, compie in maniera onorevole il dovere militare, ha una condotta rispettosa verso i magistrati, rispetta i doveri della *pietas*, si prende cura della famiglia, non abusa del potere domestico, amministra bene il suo patrimonio e non dissipa i beni, è un uomo *probo*, rispetta la buona fede nelle relazioni fra privati, esercita professioni onorevoli, non viene condannato per atti disonorevoli, è attento al suo buon nome e tiene in considerazione la sua fama e stima sociale e i buoni rapporti con la società.

Le caratteristiche contrarie appunto a quelle possedute da un lenone, che proprio grazie a questa contrarietà merita a mio parere l'infamia, perché è tutto ciò che un uomo onesto, virtuoso e rispettabile non dovrebbe essere. É un individuo diffamato e privo di onore insomma, sanzionato dalla morale sociale e dall'ordinamento giuridico. E proprio per queste considerazioni ritengo che il lenone possa assumersi come un buon esempio paradigmatico dell'infame sociale e giuridico[101]. Grazie alle commedie di Plauto e al paradigma del lenone possiamo ben cogliere molteplici aspetti (sociale, giuridico, religioso, morale, economico) della personalità di questo tipo di infame.

Dopo questa descrizione dell'infamia del lenone e delle sue caratteristiche impersonificate da questo personaggio, ci sarebbe a questo punto da chiedersi se essa, come precedentemente detto, debba essere considerata come al tempo stes-

---

[99] Vedi Pommeray, *Etudes sur l'infamie en droit romain,* Parigi 1937, pag. 20 e ss.

[100] Vedi Senn, *Des origines et du contenu de la notion de bonne moeurs* in "Mélange Gény", 1934, I, pag. 58

[101] Il leno deriva la sua infamia non solo dalla dichiarazione del pretore ma anche dalla morale sociale. Nel caso del lenone-infame la volontà dell'ordinamento giuridico e della societá viaggiano di pari passo. Entrambi sanzionano il comportamento di queste persone. In un caso come questo, a mio parere, non è utile andare a cercare origini e differenze tra la legge e la morale sociale, dal momento che entrambe vedono il lenone allo stesso modo, come un infame sociale e giuridico. Diffamato e con incapacità giuridiche che lo "disonorano".

so una pubblica diminuzione della stima sociale e una condizione giuridica sanzionatoria che ricade su persone appunto „diffamate", e quindi non degne di godere di determinati diritti, e che per questo vengono messe ai margini della societá[102], oppure come difesa dell'ordinamento stesso da una presenza „contaminante" di persone disoneste e indegne. Secondo questo secondo intrigante punto di vista, l'infamia sarebbe un provvedimento che mirerebbe non tanto a „sanzionare" un determinato comportamento, ma piuttosto ad evitare che delle persone turpi e diffamate facciano la loro comparsa in luoghi onorevoli e giusti come i tribunali, oppure dalla possibilità di esercitare diritti e ricoprire cariche degne di uomini onesti e virtuosi. Quasi un meccanismo di autodifesa dell'ordinamento per tener lontano personaggi spregevoli, empi, privi di onore, quasi una „peste", per usare le parole di Plauto, che potrebbero „contaminare" ciò che invece deve essere giusto, puro e virtuoso. Il tribunale e le istituzioni sono luoghi seri, dove dovrebbe regnare la virtù, l'onestà e la verità. Tutte caratteristiche che un infame come il lenone non può possedere, dal momento che egli è empio, bugiardo e truffatore per vocazione.

A favore di questo secondo punto di vista troviamo Smith che appunto sostiene la teoria secondo cui l'infamia sarebbe non una sorta di pena volta a marginalizzare un individuo dall'ordinamento giuridico e istituzionale, ma una difesa dell'ordinamento stesso da individui spregevoli e empi che non devono „contaminare" un sistema fondato su giustizia, onestà, *pietas* e *virtus*[103].

Se infatti personaggi infami come ad esempio i lenoni avessero la possibilità di proporre azioni in tribunale, quale sarebbe più la credibilità e la "fama" di giustizia di questo organo? E allo stesso modo, se un individuo di mala fama e disprezzato dal popolo come un lenone (le testimonianze di disprezzo popolare abbondano in Plauto) potesse ricoprire magistrature riservate a persone virtuose e apprezzate, quale sarebbe più la credibilità di un ruolo istituzionale?

Certo è che questi interrogativi farebbero ben propendere a favore della tesi di Smith, anche se non supportati da alcuna fonte giuridica che sostenga esplicitamente questa teoria.

D'altro canto però vorrei ora mettere in evidenza un ulteriore e interessante aspetto legato all'infamia dei lenoni, che potrebbe invece rendere inefficace questa teoria e far propendere invece per il punto di vista classico dell'infamia come condizione sanzionatoria con effetti giuridici da un lato e diminutiva della stima sociale dall'altro.

---

[102] Come sostenuto in varie fasi dalla dottrina dominante: Savigny, Perozzi, Pommeray, Kaser, Greenidge

[103] Vedi voce Infamia in Smith W., Dictionary of Greek and Roman antiquities, Londra 1875, p. 635

A livello giuridico, infatti, l'infamia viene comminata solamente a coloro che direttamente esercitano l'attività di *lenocinium*[104]. Nessuna sanzione è invece prevista relativamente alle persone "oneste" che investono, magari non sapendolo, nella prostituzione affittando le case in cui i lenoni esercitano i bordelli[105]. Dal passo in D.5.3.27.1[106] e in D. 23.2.43.8 e in D.3.2.4.2 possiamo vedere come per Ulpiano solo un'attività diretta nell'ambito della prostituzione può portare al *lenocinium* e quindi all'infamia. L'*Honestas* dei signori che affittano le loro proprietà per l'esercizio di bordelli non viene intaccata o "contagiata". L'ordinamento romano classico sembra non dare importanza a questa "collusione" economica. L'uomo onesto, anche se ha attività economiche che anche indirettamente "colludono" un infame, non viene contagiato da quest'ultimo, sia dal punto di vista del diritto che da quello dell'opinione sociale. Sembra, infatti, che il trarre profitto indiretto da tali attività non sia causa di infamia ma solo l'esercitarle direttamente[107]. Sembra, dunque, che nella teoria sociale e morale romana[108] (che si riflette inevitabilmente sull'ordinamento giuridico) non vi fosse quella idea di "contaminazione" che una persona disonesta può apportare ad una "virtuosa" con cui è in affari, che noi oggi abbiamo. Questa considerazione sul "*contagion*" è molto ben esposta negli studi di Riggsby e Mcguinn[109], i quali analizzando la morale sociale romana mostrano come questo concetto di "contaminazione" manchi sia a livello giuridico che sociale[110], e come l'infamia sia comminata solo a coloro che direttamente esercitano la professione diffamante di lenone. L'Infamia sarebbe secondo i due studiosi, dunque, una condizione sociale e giuridica sanzionatoria che da luogo da una parte a determinate incapacità legali (la mancanza di *postulatio* e l'impossibilità di ricoprire determinate magistrature e cariche istituzionali) e dall'altra ad un generalizzato disprezzo sociale. L'infamia in generale, e quella del lenone

104 Questo vale sicuramente per l'ignominia censoria e per l'infamia pretoria, per quanto riguarda invece il *lenocinium* della *lex Iulia de adulteriis* e delle novelle Giustinianee, non possiamo esserne sicuri, dal momento che non é possibile sapere se tutti i casi di lenocinio ricompresi in queste previsioni legislative fossero stati veramente sanzionati

105 Vedi Riggsby M. in *Lenocinium: Scope and Consequence,* in "Zeitschrift der Savigny-Stiftung für Rechtsgeschichte", RA, 112 (1995), p. 426

106 Si veda il testo: "*Sed et pensiones, quae ex locationibus praediorum urbanorum perceptae sunt, venient, licet a lupanario perceptae sint: nam et in multorum honestorum virorum praediis lupanaria exercentur.*"

107 Vedi Riggsby M. in *Lenocinium: Scope and Consequence,* in "Zeitschrift der Savigny-Stiftung für Rechtsgeschichte", RA, 112 (1995), pp. 426-427

108 Almeno in quella classica anteriore alla cristianizzazione della società romana

109 Vedi T.J. McGinn in *Prostitution and Julio-Claudian legislation in early imperial Rome,* (diss. Ann Arbor, 1986), pag 474 ss.

110 Anche se a livello sociale devo far notare che alcuni passi di Plauto analizzati mostrerebbero, invece, il contrario. Come ad esempio possiamo notare nei versi 494-504 del Curculio.

in particolare, non sarebbe dunque la sanzione di un'attività quale lo sfruttamento della prostituzione che è in se lecita e tollerata, ma solamente la sanzione di un comportamento che da luogo ad una condizione disprezzabile socialmente e che allo stesso tempo viene sanzionato anche giuridicamente. La diminuzione della stima sociale e la sanzione giuridica deriverebbero dunque dall'esercizio stesso dell'attività di *lenocinium*[111]. Teoria che peraltro viene affermata anche da Smith stesso: "*It results from this enumeration that infamia was only the consequence of an act committed by the person who became infamis, and was not the consequence of any punishment for such act.*"[112]

Non è quindi l'attività di *lenocinium* in se illecita ma è l'esercitarla, il *lenocinium facere,* che da vita all'infamia. Il personaggio che si "macchia" dell'esercizio del *lenocinium avrà* conseguenze giuridiche e sociali. L'attività economica di sfruttamento della prostituzione non è in se negativa e contaminante, ma è l'esercitarla direttamente. Secondo queste considerazioni, dunque, la condizione di lenone-infame ben darà limitazioni giuridiche e porterà a una marginalizzazione sociale. E l'aspetto della marginalizzazione sociale è messo in luce anche da Pommeray[113] che parla dell'infamia quasi come di una "sanzione sociale" legata alla pubblica *existimatio.* La società vede infatti gli infami come una "classe" a parte, quasi fossero persone escluse da tutto e con cui non è bene trattare. Ma allo stesso tempo sono esclusi anche dall'ordinamento giuridico. Non possono esercitare le azioni direttamente, non possono ricoprire magistrature, non possono avere garanti né agire come tale. Sono quasi un *corpus* estraneo all'ordinamento giuridico[114]. Qualora infatti essi fossero truffati non potrebbero forse neanche difendersi[115]. Tutto il loro mondo di affari e di rapporti giuridici e sociali viaggia al di fuori dell'ordinamento giuridico e istituzionale. Ma come abbiamo visto nelle commedie, i lenoni sono indifferenti a questa marginalizzazione sociale e giuridica. A loro interessa solo il profitto economico e nient'altro[116]. La condizione diffamante che da luogo a

[111] Vedi Riggsby, *Lenocinium: Scope and Consequence,* in *Zeitschrift der Savigny-Stiftung für Rechtsgeschichte, romanistiche Abteilung,* 112 (1995), pagine 423-427. Ma si tratta sempre del lenocinio „classico" e non di quello della *lex Iulia* e delle novelle Giustinianee, a cui peraltro erano ricondotte altre pene ben più gravi.

[112] Vedi la voce Infamia W. Smith , *Dictionary of Greek and Roman antiquities*, Londra 1875, p. 634

[113] Vedi Pommeray., *Etudes sur l'infamie en droit romain,* Parigi 1937, pp. 16 ss.

[114] Vedi in tals senso la parte 2 e 3 della presente ricerca e soprattutto le parole di Curculio , nell'omonima commedia di Plauto nei versi 494- 504 e 513-516

[115] Come sosterrebbe Greenidge sulla base della considerazione relativa a *cognitor e procurator* in *Infamia, It's place in roman public and private law,* Oxford 1894, pag. 58 ss.

[116] Sembrerebbero molto simili agli „intoccabili" dell'India. Anche i Dalit indiani che appartengono alla casta (L'ordinamento sociale indiano è infatti diviso in caste) più bassa e disprezzata, si vedono negare dalla società numerosi diritti tra cui anche molti di natura

incapacità giuridica e a disprezzo sociale è a loro indifferente. Non perché lieve, ma perché forse essi non avevano alcun interesse nella giustizia o nel valore sociale, ma solo nel denaro. Vivono ai margini della società e ci restano felicemente, perché i valori giuridico-sociali romani non gli interessano. Quest'ultimo aspetto delineerebbe ancor di più la personalità dell'infame in contrapposizione a quella dell'uomo onesto e virtuoso che da grande valore alla giustizia, alle istituzioni e al suo onore sociale. Proprio alla luce degli studi di McGuinn-Riggsby e delle ultime considerazioni, mi sentirei di concludere questa breve ricerca schierandomi a favore di un ipotesi che consideri l'infamia[117] come una condizione sanzionatoria del comportamento di un soggetto, che si estrinseca in una serie di effetti giuridici e sociali. Grazie agli studi di McGuinn e Riggsby sembrerebbe infatti da escludere che l'idea di "contaminazione" dell'onorabilità giuridica e istituzionale appartenesse ai romani. Perché allora creare un istituto come l'infamia per evitare questa cosiddetta "contaminazione" dei tribunali e delle magistrature, che sono simbolo di virtù, onestà e giustizia? Ben potrebbe quest'idea esser accostata alla comminazione dell'infamia, ma solo, a mio avviso, in maniera implicita e secondaria rispetto ai veri contenuti. Rimanendo peraltro sulla base delle motivazioni "sociali" e morali di questo istituto. Mi risulta, infatti, più convincente di definire l'infamia come una sanzione giuridica e sociale[118] che colpiva coloro che esercitano lavori spregevoli e si macchiano di azioni turpi e empie (come il lenone appunto). E i relativi effetti sanzionatori giuridici che ricadono su questi soggetti sono quelli di esclusione parziale dalla *postulatio* e dalla ricopertura di alcune cariche. Una sanzione giuridica, dunque, che però si unisce anche a risvolti sociali, quali appunto il disprezzo da parte della popolazione.

È importante aggiungere che, come vediamo dall'esempio del lenone nei vari passi analizzati, questi individui non sembrano curarsi di questa condizione sanzionatoria e di questo disprezzo della società, quasi come se ciò non avesse effetti. Ma questo non curarsene non sarebbe a mio parere da riferirsi ad una scarsezza di effetti giuridici dell'infamia (che anzi rendono l'infame quasi incapace dal punto di vista della *postulatio)*, ma solo al fatto che il

---

processuale, soprattutto per quanto riguarda proprio il proporre azioni e il testimoniare. Essi sono inoltre marginalizzati dalla società e possono compiere solamente determinate attivitá che secondo la società indiana danno luogo ad una menomazione della stima sociale. Alcune delle maggiori attività dei Dalit sono proprio quella della gestione dei bordelli e la prostituzione. Sull'argomento vedi Ghanshyam Shah, *Dalit identity and politics,* Londra 2001

117 Direi non solo quella conseguente alle attività svolte dal lenone, ma anche in generale

118 Perché appunto da luogo da una parte alla menomazione della pubblica *existimatio* e dall'altra a limitazioni giuridiche. Vedi su questo punto sempre Kaser, *Infamia und Ignominia in den römischen Rechtsquellen,* in „*Zeitschrift der Savigny Stiftung für Rechtsgeschichte*" RA, 73 (1956), p. 222 ss.

disinteressarsi delle leggi, dell'ordinamento giuridico, dei *boni mores* e della morale sociale non è altro che un'altra caratteristica intrinseca all'infame stesso. Anche per questi motivi l'infame è appunto tale. Perché non rispetta l'ordinamento e la società a cui appartiene. E per questi stessi motivi è ai margini della società, è sanzionato con la privazione di importanti diritti, e disprezzato dalla maggioranza. Il suo comportamento e il suo agire sono la cagione del suo male e della sua condizione giuridico-sociale[119]. Egli è infame per legge e al tempo stesso perché lo ritiene tale la società. I due aspetti si intersecano e si collegano fra loro. E il paradigma di questo "collegamento" e di questa teoria sull'infame giuridico e sociale al tempo stesso è proprio il personaggio del lenone.

[119] vedi ad esempio Hartkamp R. in "*Leno periit- die Rolle des Kupplers Dordalus zwischen Ritual und Realität,* in St. Faller (Hg.) *Studien zu Plautus' Persa*, ScriptOralia 121, Tübingen 2001, pp. 135-137

Die Beweislast der *causa stipulationis* und der *causa*-Begriff

José Javier de los Mozos Touya, Valladolid

Der *causa*-Begriff hat eine wichtige Rolle in der Vertragslehre der modernen Rechtssysteme, die vom französischen Zivilgesetzbuch stammen, gespielt. Er hat auch zu unendlichen Auseinandersetzungen der Zivilisten über sein Wesen geführt, aber ebenso darüber, ob er einer eigenständigen und nützlichen Vorstellung entspricht. Den römischen Juristen war das alles fremd. Jedoch, der Sache nach, kann man im römischen Recht Probleme aufspüren, die in diesem Bereich in die modernen Begriffe und Lösungen aufgehen.

Dieser Vortrag betrifft nur einen Teilaspekt des Themas, der, wie wir sehen werden, eine Schlüsselposition besitzt, denn er einer der Fäden vermittelt, der von praktischen Sachverhälten der römischen Erfahrung zu der möglichen Bedeutung des *causa*-Begriffs in die moderne Dogmatik leitet.

Wie gewusst, ist die stipulatio als ein abstraktes Rechtsgeschäft geboren. Die Verpflichtung des Versprechenden entstand *verbis*, durch die mündliche Form, aber es war auch früh anerkannt worden, dass ein Stipulant, der aus einer Stipulation ohne jede materielle Rechtfertigung einen Anspruch erhob, sich nicht durchsetzen konnte, da der Beklagte von einer *exceptio* geschützt war. Diese materielle Rechtfertigung, deren die *stipulatio* nicht entbehren konnte, wurde gelegentlich *causa* gennant, augenscheinlich nach dem Muster der ähnlichen Problematik der *condictio sine causa*[1].

Die Rechtfertigung der Stipulation oder deren Mangel wurde zu einer erheblichen Tatsache angesichts der richterlichen Entscheidung im Prozess, war also *thema probationis* und es ist interessant zu beobachten, wie diese Tatsache als *thema probandum* angesehen worden ist, mit anderen Worten, welche Bedeutung die Bestimmung der Beweislast in diesem Bereich hat.

Wird die Beweislast der Rechtfertigung der Stipulation dem Gläubiger auferlegt, so müssen wir diese Rechtfertigung als einen Bestandteil des Tatbestandes ansehen, aus dem die Forderung entsteht. Obliegt dagegen dem Schuldner die Beweislast des Mangels an einer Rechtfertigung, so ist diese materielle

[1] Grundlegend, Söllner, Die causa im Kondiktionen- und Vertragsrecht des Mittelalters bei den Glossatoren, Kommentatoren und Kanonisten, SZ 77 (1960), 182-269, dessen 2. Teil, 212-269: Die causa im Vertragsrecht des Mittelalters bei den Glossatoren, Kommentatoren und Kanonisten, wurde von E. Schrage im Das römische Recht im Mittelalter, Darmstadt 1987, herausgegeben, S. 131 – 186, *vid.* 133 ss.

Rechtfertigung kein wesentliches Element der Verschuldung, sondern ihr Ausbleiben ein von der Obligation unabhängiger Umstand, wie Arglist oder Drohung.

Das kann sehr dogmatisch klingen, aber es wird von den prozessrechtlichen Voraussetzungen bestimmt, die dem römischen und dem modernen Recht gemeinsam sind. Vor einer Generation wurde das Thema der Beweislast im römischen Recht speziell erörtert. Während E. Levy und M. Kaser an einer grossen Flexibilität der Beweislast im klassichen Recht glaubten, dachte G. Pugliese, dass die Beweislast, anders als die Beweiswürdigung, von Regeln bestimmt war, die dem freien Ermessen des Richters entzogen waren. Diese Auffassung ist heute überwiegend[2]. Natürlich bedeutet die neue Lehre keine Starre der Beweisverteilung im klassischen römischen Recht. Einerseits, weil die freie Beweiswürdigung einen weiten Raum den *praesumptiones iudicis* öffnete, andererseits, da ein Prinzip prozessrechtlicher Billigkeit, in manchen Fällen, die normale Verteilung der Beweislast ändern konnte. Jedenfalls wurde das Problem der Beweislast völlig erkannt, indem die Prozesspartei die Tatsachen zu beweisen hatte, die ihre Position zugrundelegten, was implizit im berühmten Satz geäussert worden ist „*ei incumbit probatio qui dicit non qui negat*" (Paul. D.22, 3, 2).

Die vorangehenden Betrachtungen sind für unser Thema insoweit wichtig, da *dicere* gerade die Behauptung der Tatsachen bedeutet, aus denen sich der Tatbestand der Entstehung der Forderung bzw. derjenige der Entstehung der Einrede zusammensetzt. Auch im römischen Recht verrät die Beweislastverteilung die Gestalt der Entstehungsvoraussetzungen der subjektiven Rechte und somit, angesichts der Stipulation, ihre positiven Wirkungsbedingungen.

In allgemeinem kann man in den Quellen beobachten, dass die materielle Rechtfertigung der Stipulation auf zweierlei Art von Belang war, je nachdem die *promissio* den Grund angab, aus dem die Verpflichtung eingegangen war, oder nicht. Im ersten Falle spricht die Lehre von einer kausal-gefasste, im zweiten von einer abstrakt-gefasste Stipulation[3].

Bei der kausal-gefasste Stipulation die *verba*, die Form, machten direkt den Grund oder *causa* erheblich, so dass, wenn jener fehlte, keine Forderung aus der Stipulation entstand. Die *causa* war Bestandteil des Entstehungsgrundes der Forderung, aber zunächst wegen derselben Form. Die Beweislast stellte kein

---

[2] Wacke, Zur Beweislast im klassischen Zivilprozess. Giovanni Pugliese versus Ernst Levy, SZ 109 (1992), 411 ss.

[3] Kaser, RP I, 541.

Problem: der *stipulator*, der die Stipulation bewies, hatte schon damit die *causa* bewiesen. Wenn der Beklagte die Wirklichkeit der *causa* leugnete, musste er zum Gegenbeweis vorfahren.

Im zweiten Falle, einer abstrakt-gefasste Stipulation, finden wir das eigentliche Problem der Erheblichkeit der *causa*. Die Wirksamkeit der *stipulatio* lag in der Form der blosse *promissio*, so dass sie konnte sich als ein abstraktes Rechtsgeschäft erweisen, wenn in der Antwort des Versprechenden keinen Grund erwähnt worden war. Aber ab einem bestimmten Moment, sicherlich schon in republikanischer Zeit, konnte der Beklagte eine *exceptio doli* in der *formula* einfügen lassen, wenn er sich zum Mangel der *causa* berief. Angesichts der Beweislastfrage, hatte der Kläger im Prinzip nur den Beweis der Stipulation zu erbringen. Quinctilian, *inst. orat. 4, 2, 6*, schreibt: „*Satis est dixisse ‚certam creditam pecuniam peto ex stipulatione', ‚legatum peto ex testamento'; diversae partis expositio est cur ea non debeantur*". Dieser Text drückt den Umfang der notwendigen Behauptungen (*dicere*) der Prozessparteien aus. Ist der *onus probandi* von einem *onus asserendi* abhängig, so wird dem Beklagten die Beweislast der Umständen auferlegt, aus denen er nicht schuldig bleibt.

Die juristische Quellen erklären, dass der Beklagte die Beweislast der Tatsachen trägt, auf denen sich die *exceptio* stützt: *Ulp.* D. 22, 3, 19 pr. „*in exceptionibus dicendum est reum partibus actoris fungi oportere ipsumque exceptionem velut intentionem implere*". Denselben Gedanke äussern *Celsus* im 9. Gesetz und *Paulus* im 25. Par. 2 desselben Titels. Noch genereller *Ulp.* D. 44, 1, 1, „*agere etiam is videtur, qui exceptione utitur: nam reus in exceptione actor est*".

Alle diese Texte enthalten allgemeine Regel, keine konkrete Anwendung. Gerade für die Beweislast der *causa stipulationis* erklärt *Paulus* das Gegenteil in D. 22, 3, 25, 4. Dieser Text betrachtet die Beweisurkunde einer Stipulation, die die Begründung der Verpflichtung nicht mit Klarheit angibt. Der Kläger hat in diesem Falle den Beweis eines gültigen Grund zu bringen. Die romanistische Lehre betrachtet das Fragment als verdächtig, nach ihr hätten die klassischen Juristen im Prozess über eine Stipulationsforderung die algemeine Regel der Beweislast angewandt, erst die *exceptio non numeratae pecuniae* hätte eine neue Lösung in einem begrenzten Bereich eingeführt. Schon *Jacques Cujas* hat gedacht, dass der Fragment von *Paulus* in Wirklichkeit den Text einer Konstitution Justinians wiedergibt[4]. Das Argument der Interpolation ist heute weniger über-

[4] Bd. IV *Operum posthumorum, pars prior, Lutetiae 1658,* Säule 920: *Omnia fere verba (exceptis duobus primis versibus) in hac lege sun Triboniani... Est igitur haec lex constitutio Iustiniani edita sub Pauli nomine.*

zeugend. Wie wir sehen werden, D. 22, 3, 25 erweist einen deutlichen Gedankengang, der dem Kommentar von Friedrich Glück nicht entgangen ist[5]. Meines Erachtens ist es notwendig, die Beziehung zwischen der Stipulation und der *exceptio doli* näher zu untersuchen.

Ein berühmtes Beispiel der Einführung der exceptio doli in der Formel ist *Gai.* 4, 116:

„veluti <si> stipulatus sim a te pecuniam tamquam credendi causa numeraturus, nec numeraverim; nam eam pecuniam a te peti posse certum est, dare te oportet, cum ex stipulatu tenearis; sed quia iniquum est te eo nomine condemnari, placet per exceptionem doli mali te defendi debere".

Ulpian behandelt denselben Fall in einem allgemeinen Rahmen in D. 44, 4, 2, 3. Er stellt sich die Frage nach den Gründen für die *exceptio doli* und beginnt gerade mit dem allgemeinen Sachverhalt, dass jemand sich ohne Grund von einem anderen etwas in einer Stipulation versprechen liess und nachher die Forderung beansprucht. Die möglichen Varianten werden von Ulpian betrachtet, und zwar die Fälle eines anfänglichen Ausbleibens der *causa* und diejenige eines nachträglichen. Das Argument von *Gaius* wird wiederholt: der arglistig handelt, wer aus einer solchen Stipulation auf die Beanspruchung beharrt.

Ulpian begreift die Sachlage als eine, in der die *causa* oder *iusta causa* fehlt. Die Terminologíe erinnert an diejenige der *condictio*. Von der *condictio* war die Rede in einem parallelen Text desselben Juristen:

D. 12, 7, 1 pr. *„Est et haec species condictionis, si quis sine causa promiserit vel si solverit quis indebitum; qui autem promisit sine causa, condicere quantitatem non potest quam non dedit, sed ipsam obligationem. 1 Sed et si ob causam promissit, causa tamen secuta non est, dicendum est condictionem locum habere. 2 Sive ab initio sine causa promissum est, sive fuit causa promittendi quae finita est vel secuta non est, dicendum est condictioni locum fore"*.

Sowohl für *Gaius* wie für Ulpian wäre es unbillig, wenn aus einer unbegründeten Stipulation der Schuldner verurteilt worden wäre. Betrachten wir näher das Problem der Beweislast im Falle des Versprechens der Rückgabe eines Darlehns, dessen Geld vom Schuldner nicht wirklich entliehen wurde. Der Stipulator hat die Klage aus der Stipulation erhoben, der Beklagte verteidigt sich mit der *exceptio doli*. Hat er zu beweisen, dass ihm das Geld nicht wirklich geliehen wurde?

---

[5] Commentario alle Pandette, 22. Bd., ital. Übersetzung, Milano 1906, 317 ss.

Die allgemeine Regel scheint klar: der Beklagte hat die Tatsachen zu beweisen, die der *exceptio* zugrundeliegen. Es ist also sicher, dass in einer ersten Stufe dem Beklagten der Beweis des Mangels der *causa* oblag. Dieser Mangel konnte nicht direkt die Gültigkeit der Stipulation berühren, die in der Ebene des *ius civile* die Verpflichtung entstehen liess. Nur von aussen, vom *ius honorarium* wurde diese Verpflichtung getroffen. Der Kläger durfte sich an die blosse Form berufen. Die Unbilligkeit der Sachlage war also als eine Ausnahme angesehen.

Die praktische Lage entspricht insoweit der modernen italienischen Lehre der sogenannten „prozessuellen Abstraktion". Es ist aber nicht wahrscheinlich, dass die Entwicklung in diesem Punkt stehengeblieben ist. Einerseits, die kausal-gefasste Stipulation ist in ihrer Gültigkeit auf die Wirklichkeit der *causa* angewiesen, und das sollte die Personen in Verlegenheit geraten lassen, die die Wirkungen der abstrakt-gefasste Stipulation betrachteten. Andererseits, und vor allem, *ius civile* und *ius honorarium* treffen in der *formula* zusammen. Die Formel ist die Norm des Falles, die „Gussform" des *iudicium.* Es ist höchts wahrscheinlich, dass die Prinzipien des *ius civile* und des *ius honorarium* almählich in der *formula* verschmolzen haben. Somit wäre die Begründung der *obligatio verbis* nicht nur in den *verba* angesehen worden, sondern auch in der *causa*, in einem materiellen Rechtsgrund. Die *causa* könnte also zum Bestandteil der Begründung der Forderung und auf diese Weise zum *thema probandum* für den Kläger werden.

Ist das eine Phantasie? Zwei Texte von *Paulus* erklären eindeutig, dass gerade in unserem Falle des Versprechens der Rückerstattung einer Summe, die nachträglich dem *promissor* zu leihen ist, die Verpflichtung erst im Moment entsteht, in dem die Summe geliehen worden ist.

Paul. 5. ad Plaut. D. 12, 1, 30, „Qui pecuniam creditam accepturus spopondit creditori futuro, in potestate habet, ne accipiendo se ei obstringat"

Id. 5. resp. D. 20, 3, 4, „Titius cum mutuam pecuniam accipere vellet a Maevio, cavit ei et quasdam res hypothecae nomine dare destinavit: deinde postquam quasdam ex his rebus vendidisset, accepit pecuniam: quaesitum est, an et prius res venditae creditori tenerentur. Respondit, cum in potestate fuerit debitoris post cautionem interpositam pecuniam non accipere, eo tempore pignoris obligationem contractam videri, quo pecunia numerata est, et ideo inspiciendum, quas res in bonis debitor numeratae pecuniae tempore habuerit".

Der erste Fragment besagt im Allgemeinen, dass derjenige, der eine Summe verspricht, die er nachher entliehen wird, hat die Befugnis, nicht schuldig zu werden, indem er die Summe nicht annimmt. Der zweite Fragment wendet diesen Grundsatz in einem speziellem Falle an, in dem das Ausbleiben des Darlehens die Wirksamkeit des Pfandes behindert, das zur Garantie des Versprechens der Rückerstattung der Summe vereinbart wurde, augenscheinlich, da aus dem blossen Versprechen keine Verpflichtung entsteht und darum das Erfordernis der Akzessorietät des Pfandes nicht erfüllt wird. Der [künftige] Entleiher hat die Befugnis, nicht schuldig zu werden, soweit ihm die Summe nicht ausgezahlt wird, deshalb ist die Pfandabmachung eigentlich nicht geschlossen, als von einer Bedingung aghängig, die im Belieben des Betroffenen steht[6].

Man muss gestehen, das Argument würde an Beweiskraft verlieren, wenn beide Texte „titulierte" Stipulationes voraussetzteten, denn in diesem Fall würde dasselbe Wortlaut der Stipulationsfrage die „kausale" Beziehung erheblich machen. Man kann nicht mit Sicherheit wissen, ob die Stipulationen beider Fragmente „tituliert" oder „abstrakt" waren. Aber die Allgemeinheit der Erklärung im ersten Text spricht dafür, dass *Paulus* die Wirksamkeit der *stipulatio,* von einem materiellen geschäftlichen Grund abhängig macht und das schliesst beide Möglichkeiten ein. Im zweiten Fragment die Interessenlage macht wahrscheinlicher, dass die *stipulatio* keine Erwähnung des Darlehns enthaltete. Hätte die Stipulationsfrage den Satz „*ex mutuo*" hinzugefügt, so würde der Versprechende dem Stipulator mit seiner bejahenden Antwort einen unnötigen Vorsprung angesichts des Beweises des wirklichen Darlehens verleiht. Dieser Umstand wie auch die Üblichkeit der „abstrakten" *stipulatio,* wie *Gaius* (4, 116) und Ulpian (*D. 44, 4, 2, 3*) darstellen, erlauben die Vermutung, dass in beiden Texte von „abstrakten" Stipulationen die Rede sein kann. Andererseits hätte eine titulierte Stipulation kein Problem gestellt, denn es wäre völlig klar, dass die in Hinsicht der Akzessorietät notwendige Verpflichtung erst mit der Entleihung entstanden wäre.

Beide Texte setzen voraus, dass die Form der Stipulation keinen ausreichenden Grund für die Entstehung einer Obligation darstellt. Es ist sicherlich das Ergebnis der Entwicklung der *stipulatio* in der klassischen Zeit, in deren Verlauf das jeweilige *negotium contractum* immer stärker neben den *verba* in den Vordergrund hervortritt[7]. Dieser Gedanke der Bedeutung des konkreten Geschäftes wird von *Pomponius* ausdrücklich geäussert, als er, im Rahmen einer allgemeinen Übersicht der *stipulationes*, von den Stipulationen *conventionales* handelt:

---

6 Kaser, RP I, 254 n.14.

7 Interessant in diesem Hinsicht, Sacconi, Ricerche sulla stipulatio, Napoli 1989, insb. 40 ss. Über die Beziehungen zwischen *mutuum* und *stipulatio*, letztlich, Gröschler, Die Konzeption des *mutuum cum stipulatione*, TR 104 (2006), 261 ss.

Pomp. 26 *ad ed.* D. 45, 1, 5 pr.: *conventionales sunt, quae ex conventione reorum fiunt, quarum totidem genera sunt, quot paene dixerim rerum contrahendarum: nam et ob ipsam verborum obligationem fiunt et pendent ex negotio contracto.*

Die *conventio*, bzw. das *negotium contractum*, das *contractus*, das *pactum*, wurde als Kern der zweiseitigen anerkannten Rechtsgeschäfte angesehen, selbst wenn die blosse *conventio*, allein und ohne eigenem Name, ohne Form und ohne Problem von ungerechtfertigter Bereicherung, nicht imstande ist, juristische Wirkungen zu erzeugen. Die *conventio* schwebt immer bei der Beobachtung der Verträge von den Juristen vor. So ist, in anderer Hinsicht, das berühmte *dictum* von *Pedius* verständlich (D. 2, 14, 1pr.)[8].

Diese Betrachtungen über den Grund der Verpflichtung aus der Stipulation machen sehr wahrscheinlich, dass jener nicht von der Rechtfertigung nach der *conventio* auszuschalten war, die hinter der *stipulatio* stand. Der Mangel an dieser Rechtfertigung hatte früh die Einfügung einer *exceptio* in der *formula* hervorgerufen. Aber die Prinzipien, die sich durch die *exceptio* durchsetzten, berührten zuerst keineswegs die unabhängige Rechtskraft der *stipulatio*, so dass der Beklagte erst verteidigt wurde, wenn er die *iniquitas* der Verurteilung beweisen konnte. Die nachträglich wachsende Bedeutung der *conventio* für die *stipulatio* hat indessen eine neue, nüancierter Würdigung des Geschäftes veranlassen, aus welcher die Rechtfertigung gemäss der *conventio* als Grund (*causa*) derselben *stipulatio* erscheint, und diese Etwicklung kann auch eine Änderung der Beweislast mitgebracht haben.

Zwar erwähnt Ulpian ausdrücklich das *onus probandi* der *exceptio doli* in D. 44, 4, 2, 1, und er weist es dem Beklagten zu:

Sequitur ut videamus, in quibus causis locum habeat exceptio et quibus personis obiciatur. et quidem illud adnotandum est, quod specialiter exprimendum est, de cuius dolo quis queratur, non in rem „si in ea re nihil dolo malo factum est“, sed sic „si in ea re nihil dolo malo actoris factum est“. Docere igitur debet is, qui obicit exceptionem, dolo malo actoris factum, nec sufficiet ei ostendere in re esse dolum: aut si alterius dicat dolo factum, eorum personas specialiter debebit enumerare, dummodo hae sint, quarum dolus noceat.

In diesem Text das eigentliche Problem ist jedoch nicht so sehr die Beweislast als vielmehr das persönliche Charakter der arglistige Handlung. Das heisst, es genügt nicht, zu beweisen, dass ein *dolus* begangen wurde, es ist notwendig, dass die dolose Handlung dem Kläger vorzuwerfen sei. Damit ist der

---

8 Die *conventio* ist nicht nur der Konsens, sie schlept das *negotium contractum* mit.

hier erwähnte *dolus* ein Willensmangel, nicht das uns interessierende *dolus* [9]. Der Text berührt also nicht die Beweislast der *causa stipulationis*.

Wir kommen zum Text von *Paulus, 3. Quaest. Dig.22,3,25,4*: *Cum de indebito quaeritur, quis probare debet non fuisse debitum? res ita temperanda est, ut, si quidem is, qui accepisse dicitur rem vel pecuniam indebitam, hoc negaverit et ipse qui dedit legitimis probationibus solutionem adprobaverit, sine ulla distinctione ipsum, qui negavit sese pecuniam accepisse, si vult audiri, compellendum esse ad probationes praestandas, quod pecuniam debitam accepit: per etenim absurdum est eum, qui ab initio negavit pecuniam suscepisse, postquam fuerit convictus eam accepisse, probationem non debiti ab adversario exigere. sin vero ab initio confiteatur quidem suscepisse pecunias, dicat autem non indebitas ei fuisse solutas, praesumptionem videlicet pro eo esse qui accepit nemo dubitat: qui enim solvit numquam ita resupinus est, ut facile suas pecunias iactet et indebitas effundat, et maxime si ipse qui indebitas dedisse dicit homo diligens est et studiosus pater familias, cuius personam incredibile est in aliquo facile errasse. et ideo eum, qui dicit indebitas solvisse, compelli ad probationes, quod per dolum accipientis vel aliquam iustam ignorantiae causam indebitum ab eo solutum, et nisi hoc ostenderit, nullam eum repetitionem habere. 1... 2.... 3.... 4. Sed haec, ubi de solutione indebiti quaestio est. sin autem cautio indebite exposita esse dicatur et indiscrete loquitur, tunc eum, in quem cautio exposita est, compelli debitum esse ostendere, quod in cautionem deduxit, nisi ipse specialiter qui cautionem exposuit causas explanavit, pro quibus eandem conscripsit: tunc enim stare eum oportet suae confessioni, nisi evidentissimis probationibus in scriptis habitis ostendere paratus sit sese haec indebite promisisse.*

Uns interessiert vor allem der letzte Paragraph, aber er wird nur aus dem ganzen Gesetz verständlich. Die Behandlung der Beweislast ist nicht überraschend, wenn wir von der beschriebenen Entwicklung der Stipulation ausgehen. Anstössig bleibt nur die letzte von den beiden mit *nisi* eingeführten Sätze. Der erste *nisi*-Satz ist überflüssig, aber an sich völlig harmlos und er erklärt besser die Prozesslage, in welcher die angegebene Beweislastregel anwendbar ist. Die folgende Erklärung: *tunc enim stare oportet suae confessioni*, ergänzt die Äusserung und ist mit dem ersten *tunc*-Satz korrelativ. Nur der zweite *nisi*-Satz passt nicht gut. Zuerst, da der Gedankengang sich zuviel von dem Thema des Gesetzes entfernt, dann, weil *manifestissimis probationibus* als nachklassische

[9] Der *dolus*, welcher dem Kläger bei mangelder *causa stipulationis* vorzuwerfen ist, kann bloss ein prozessrechtlicher sein, und er wird nicht in der *formula* als ein in der Vergangenheit begangener, wie im Wortlaut dieses Textes erscheint („*si in ea re nihil dolo malo actoris factum est*"), sondern auch in [konjunctiv] Präsens: „*si in ea re nihil dolo malo Auli Agerii factum sit neque fiat*" (*Gai. 4, 119)*, weil die dolose Handlung erst die Erhebung der Klage sein kann.

Redewendung gilt, sowie die Notwendigkeit eines Gegenbeweises durch Urkunden[10]. Aber diese mögliche Interpolation erlaubt keineswesgs den Rest zu verdächtigen.

Das ganze Gesetz hat eine eigene Logik. Im *principium* wird die Beweislast bei der *condictio* wegen Leistung von Nichtgeschuldetem behandelt. Muss der Kläger *fuisse debitum* beweisen, oder der Beklagte *non fuisse debitum*? *Paulus* antwortet: wenn der angebliche Gläubiger den Empfang der Leistung leugnet, und nachher es bewiesen worden ist, dass die Leistung erbracht wurde, obliegt der Beweis dem Beklagten, dass die Leistung ihm schuldig war. Wenn, dagegen, der Empfänger die Leistung gesteht, dann trägt das *onus probandi* der Nichtschuld der Kläger[11]. Die Paragraphen 1 bis 3 betreffen speziele Probleme in diesem Bereich der Leistung vom Nichtgeschuldetem. Endlich behandelt der vierte Paragraph, derjenige, der uns interessiert, das Problem vom *onus probandi* im paralellen Falle der *condictio liberationis*, gegen eine *cautio*, die als *indebite exposita* angefochten wird, wenn sie *indiscrete loquitur*, das heisst, wenn sie die Begründung der Verpflichtung nicht enthält. Man darf *cautio* hier als Urkunde einer *stipulatio* deuten[12].

Der *stipulator* hat also den Beweis für die materielle Begründung der Forderung zu erbringen, und das sowohl wenn er als Kläger im Prozess auftritt, wie umgekehrt, wenn er al Beklagte in der condictio liberationis erscheint. Dem Gedankengang des 25. Gesetzes kann man leicht folgen. Zuerst wird das *thema probandum* des Mangels an Begründung einer erfüllten Obligation, dann das *thema probandum* des Mangels an Begründung einer noch nicht erfüllten Verpflichtung. Die Verschiedenheit der Lösungen erklärt sich, weil derjenige, der die Leistung erbracht hat, nimmt endgültige Handlungen im Geschäftskurs vor, während für denjenigen, der noch nicht geleistet hat, die Sache noch offen ist, zumal da die Begründung der Obligation nach ihrer Entstehung verschwinden kann, denn der Mangel kann nicht nur anfänglich, sondern auch nachträglich sein. Darum wird die Beweislast demjenigen auferlegt, wem das *thema probationis* besser bekannt ist und, wenigstens am Ende der klassischen Zeit, wem dieses Thema eine notwendige Begründung seiner Behauptung im Prozess darstellt.

---

[10] Kaser/Hackl, Das römische Zivilprozessrecht, München 1996, 597 ss.

[11] Ähnlich, Art. 1900 vom spanischen *Código civil.*

[12] Eine blosse Urkunde, die nur die Erwähnung der Schuld enthälte, ohne den Grund anzugeben (*indiscrete loquens*), ist nicht gemeint, denn der vermeintliche Schuldner wäre nicht daran interessiert, eine *condictio liberationis* geltend zu machen. Andererseits würde kein angeblicher Gläubiger ernstlich denken, er könne sich in einem Prozess durchsetzen, indem er einen an sich unvollständigen Beweis vorlegt. Das Problem stellt sich wenn jemand sich auf eine Stipulationsurkunde stützt. Darum trifft Scapini nicht mit seiner Annahme zu, in klassischen Recht würde sich unser Text zu eine aussergerichtliche *confessio* beziehen, La confession ne diritto romano: I: Diritto classico, Torino 1973, 227 ss.

Dieser Befund ist keineswegs überraschend in einem Recht wie das römische, das allenthalben die materielle Rechtfertigung der Wirkungen der Privatautonomie verlangt. In derselben Richtung finden wir die *const.* von *Septimius Severus* in *C. 4, 19, 1: Ut creditor, qui pecuniam petit, numeratam implere cogitur, ita rursum debitor, qui solutam adfirmat, eius rei probationem praestare debet.* Der Text kann eine allgemeine Tragweite haben, da die meisten Darlehen von einer *stipulatio* begleitet werden.

Dieser Auffassung könnte die besondere Regelung der *exceptio non numeratae pecuniae* eine Schwierigkeit bereiten. Nach der überwiegende Lehre habe gerade diese *exceptio* eine neue Verteilung der Beweislast für den Fall der *stipulatio* einer nicht wirklich geliehene Summe eingeführt. Während früher, im Rahmen der *exceptio doli,* der Beklagte das Ausbleiben der *numeratio* zu beweisen hätte, nach einer *constitutio* vom Jahr 215 war es der Kläger, derjenige, dem die Beweislast der *numeratio* oblag (C. 4, 30, 3). Nach dieser Lehre hätte die *stipulatio* keine Entwicklung, angesichts des Verpflichtungsgrundes und der Beweislast, vom Moment der Einführung der *exceptio doli* bis zum Anfang des dritten Jahrhunderts, erfahren. Wir haben einige Gründe angedeutet, aus denen eine Verschiedene Meinung möglich ist. Zwar sollte die *const.* vom 215 eine neue Regelung, betreffend den Beweis der wirklichen Leihung des Geldes, eingeführt haben. Stellte die Neuerung eine Abweichung von der zur Zeit normalen Verteilung der Beweislast dar?

M. T. González[13], auf die Spuren von J.-Ph. Lévy, M. Lemosse und andere Autoren des XIX. Jh., wie Gneist, hat sehr wahrscheinlich gemacht, dass die *exceptio non numeratae pecuniae* sich nicht gegen die Wirkungen eines Rechtsgeschäfts, und zwar nicht gegen die abstrakte *stipulatio* richtet, sondern gegen die Beweiskraft der Urkunden (*cautiones*), die eine *promissio* der Rückerstattung einer entliehenen Summe darstellten. Die Tatsache, welche der Beklagte mit dieser Einwendung bestritt, war die wirkliche Entleihung des Geldes, aber gerade wenn der Empfang des Geldes in der *cautio* beurkundet war. Die Einwendung erklärt die *cautio* als ungenügender Beweis für die Entleihung, mit der Folge, dass der Kläger dafür neue Beweismittel zu erbringen hat. Die neue Regelung hat also nicht die Beweislast berührt, sondern die Beweiskraft der Stipulationsurkunde angesichts der wirklichen Entleihung des Geldes bei den durch Stipulation zustandegekommenen Darlehen.

In diesem Sinne, die *const.* vom 215 geht aus einem früher erreichten Grundsatz: die Stipulationsverpflichtung ist an einen materiellen Grund angewiesen. Neu ist, dass bei Darlehensgeschäfte die Stipulationsurkunde keinen Beweis der *numeratio* schaft. So dass der Beklagte das Ausbleiben der *numeratio*

---

13 M.T. González Palenzuela, La *exceptio non numeratae pecuniae*, Cáceres 2001; *vid.* auch Carrasco García, Supuestos de hecho de la *exceptio non numeratae pecuniae* en el derecho romano, Madrid 2000.

mit der *exceptio doli* einwendet, wenn die *cautio indiscrete loquitur*, mit der *exceptio non numeratae pecuniae*, wenn er behauptet die *cautio* entspreche nicht der Wirklichkeit. In beiden Fällen, aus verschiedenen Gründen, hat der Darlehensgeber die *numeratio* zu beweisen: im ersten, aus den üblichen in der Natur der Sachen liegenden Prinzipien, die die Beweislast bestimmen. Im zweiten, weil die *cautio* überhaupt als kein geeigneter Beweismittel für Darlehensgeschäfte von der Kanzlei angesehen wird.

Die Massnahme zunächst verblüft. Der Grund für diese merkwürdige Regelung findet M.T. González in den besonderen Umständen nach der Reception im römischen Rechtsbereich der Urkunde von fiktiven Darlehen des Osten. Diese Urkunde hatten eine begrezte Abstraktion. Der Schuldner konnte das Ausbleiben der *numeratio* beweisen. Nach der *const. Antoniniana* treten diese Urkunde, mit einer *clausula stipulatoria* versehen, in die römische Praxix auf. Seiner Natur nach, als fiktive Darlehen, waren sie kein geeigneter Beweismittel für die *numeratio*, darum haben die römischen Behörden ihnen die *exceptio non numeratae pecuniae* entgegengesetzt. Diese Massnahme zeigt die Sorge der römischen Kanzlei für die Rechtfertigung der juristischen Wirkungen[14].

Die römische Entwicklung ist sehr interessant, sie war möglich aus sehr speziellen Gründen: und zwar, ein Prozessrecht sehr flexibel, das keine Hemmungen den Entwicklungen des materiellen Rechts bereitet, und andererseits, die Führung einer Gruppe von Personen, die ein tiefes Bewustsein der sittlichen Wurzeln des Rechts hatten.

Professor Mayer-Maly fragte sich, ob die *causa* ein Zauberwort sei, und ob es möglich ist, mittels der Rechtsgeshichte und der Rechtsvergleichung, die Schwerpünkte seiner Bedeutung zu erkennen. Er machte darauf aufmerksam, dass die Auseinandersetzungen über die *causa*, bei aller ihrer Ungenauigkeit, einen Kern enthalten, von dem man nicht leicht entbehren kann, und zwar, die Rechtfertigung der Entstehung und Erhaltung der juristischen Wirkungen von den Rechtsgeschäften[15].

Die Rechtsgeschichte hilft in diesem Bereich Herkunft und Rahmen der praktischen Problematik der *causa* kennen lernen. Sie zeigt das Streben der römischen Juristen nach Folgerichtigkeit und Durchsichtigkeit:

3. Folgerichtigkeit, denn die römische Verträge sind typische Figuren, die wegen der inneren Gerechtigkeit ihrer typischen Inhälte anerkannt worden

---

[14] Die Konstitution von Justinus C.4, 30, 13 hat die Tragweite dieses Rechtsmittel dadurch begrenzt, dass diejenige Urkunden werden der Anwendung der *exceptio n.n.p.* ausgeschlossen, die eine spezielle Angabeder vorhergehende *causa* beinhalten. Es widerspricht nicht unsere Auffassung, denn die Konstitution unterscheidet die spezielle, ausführliche Angabe des Geschäftes, von der generellen Erwähnung üblich bei den fiktiven Darlehnsurkunden, die diesen speziellen Rechtsmittel veranlassen hatte. Im Mittelalter hat dieser Text eine wichtige Rolle für unser Thema gespielt.

[15] Mayer-Maly, Fragmente zur *causa*, FS für W. Willburg zum 70. Geb., Graz 1975, 243 ss.

sind, und es ist nur natürlich, dass denselben Massstab auch der Stipulationsverpflichtung angewandt sei. Folgerichtigkeit auch in der Behandlung der Beweislast bei der abstrakten Stipulation, was die Tragweite des Rechtfertigungsgrundes für die Stipulationsverpflichtung bestätigt.

4. Durchsichtigkeit, da, selbst wenn die *stipulatio* als allgemeiner Mittel der Privatautonomie zur Verfügung ist, den blossen formellen Willen zu achten oft gefährlich ist, weil rechtswidrige Handlungen verdecken kann.

Das römische Recht erlaubt andere Perspektive zu einer Lehre der *causa*: Ausserhalb des Bereiches der Verträge, die *causa traditionis* und die *causa* deren Ausbleiben die *condictio* ermöglicht. Im Vertragsrecht, die *causa* der Innominatverträge[16], die ein totes Gleis ist, seitdem das Mittelalter den Vertrag schlechthin anerkant hat, die aber eine grosse Rolle im Lehre des *ius commune* gespielt hat, und einen Ansatz für die *causa* der synalagmatische Verträge gewesen ist. Alle diese Begriffe haben sich im Rechtsdenken der mittelalterlichen, zum Teil auch der neuzeitlichen Juristen verflechtet und zu komplizierten Lehren geführt, die die Typizität der Verträge und zugleich ihre Überwindung erklären wollten. Mit der Abschaffung der Typenzwang ist die Auseinandersetzung über die *causa* almählich erlöscht, aber das Problem des Rechtfertigunsgrundes des Vertrages und der Beweislast gelangt in den romanischen Ländern bis zur Kodifikation. Ich werde in den folgenden Zeilen die Entwicklung skizzieren und einige Folgen ziehen.

Das Problem der *causa stipulationis* erlangte allgemeinen Belang für den Vertrag, als das *nudum pactum* der *stipulatio* gleichgestellt wurde[17]. *Baldus* hat den Gedanken der *causa* auch den typischen Verträgen erweitert[18]. Am Anfang der Neuzeit die Überlegung über den Vertrag hat viele Beziehungen mit dem Gedanken der *causa*. Die Autoren der Spätscholastik finden den Verpflichtungsgrund des Vertrages in den Tugenden der Treue zum Versprochenen, in der

---

[16] Für das röm. Recht, Knütel, La causa nella dottrina dei patti, in Causa e contratto nella prospettiva storico-comparatistica (herausg. von L. Vacca), Torino 1997, 131 ss.

[17] Dies geschah in der Praxis aus verschiedenen Einflüssen, unter denen einen erstrangigen Platz das kanonische Recht besitzt. In Kastilien hat das Ordenamiento de Alcalá (1348) den formfreien obligatorischen Vertrag anerkannt, tit. XVI, *ley única*: *Paresciendo que se quiso un ome obligar a otro por promision, o por algund contracto, o en alguna otra manera, sea tenudo de aquellos a quienes se obligò, è non pueda ser puesta excebcion que non fue fecha estipulacion, que quiere decir: prometimiento con ciertas solemnidades del derecho; ò que fue fecha la obligación del contracto entre absentes; ò que fue fecha à Escribano publico, ò à otra persona privada en nombre de otro entre absentes; ò que se obligò uno de dar, o de façer aguna cosa `otro: mas que sea valedera la obligacion ò el contracto que fueren fechos en qualquier manera que paresca que alguno se quiso obligar à otro, è facer contracto con el.*

[18] Söllner, a.a.O., 155 ss.

ausgleichende Gerechtigkeit und in der Freigebigkeit[19]. Eine Gruppe von französischen Juristen haben die Lehre vom *Synallagma* erarbeitet, besonders Connan und Charondas le Caron. Also in der Zeit, in welcher der Konsens al Quelle der Obligation hervortritt, sucht man einen materiellen Rechtfertiguns-grund für den Vertrag. Diese Linie führt im 17. Jahrh. zur Vertragslehre von Jean Domat, der der *causa* die Rolle der Rechtfertigung des Vertrages zuspricht, *causae* sind die Gegenseitigkeit – das *Synallagma*- und die Freigebigkeit[20]. Im 18. Jahrhundert Pothier erklärt: "*Tout engagement doit avoir une cause honête. Dans les contrats intéressés, la cause de l'engagement que contracte l'une des parties, est ce que l'autre partie lui donne, ou s'engage de lui donner, ou le risque dont elle se charge. Dans les contrats de bienfaisance, la liberalité que l'une des parties veut exercer envers l'autre, et une cause suffisante de l'engagement qu'elle contracte envers elle. Mais lorsqu'un engagement n'a aucune cause ou, ce que est la même chose, lorsque la cause pour laquelle il a été contracté, est une cause fausse, l'engagement est nul, et le contrat qui le renferme est nul*"[21]. Das französische *Code civil* folgt dieser Lehre. Damit hat der *causa*-Begriff zu viel angenommen, denn er die ganze Rechtmässigkeit des Vertrages einschliesst, und das ist der Grund der nachträglichen Schwierigkeiten der Auffassung dieses Begriffes, dessen Unterschied zum Inhalt oder zum Gegenstand des Vertrages, bzw. zu demselben Vertrage nicht leicht zu ziehen ist. Obwohl die philosophische und allgemeine Bedeutungen des Terminus *causa* schon früher das juristische Denken in diesem Bereich verwickelt hatten, es ist in der Formulierung von Pothier, welche die einfache *relatio* (Rechtfertigungs-beziehung zwischen den Elementen des Vertrages) mit den *relata* verwechselt, wo die Hekunft der künftigen Auseinandersetzungen über die *causa* zu finden ist. Andere Entwicklungslinie bilden die Autoren des modernen Naturrechts, die das Element des Konsens in den Vordergrund als Quelle der Vertragsverpflichtung stellen, die aber nicht völlig das Problem der inneren Gerechtigkeit des Vertrages verkannt haben[22].

Inzwischen hat sich das Problem der Beweislast der *causa* in der Praxis gestellt. Man kann seit dem Mitelalter eine geschäftliche Übung, die zur Abstraktion strebt. Die gelehrten Juristen haben gegen diese Richtung Widerstand geleistet, aber mit verschiedenen Meinigungen. Söllner sagt: "Die Accursische

---

19 Gordley, The Philosophical Origins of Modern Contract Doctrine, Oxford 1991, insb. 72 ss. Luis de Molina behandelt ausführlich das Problem der Vertrags-*causa*, vid. Guzmán Brito, Acto, negocio, contrato y causa en la tradición del derecho europeo e ibero-americano, Elcano 2005, 407 ss.

20 Domat, Les lois civiles dans leur ordre naturel, 1. Teil, lib. I, tit. 1, sec. 1., 4.

21 Pothier, Traité des obligations, Bd. II, Paris – Orléans 1764, S. 52 ff.

22 Luig, *Causa* und Innominatvertrag in der Vertragslehre zur Zeit des Naturrechts, in Causa e contratto nella prospettiva storico-comparatistica (herausg. von L. Vacca), Torino 1997, 217 ss.

Glosse folgerte aus D. 44, 4, 2, 3 zunächst einmal, dass die *causa* bei Abschluss der Stipulation von den Kontrahenten zum Ausdruck gebracht werden müsse. Sie stützte sich dabei auch auf die in D. 22, 3, 25, 4 enthaltene Beweisregel. Gl. *sine causa* zu D. 44, 4, 2, 3, *vel quia in stipulando causa non exprimitur a contrahentibus: ut supra de probat. l. cum de indebito $ fin. (D. 22, 3, 25, 4), vel exprimittur, quae ab utraque parte inesse creditur et non inest...* “. Nach Söllner *Accursius* habe nicht erkannt, dass in D. 44, 4, 2, 3 “das Wort *causa* in dem untechnischen Sinne des Kondiktionenrechts gebraucht ist und dass diese Vorschrift keineswegs eine Regel über das Zustandekommen oder die Gültigkeit der Stipulation enthält”[23]. Aber die formelle Beschafenheit der Stipulation, die die Römer behalten haben, war nur ein Teil des wirklichen Institutes, so dass Cujas, diesmal, hatte völlig Recht, als er zu D. 44, 7, 1, 7 erklärte: *stipulatio per se sola ridicula res est, si nulla subsit causa stipulandi... nihil agitur, ineficax est stipulatio quae causae caret*[24].

Die mittelalterlichen Juristen waren damit einig, dass der Mangel der *causa* ein Hinderniss der Gültigkeit der *stipulatio* war, so dass, wenn die Vertragsurkunde sie nicht angab, trug der Gläubiger die Beweislast ihrer im Prozess. Viele teilten auch die Meinung, dass, wenn beide Parteien der Abwesenheit einer Entgeltlichkeit bewusst waren, sollte die Stipulation als Schenkung gelten. Streitig war, ob man durfte, eine Schenkung zu vermuten, wenn keine *causa* angegeben war (so *Bartolus*), und wenn nur eine der Parteien wusste, dass es keine Gegenleistung gab[25].

In Kastilien die Autoren der 16. Und 17. Jahrhunderten waren nicht einverstanden, obwohl die Praxis verlangte dem Gläubiger den Beweis der *causa*. Das *Ley de las Siete Partidas* behandelt die Beweiskraft der Privaturkunde, die einen Vertrag beinhalten. Die Urkunde muss die Rechtfertigungsgrund (*razón* ist der angewandte Terminus) der Verpflichtung angeben[26]. Gregorio López, der grosse Kommentator der *Partidas* erläutert, dass eine *cautio sine causa nulla est*[27]. Andererseits nach *Partidas* 3, 13, 7 ist die aussergerichtliche *confessio* nicht gültig, wenn der Grund nicht angegeben wird, aus dem die

---

23 A. a. O., 141.

24 *Op. cit. pars posterior,* Säule 345.

25 Meijers, Les théories medievales concernant la cause de la stipulation et la cause de la donation, TR 14 (1936), 374.

26 P. 3, 18, 119: „...*si alguna de las partes adujese alguna carta en juizio... si la postura, o el otorgamiento que está escrito en ella* ***es con razón***, *diziendo assi: que Fulan deue a Fulan tantos marauedisis que le empresto, o quel encomendo, o que los deuia por otra guisada razon qualquier; si la parte contra quien aduzen tal carta como esta, la otorgare, deve valer; bien assi como si fuesse fecha por mano del Escriuano publico.*

27 García Garrido, Causa contractual en el Derecho intermedio: influencia de glosadores y canonistas en las Partidas y el Ordenamiento de Alcalá, in Causa e contratto nella prospettiva storico-comparatistica *cit.*, 186.

Schuld entstanden ist. Azevedo erklärt dazu, dass "*ex lege nostra causa requiritur et non valet extraiudicialis confessio sine causa*". Aber er führt auch andere Autoren an, die die entgegenstzte Meinung vertreten. Dann fügt er hinzu: "*item et notandum est unum singulare, quod quamvis causa in instrumento non contineatur potest per testes et suppleri et probari secundum Baldum.* Zum Schluss gibt er an, dass die vorausgehenden Betrachtungen *in forum fori* gelten, aber, dass nach bestimmten Autoren, in *forum conscientiae non requiritur causa.* Damit wird den neuen Ethos einer individuellen Autonomie angedeutet[28].

Martínez de Olano, ein Praktiker, stellt das Problem des *instrumentum guarentigium* (eine vollstreckbare, in der notariellen Praxis entwickelte Urkunde). Nach einigen Autoren kann diese Urkunde einer *causa* entbehren (Diego de Segura, Rodrigo Xuarez), aber andere, wie der einflussreiche Antonio Gómez[29], verlangen die *causa*. Martínez de Olano erklärt, dass diese Urkunde *sine causa non est efficax nec meretur excutionem iure nostro*[30].

Im 19. Jahrhundert werden in Spanien die Meinungen der Autoren der 16. und 17. Jahrhunderten angeführt. Das *Code civil* hatte die Sache nicht eindeutig entschieden. Der Art. 1132 erklärt: *La convention n'est pas moins valable, quoique la cause n'en soit pas exprimée.* Aber die französische Lehre und die Rechtssprechung hatten aus diesem Text eine Vermutung der *causa* abgeleitet. Diese Entwicklung hat die Auffassung des Problems in Spanien beeinflusst [31]. Das wichtige *Proyecto de Código Civil* von García Goyena (1851) stellt die Vermutung der *causa* auf: "*Aunque la causa no se exprese en el contrato, se presume que existe y que es lícita mientras el deudor no pruebe lo contrario*" (Art. 1100). Aber der spätere Entwurf von 1882 hat die herkömmliche Lösung vorgezogen: "*si en los contratos se hubiese omitido expresamente la causa, podrá sostenerse su eficacia, acreditando la intervención de una causa lícita*" (art. 1290). Endlich hat das *Código civil* (1889) den Text des *Proyecto* von García Goyena im Art. 1277 angenommen. Die Sache war nicht klar und seit dem Mittelalter gab es einen Trieb aus der Praxis, eine völlige Durchsichtigkeit zu vermeiden. Die Vermutung der *causa* erlaubt in jedem Fall keine Abstraktion, sein Spielfeld ist das der Beweisführung im Prozess. Aber die gewählte Lösung ist wenig kohärent mit der Erklärung der causa als wesentliches Element des Vertrages (so Art. 1261 Cc.).

---

[28] Azevedo, *Commentariorum iuris civilis in Hispaniae regias constitutiones tomus tertius, Antverpiae* 1618, 422 ss.

[29] Gomez, Variae resolutiones iuris civilis, communis et regii, Venetiis 1759, Bd. II, S. 89. Die Autoren, die seit der ersten Hälfte des 17. Jahrh. dieses Werk notieren, vertreten den Standpunt von *Bartolus* einer Vermutung Schenkung bei Abwesenheit der *causa.*

[30] Martínez de Olano, *Concordia et nova reductio antinomiarum iuris communis ac regii Hispaniarum,* Burgis 1575, Buchstabe C, Ziffer 79; Buchstabe D, Ziffer 1.

[31] Amorós Guardiola, Los antecedentes del Código civil respecto a la presunción de existencia de causa, in Centenario del Código civil, Bd. I, Madrid 1980, 124 ss.

Wir kommen zu Ende dieser Betrachtungen. Gerade dieser Art. 1277 lässt den roten Faden der *causa*-Lehre erkennen, denn wir können beobachten, dass *causa* und Rechtmässigkeit werden vermengt. Die *causa* hat natürlich mit der Rechtmässigkeit zu tun, aber sie ist etwas konkreter: der Rechtfertigungsgrund der Verpflichtungen, das heisst, das Synallagma oder die Freigebigkeit. Die restliche Rechtmässigkeit bezieht sich zu den Leistungen und zu den im Vertrag erheblichen Zwecken der Kontrahenten, das heist, zum Vertrag schlechthin. Sie wird vorausgesetzt (nicht vermutet), wie treue Haltung der Parteien, wie Abwesenheit von Willensmängel. Dem Schuldner obliegt aus den allgemeinen Regeln die Beweislast der Unrechtmässigkeit, dazu ist die Vermutung überflüssig. Problematisch ist nur das *onus probandi* der *causa*, als *relatio* zwischen Leistungen, vereinbarte Verpflichtungen und erheblichen Absichten der Kontrahenten. Der Artikel 1277 vermenget verschiedene Probleme. Darum die Aussicht von der Beweislast hilft den Kern der *causa*-Lehre zu finden, und ihn im blossen Rechtfertigunsgrund des Vertrages zu identifizieren. Die allgemeine Rechtmässigkeit schlept alle die Elemente mit, die in der Tat den Vertrag bilden. Die Vermengung dieser Elemente mit der *causa* hat in der Lehre der romanischen Länder zu eine Vedoppelung des Vertrages: die *causa* verdoppelt den Vertrag, wie die platonische Ideen die Welt verdoppeln.

Les Constitutions Romaines et la modernité

J. Michael Rainer, Salzburg

Je parlerai d´abord de la Constitution ou des Constitutions des Romains, puis de sa possible découverte et sa réception par les Constitutions modernes et enfin je me poserai la question dans quelle mesure ces Constitutions ou au moins des principes d´elles ont été accueilli dans les Constitutions modernes.

1. Les Romains n´ont jamais connu une Constitution dans le sens d´une Constitution moderne, c´est à dire des institutions qui réglent complètement le système politique et ses mechanismes. Ils n´ont pas même connu l`expression *res publica* qui simplement désigne l´état et le système politique. Mais ils connaissaient bien sur la complexité des systèmes politiques. On sait bien que les institutions politiques des Romains ont connu un développement continuel et qu´on peut systematiquement distinguer au moins deux grandes formes politiques: la république et le principat. La république Romaine qui a été fondé autour de l´an 500 a.Chr. n´est pas le produit d´un changement constitutionnel, mais la conséquence des combats politiques et peut être éthniques. Toute la formation des institutions politiques républicaines est la conséquence des conflits politiques et sociaux. Seulement autour de l´an 300 les institutions ont été parvenues à une telle stabilité qu´on peut parler de la Constitution dans le sens moderne. Cette Constitution qui était le résultat des compromis politiques représentait l´organisation d´un état qui devrait dorénavant dominer le monde entier. Cette organisation ne fut jamais présentée comme la loi constitutionnelle ou code de l´état, il s´agissait d´une Constitution non écrite dont le fonctionnement dépendait de la sphère du droit consuétudiaire Mais certains principes avaient été réglés par des lois (lex). Il faut souligner que le terme lex est un des principes fondamentaux de Constitution romaine. Le principe de légalité représente une des racines les plus importantes de la pensée politique européenne. Sans que personne ne l´ait jamais établi par un acte constitutionnel, la loi devait être constituée par le peuple. Régulièrement, les compromis politiques les plus importants furent sanctionnés par des lois, pareille à la fameuse loi des XII tables ou les lois Liciniae-Sextiae de l´an 366 a.Chr. Les institutions politiques les plus importantes étaient les magistrats, surtout les consuls, détenteurs de l´empire lequel leur donnait la faculté de gouverner et de commander les armées, et les préteurs administrateurs de la justice, les assemblées du peuple lesquelles élisaient les magistrats et votaient les lois et finalement le Sénat composé des anciens magistrats. Les Romains, étant practiciens de la politique et même – au moins partiellement – du droit n´ont jamais écrit des traités des institutions politiques ou du droit constitutionnel. C´est à dire, l´organisation de l´état définit seulement et toujours res publica ne fut à nul moment de son existence historique le produit de la théorie

constitutionnelle. C´était l´un des plus grands historiens de Rome, le Grec Polybe (Polybios), qui s'occupait des institutions des Romains. Les Grecs, à la différence des Romains, avaient conduit une longue discussion sur les aspects les plus divers des Constitutions: πωlιτέίλ de Platon et Aristote. Polybe a repris et développé cette discussion. Il affirmait que la grandeur des Romains était le résultat de leur Constitution – la première fois qu´on s´occupe de telles questions – (2,9). Il distingue trois types de Constitution: royauté, aristocratie et démocratie et trois perversions: tyrannie, oligarchie et ochlocratie, les idées qui se trouvent déjà auprès des précurseurs, et souligne la cyclicité des processus politiques. Le cycle retourne toujours à son état initial (4,6-11). La seule possibilité à éviter les cycles éternels, c´est la combinaison des formes constitutionnelles c´est à dire la constitution mixte. Selon Polybe, c´était exactement ce que les Romains avaient mis en oeuvre.

VI,11,12: Quand on regarde le pouvoir des consuls, le régime paraissait parfaitement royale, mais d´après le pouvoir du Sénat, c´était une aristocratie et si on considérait le pouvoir du peuple cela semblait être nettement une démocratie.

Dans le chapitre 18, Polybe explique la réalité constitutionnelle, le fonctionnement et trouve la base dans les formes de collaborations des différents acteurs.

Aucun politicien, juriste ou philosophe romain n´a pas tellement contribué à la connaissance de la Constitution des Romains. Surtout les écrivains de la tarde République nous enseignent beaucoup de la réalité politique et des aspirations des politiciens, mais très peu dela théorie constitutionnelle.

Il n´est pas possible de vous introduire dans les différentes périodes historiques et de vous expliquer la decadence et la chute de la République Romaine. Nous savons bien qu´à la fin des luttes intenses et féroces, Auguste a jeté pendant son long gouvernement les fondements d´un nouveau ordre politique dans un sens definitivement monocratique. Bien sûr, des autres institutions continuaient à exister, surtout le Sénat comme représentant des classes dominantes de l´Empire, mais le centre du pouvoir – le chef d´une vaste bureaucratie civile et des armées – était le princeps que nous appelons l'Empereur. De nouveau les règles n´étaient pas érites et le système politique était d´un point de vue constitutionnel beaucoup moins certe et stable – il n'existaient pas même des règles reconnues en ce qui concerne la succession du princeps: le rôle du sang, de l´armée et du sénat – et l´époque de la stabilité était due à la valeur des personnages et aux conditions économiques assez favorables jusqu´à la fin du 2ième siècle. En effet, les crises économiques et disons de la politique étrangère ont conduit le principat rapidement à la dictature militaire.

Avant de passer aux modernes, il faut que je vous présente un dernier aspect assez important du système romain. Il s´agit de la jurisdiction. Dès les

XII tables (tableaux), les Romains ont proposé et toujours défendu une jurisdiction indépendante, libre et garantie. Le droit civil et pénal devait être certe, claire et compréhensible pour tout le monde. La justice devait être égale pour tous les citoyens, les procès publiques et rapides, les juges indépendant, c´est à dire jamais représentants de l´état, mais les représentants du peuple. Ce rôle de la justice que Polybe n´a jamais noté est sans doute un rôle fondamental de la *res publica* même. Pendant le pricipat, beaucoup de juristes et aussi d´empereurs défendaient ce système et essaient de le renforcer. Mais de l´autre côté, le principe de la monarchie en certain sens absolue pouvait provoquer un affaiblissement du pouvoir judiciaire, et l´intermission des empereurs ainsi que des juges suprêmes et l´organisation d´une jurisdiction imperiale à côté de l´ordinaire resprésente un signe rélévateur.

2. Les Romains et les modernes

Ayant présenté les principes du constitutionalisme romain, je m´occuperai maintenant de sa réception par les modernes. Il faut que je souligne que seulement la République romaine se trouve à la base des recherches et études modernes, et bien sûr dans une manière très forte et profonde. Je vous présenterai le développement essentiel.

Au cours de la Renaissance italienne et surtout à Florence – formellement aussi une république – des savants et des politiciens ont commencé à s´occuper de la République romaine. A la fin, des libertés republicaines à Florence quand Florence et toute la Toscane sont devenues un duché dépendant du point de vue politique des Espagnoles, c´était Macchiavelli qui a écrit son fameux Discours sur la première decade de Tite Live nôtre source essentielle quant à la fondation des institutions républicaines. Mais seulement à partir du 18ième siècle les discussions traitant la République romaine gagnent en importance. Bien que la plupart des auteurs politiques et des historiens se sont occupés de cette période et de ces institutions, personne ne peut être mis à côté de Charles-Louis de Secondat, Baron de la Brède, le grand Montesquieu. C´est directement à travers de l´admirable oeuvre de l´un des plus grands philosophes et théoriciens politiques que l´héritage de Rome est pénétré dans la pensée politique moderne et dans le constitutionalisme moderne. Montesquieu (1689-1755) avait été éduqué par les Oratoriens de Juilly, fameux pour leur engagement dans la diffusion d´une solide culture classique. En outre, il avait accompli ses études de droit (à Bordeaux et à Paris). Dès 1714, il était conseiller au parlament de Bordeaux, après le président du même. Il avait aussi une expérience comme juge. La théorie et la pratique ont été étroitement liées dans la personnalité de Montesquieu. Avant d´écrire son livre fondamental sur l'esprit des lois, Montesquieu s´occupait, ayant abandonné en 1726 le poste de président du parlament de la Guyenne, de l´histoire romaine et surtout de la République romaine. Toujours essentiel pour la compréhension de l´Esprit sont les considerations sur les causes de la grandeur des Romains et de leur decadence.

En lisant ce texte on découvrira que Montesquieu était un des plus fins et profonds connaisseurs de l´histoire romaine. Les considérations ont apparu en 1734. Les années précedentes Montesquieu les avait passé en Angleterre. A côté des Romains, la réalité historique et constitutionnelle en Angleterre dans les années vingts et trentes du 18ième siècle est la deuxième racine de la pensée de Montesquieu. L´Angleterre ainsi que les Romains ne connaissait pas une Constitution écrite, mais le système apparaissait comme le résultat d´un long processus historique. C´était à l´époque où Montesquieu vivait en Angleterre (1729-32) qu' a eu lieu une fameuse disputation sur le pouvoir politique entre Lord Bolingbroke et le premier ministre Robert Walpole. Les deux hommes étaient les adhérents de la separation du pouvoir: Lord Bolingbroke écrit une de ses plus remarquables contributions pour l´hebdomadaire *The craftman* (27.6.1730): „In a Constitution like ours, the safety of the whole depends on the balance of the parts and the balance of the parts on their mutual independency on one another." On ne pouvait jamais savoir qui a inventé l´idée de la balance, on peut seulement constater que celle-ci joue un rôle fondamental dans la pensée de Montesquieu. Etant historien de Rome, un grand lecteur de Polybe, un connaisseur profond du système Constitutionnel anglais et de la discussion en Angleterre, Montesquieu expose dans l´Esprit des Lois les idées fondamentales d´une pensée politique moderne. Il propose trois différentes formes du gouvernement: le républicain qui comprend aussi le gouvernement aristocratique, le monarchique et le despotique. Il juge de la manière positive les deux premières et il voit dans le despotisme la perversion des deux autres. Dans le très fameux chapitre 6 du onzième livre (nommé d´après la Constitution de l´Angleterre) il dit: „Il y a dans chaque état trois sortes de pouvoirs: la puissance legislative, la puissance exécutive et la puissance exécutive de celles qui dépendent du droit civil."

Polybe et les Romains ont enseigné à Montesquieu les diverses formes constitutionnelles et la réalité constitutionnelle dans le passé. Sans ces connaissances, Montesquieu n´aurait jamais pu arriver à ses conclusions, lesquelles, d´autre part, sont tout à fait originales quant aux formes du gouvernement et aux pouvoirs. Ce qui est original aussi, c´est la théorie de la balance entre les pouvoirs séparés et la conséquence « si la balance précipite » (mots de Montesquieu), c´est à dire le despotisme. Il n´y a point de liberté si les pouvoirs ne sont pas séparés. Dans ce sens, Montesquieu relève toute sa dépendance des Romains et de son être juriste. Le pouvoir exécutoir ne doit pas avoir aucune influence sur la justice.

«Dans les états déspotiques le prince peut juger lui même, il ne le peut pas dans la monarchie» (6, 5). Très importante est aussi la faculté l'essai de contrôler raisonnablement un autre pouvoir. Montesquieu a pris cette idée des tribuns de la plèbe romains (11,6)

Quoiqu´on pense Montesquieu n´exprime pas une préférence pour l´un de deux systèmes modérés, il est plutôt convaincu que les traditions historiques et l´extension de l´état peuvent jouer un rôle quant à la forme gouvernementale. Mais uniquement la séparation et la balance des pouvoirs et leur contrôle mutuel, peuvent empêcher la perversion.

On sait bien quelle influence exercait Montesquieu sur les pères de l'Union Américaine et sur sa Constitution. Cette influence passait par deux voies: la première était la réception directe, la deuxième à travers l´oeuvre du philosophe Edmund Burke, très apprécié par les Américains. En 1772, une édition de Montesquieu, laquelle fut très divulguée, fut publiée aux Etats Unis. Aucun auteur ne fut cité si souvent comme Montesquieu pendant la Convention Constitutionnelle de Philadelphie en 1787 qui a redigé la Constitution americaine. En outre, les grandes personnalités américaines – avant tout Jefferson, Franklin et Hamilton avaient une formation classique extraordinaire.

On sait bien dans quelle manière et dans quelle mesure la Constitution américaine a absorbé les idées de Montesquieu quant aux pouvoirs, à la balance et au contrôle. Les Américains, excellents connaisseurs de la réalité de la République romaine, on fait confluer cet aspect aussi dans leur Constitution en créant effectivement une Constitution mixte. Le président possède le pouvoir monarchique du chef d´état élu par le peuple et non responsable devant le Parlament, le Parlement est conçu sur la base de l´héritage anglais des deux chambres. Le président, en effet le commandant en chef des armées a aussi le pouvoir de proposer les lois et d´empêcher les résolutions du Congrès, lequel seulement avec une majorité de ⅔ peut se mettre audessus du veto présidentiel.

Il n´est pas nécessaire de souligner le fait que l´idée des pouvoirs séparés est devenue commune à toutes les Constitutions modernes. La separation des pouvoirs, leur balance et le contrọl mutuel sont des veritables essences du constitutionalisme d´origine européen.

Pour ce qui est de l'Union Européenne, c´était déjà Montesquieu qui a prévu une république féderative réunissante différents états indépendants (IX, 2-3). La réalité de l'Union Européenne est fondée sur les principes de la séparation, de la balance et du contrọl mutuel des pouvoirs. On voit que ces principes reflèttent la pensée de Montesquieu et de ses precurseurs romaines. Il faut que ce mécanisme soit perfectionné, mais dans le même esprit pour qu´il soit possible de garantir une longue existence sur la base de l´expérience européenne. Eviter ou retarder le tentatif de légiférer une Constitution Européenne conduira probablement à la dissolution de la même. Aujourd´hui, il n´y a plus de place pour des experiments consuétudinaires et je suis sûr que les deux expériences constitutionnelles des Romains ont abouti à la chute du système aussi à cause de l´absence des règles claires. Pour toutes ces raisons, les historiens du droit ont bien la possibilité de tracer la route jusqu´à la Constitution Européenne.

Moi je me permets de conseiller les législateurs de suivre une phrase très importante de Montesquieu

Il ne faut jamais quitter des Romains.

Anfängliche Unmöglichkeit und Kauf

Martin J. Schermaier, Bonn

1. Unmöglichkeit – moralisch oder juristisch?

Der Satz, dass Unmögliches nicht geschuldet wird, trägt den Nimbus naturrechtlicher Richtigkeit. Tatsächlich war es das Naturrecht, das das römische *impossibilium nulla obligatio* (D. 50,17,185, Cels. 8 dig.) mit dem moraltheologischen Satz verschmolz, von niemandem könne verlangt werden, was seine Kräfte übersteigt. PUFENDORF belehrt uns, der römische Satz sei Ausdruck der allgemeinen naturrechtlichen Regel *ultra posse nemo tenetur*[1]. Damit bringt er zum Ausdruck, was Juristen, Theologen und Philosophen seit dem Mittelalter für selbstverständlich hielten: was moralisch nicht verlangt werden kann, ist auch rechtlich nicht verbindlich[2]. Mit dieser Überzeugung werden die römischen Quellen bis heute gelesen und interpretiert. Daran haben auch die Untersuchungen WOLLSCHLÄGERS[3] nichts geändert, aus denen man ohne weiteres schließen kann, dass das moderne Verständnis der Unmöglichkeitsfolgen imputationsrechtlich und nicht interessenjuristisch begründet ist. Tatsächlich muss aber, was für das Strafrecht oder die Moraltheologie richtig ist, nicht auch im Zivilrecht gelten. Während es dort um die Zurechnung von Handlungen geht, geht es hier um die Beilegung von Interessenkonflikten, und dabei meistens um die Zurechnung von Vermögensverschiebungen. Warum etwa, fragte schon ERNST RABEL, soll nicht haften, wer verspricht, einen anderen gesund zu beten?[4]

Doch um dogmengeschichtliche Erkenntnisse kümmert sich mancher Romanist genauso wenig wie um sachkritische Beobachtungen. Die Quellen werden munter so ausgelegt, wie man es seit Generationen gewohnt ist. Ein Beispiel dafür gab kürzlich HARKE, der anhand der römischen Texte zur „Unmöglichkeit“ zeigen wollte, dass die römischen Juristen eine „einheitliche Unmöglichkeitslehre“

---

1 SAMUEL PUFENDORF, De jure naturae et gentium libri octo, Lund 1672, lib. I, cap. V, § 8.

2 Eingehend dazu CHR. WOLLSCHLÄGER, Die willenstheoretische Unmöglichkeitslehre im aristotelisch-thomistischen Naturrecht, in: D. Liebs (Hg.), Sympotica Wieacker, Ebelsbach 1970, 154 ff., bes. 176 ff.; vgl. außerdem M. SCHERMAIER, in: M. Schmoeckel/J. Rückert/R. Zimmermann (Hg.), Historisch-Kritischer Kommentar zum BGB II/1, Schuldrecht AT, Tübingen 2007, § 275, Rn. 12 ff.

3 S.o. Fn. 2 und DERS., Die Entstehung der Unmöglichkeitslehre. Zur Dogmengeschichte des Rechts der Leistungsstörungen, Köln/Wien 1970, 7 ff., bes. 75 ff.

4 E. RABEL, Zur Lehre von der Unmöglichkeit der Leistung nach österreichischem Recht, in: Wiener Juristische Gesellschaft (Hg.), Festschrift zur Jahrhundertfeier des Allgemeinen Bürgerlichen Gesetzbuchs, Bd. II, Wien 1911, 821, 832 (= in: H.G. Leser, Hg., Ernst Rabel. Gesammelte Aufsätze I, 1965, 79, 88.

kannten, die gar anfängliche und nachträgliche Unmöglichkeit umfasste[5]. Jedenfalls soweit es um die anfängliche Unmöglichkeit geht, befindet er sich damit in guter Gesellschaft: Von KASER bis KNÜTEL[6], bei FLUME[7] und ZIMMERMANN[8] liest man, dass für die römischen Juristen anfänglich unerfüllbare Versprechen unwirksam waren. Immerhin räumte schon FLUME ein, dass die klassischen Juristen „kein allgemeines auf das Schuldverhältnis bezogenes Unmöglichkeitsdogma" kannten[9]. Zum selben Ergebnis kommt CUENA BOY[10]. Und ZIMMERMANN betont, dass unsere modernen Erwartungen die römischen Texte zu Fällen „anfänglicher Unmöglichkeit" beim Kauf womöglich verfehlen: „But we know by now that these pronouncements sound much more clear-cut and tecnical to us than they were intended by the Roman lawyers"[11]. Solche Zweifel sind in der Tat angebracht. Doch neue Erkenntnisse brauchen auch ihre Zeit, um sich durchzusetzen.

Sich des eigenen Vorverständnisses bewusst zu werden, ermöglicht es, der historischen Rechtslage etwas näher zu kommen, also etwas besser zu verstehen, was und vor allem wie römische Juristen gedacht haben[12]. Dann allerdings stellt sich, für unser Thema, eine doppelte Aufgabe: Zunächst gilt es, die von imputationsrechtlichen Vorstellungen völlig freie Parömie *impossibilium nulla obligatio* selbständig zu deuten. Dabei muss auffallen, dass sich die römischen Juristen auf die *impossibilitas* der Erfüllung nur im Zusammenhang mit strengrechtlichen Klagen berufen. Warum gerade strengrechtliche Verbindlichkeiten daraufhin geprüft wurden, ob ihre Erfüllung möglich war, ist nicht eindeutig zu ermitteln. Ich vermute als Grund den ursprünglich eidlichen und deswegen assertorischen Charakter der *sponsio-stipulatio*. Doch darüber soll hier nicht weiter

---

5 J.D. HARKE, Unmöglichkeit und Pflichtverletzung. Römisches Recht, BGB und Schuldrechtsmodernisierung, in: T. Helms u.a. (Hg.), Jahrbuch Junger Zivilrechtswissenschaftler 2001, Stuttgart 2001, 29 ff.; in dieselbe Kerbe schlug A. RODEGHIERO, Sul sinallagma genetico nell'emptio venditio classica, Padova 2004, 17 ff.

6 Vgl. M. KASER, Römisches Privatrecht, 15. Aufl., München 1989, 159; M. KASER/R. KNÜTEL, Römisches Privatrecht, 19. Aufl., München 2008, § 34, Rn. 2 und 17-18; außerdem etwa T. ARP, Anfängliche Unmöglichkeit, Zum Verständnis von § 306 BGB, Paderborn 1988, 63 ff.

7 W. FLUME, Rechtsakt und Rechtsverhältnis. Römische Jurisprudenz und modernrechtliches Denken, Paderborn 1990, 99 ff.

8 R. ZIMMERMANN, The Law of Obligations. Roman Foundations of the Civilian Tradition, Oxford 1996, 686 ff.

9 FLUME, Rechtsakt (Fn. 7), 100.

10 F. CUENA BOY, Estudios sobre la impossibilidad de la prestación, Valladolid 1992, 17.

11 ZIMMERMANN, Law of Obligations (Fn. 8), 690.

12 Dazu bereits ausführlich M. SCHERMAIER, Impossibilium nulla obligatio. Vorverständnis, Gegenstand und Erkenntnis der Unmöglichkeit der Leistung im römischen Recht, in: AUPA 51 (2006), 241 ff.

spekuliert werden. Wir wenden uns der zweiten Frage zu, die nicht weniger interessant und zudem – wie ich meine – einfacher zu beantworten ist: Warum halten die römischen Juristen Kaufverträge für unwirksam, wenn es an einer Kaufsache, die geleistet werden kann, fehlt? Was also ist das Motiv für die eindeutige *regula* des Pomponius (D. 18,1,8 pr.): *Nec emptio nec venditio sine re quae veneat potest intellegi*?

2. Sachleistung vs. Interesseleistung

Immerhin hatte schon BRINZ – anders etwa als WINDSCHEID[13] – zwischen der „anfänglichen Unmöglichkeit" und den zahlreichen Quellen, die für den wirksamen Abschluss eines Kaufvertrags die Existenz des Kaufgegenstandes voraussetzen, unterschieden[14]. Ähnlich wie heute ZIMMERMANN schienen BRINZ die Entscheidungen, die den Verkäufer einer nicht existierenden oder nicht verkehrsfähigen Sache mitunter doch der Vertragshaftung unterwarfen, gegen die Gleichbehandlung der Fälle im Stipulations- und Kaufvertragsrecht zu sprechen. Dieser Unterschied ist tatsächlich auffällig: während im Fall strengrechtlicher Verbindlichkeiten in der Regel nur Unwirksamkeit konstatiert wird, weil die versprochene Sache nicht existiert oder eine Handlung nicht vorgenommen werden kann, entschied man im Kaufrecht flexibler, je nach Art der vorliegenden „Unmöglichkeit" und dem Wissensstand der Parteien.

Der Schluss liegt nahe, dass sich dieser Unterschied aus der Klagbarkeit ergibt: Bei *bonae fidei iudicia* komme es nicht auf die Schätzung eines Sachwerts an, sondern auf das Interesse des Gläubigers an der Erfüllung. Außerdem könne der Richter im Rahmen eines *bonae fidei iudicium* auch den *dolus* einer Partei sanktionieren. Diese zweite Überlegung, der wir auch JHERINGS „Entdeckung" der *culpa in contrahendo* verdanken[15], ist tatsächlich nicht von der Hand zu weisen. Das erste Argument, das sich darauf stützt, im Rahmen strengrechtlicher Klagen könnten nicht existierende Sachen nicht geschätzt werden, wurde vor allem von MEDICUS hervorgehoben[16]. Ähnlich argumentierte schon BRINZ zu Beginn des Kapitels über die anfängliche Unmöglichkeit[17]:

---

[13] B. WINDSCHEID, Lehrbuch der Pandekten, 2. Bd., 3. Aufl., Düsseldorf 1870, § 264 (S. 49 ff.) und § 315 (S. 187 ff.).

[14] A. V. BRINZ, Lehrbuch der Pandekten, Bd. II/1, 2. Aufl., Erlangen 1879, § 246 (S. 129).

[15] R. V. JHERING, Culpa in contrahendo oder Schadensersatz bei nichtigen oder nicht zur Perfection gelangten Verträgen, JherJb 1 (1864), 1 ff.

[16] D. MEDICUS, Zur Funktion der Leistungsunmöglichkeit im römischen Recht, SZ 86 (1969), 67 ff., bes. 69 ff.

[17] BRINZ, Pandekten II/1 (Fn. 12), § 254 (S. 121).

> Daß eine O.(bligation) zu Unmöglichem keine sei, versteht sich aus dem Begriffe der Haftung (...), indem eine Satisfaktion dafür, daß etwas Unmögliches nicht geleistet wird, so vernunftwidrig wäre, wie das Begehren nach Unmöglichem. Wie keine Haftung für etwas Unmögliches, gibt es auch keine Verbindlichkeit zu Unmöglichem, und kann man nichts Unmögliches schuldig sein; der Gläubiger kann ein solches nicht intendiren, der Richter nicht schätzen und kondemniren.

In dieser kurzen Feststellung sind auch manche jüngeren Versuche festgehalten, den Grund für die Entscheidungen der römischen Juristen – im Stipulations- wie im Kaufrecht – zu erklären. Der Hinweis allerdings, es könne keine „Haftung auf Unmögliches" geben, wurde schon von MEDICUS widerlegt: „Unmöglich kann nie die Haftung sein, sondern nur ihre Ablösung durch Erbringung der vereinbarten Leistung"[18]. Dieser rechtshistorisch motivierte Hinweis, Haftung komme nicht vom Schulden, sondern Schulden vom Haften[19], räumt das von BRINZ formulierte Problem nicht gänzlich aus dem Weg. Immerhin widerlegt es die These, die Unwirksamkeit der (strengrechtlichen) Verbindlichkeit ergebe sich schon aus der „Logik der Formel"[20].

Doch anders als heute und anders als zu BRINZ' Zeiten ist im römischen Recht ja auch die Haftung auf eine „mögliche" Leistung ausgeschlossen. Der Schuldner haftet, wenn er nicht leistet, auf Wert- oder Interesseersatz. Deshalb kann man zwar sagen, dass dann, wenn eine Haftung verneint wird, nach römischem Recht keine Verbindlichkeit bestand, aber daraus, dass der Schuldner zu Wert- oder Interesseersatz verurteilt wird, lässt sich nicht umgekehrt schließen, die Leistung habe erbracht werden können. Vielmehr kann der Richter den Schuldner in den Wert der Leistung oder in das Interesse des Gläubigers verurteilen, und zwar bei „möglichen" wie „unmöglichen" Leistungen gleichermaßen. Dass sich „Unmögliches" nicht schätzen ließe, wie MEDICUS meinte[21], widerlegt schon die Figur der *perpetuatio obligationis*; demnach haftet der Schuldner auf den Wert der Leistung, wenn ihr nachträglicher Ausfall vom Schuldner zu vertreten ist. Aber auch bei heute so genannter „anfänglicher Unmöglichkeit" konnte es zur Schätzung einer nicht oder nicht mehr existierenden Sache kommen. Prominent zu nennen ist hier ein Text des Gaius, wonach der Erbe, falls über die Existenz eines vermachten Sklaven Zweifel bestehen, dem Legatar Sicherheit leisten

---

18 MEDICUS, SZ 68 (1969), 70.

19 Ebenso, Medicus folgend, ARP, Anfängliche Unmöglichkeit (Fn. 6), 97 f.

20 Formulierung wohl von H. SIBER, Römisches Recht in Grundzügen für die Vorlesung, Bd. II: Römisches Privatrecht, Berlin 1928 (Nachdr. 1968), 250; später F. WIEACKER, Leistungshandlung und Leistungserfolg im Bürgerlichen Schuldrecht, in: Festschrift Nipperdey, Bd. 1, München 1965, 783, 810.

21 MEDICUS, SZ 68 (1969), 75 ff.

sollte für den Fall, dass der Sklave sich doch noch finde[22]. Hier musste also eine Kaution bestimmt werden für eine Sache, die man gar nicht kannte. Noch interessanter ist womöglich die Entscheidung in D. 45,1,83,7[23]: Ein Sklave war gestohlen worden, dann starb er. Wenn man sich diesen nun bereits toten Sklaven versprechen lässt, ist die *stipulatio* wirksam, wenn dem Eigentümer noch die *condictio furtiva* gegen den Dieb zustand. Diese ist dann Gegenstand der Stipulationsschuld[24]. Neben diesen beiden gibt es noch einige Fragmente, die auch im Rahmen strengrechtlicher Verbindlichkeiten die Schätzbarkeit einer unbekannten oder tatsächlich nicht existierenden Sache voraussetzen[25].

Aus alldem müssen wir Folgendes schließen: In den Wert einer geschuldeten Sache oder das Erfüllungsinteresse des Gläubigers verurteilt zu werden, setzt nicht voraus, dass der Schuldner die Sache auch leisten konnte. Allerdings lässt sich aus der Verurteilung in den Geldersatz schließen, dass der Schuldner die Leistung hätte erbringen sollen. Daher ist es auch nicht richtig, wenn PETERS die Unmöglichkeit der Leistung (beim Kauf) als „Erfüllungshindernis" beschreibt[26]. Ob der Verkäufer erfüllen konnte oder nicht, war gar nicht die Frage. Vielmehr ging es darum, ob er wegen der Nichterfüllung haftete. Zwischen „Leistenkönnen" und „Leistensollen" unterschieden die Römer, ohne dieses Problem in der hier beschriebenen Weise zu reflektieren. Das Leistensollen ergibt sich aus der Interessenabwägung zwischen den beteiligten Parteien, wie man exemplarisch an D. 21,2,31 (Ulp. 42 ad Sab.) sehen kann[27]: Ulpian fragt hier nach dem vermeintlichen Paradoxon, dass das formelle Versprechen, ein Sklave sei frei von Mängeln, entweder überflüssig sei, wenn der Sklave ohnehin mangelfrei ist,

---

22 D. 30,69,5 (Gaius. 2 de leg. ad ed. praet.): *si res quae legata est an in rerum natura sit dubitetur, forte si dubium sit, an homo legatus vivat, placuit agi quidem ex testamento posse, sed officio iudicis contineri, ut cautio interponeretur, qua heres caveret eam rem persecuturum et, si nactus sit, legatario restituturum.*

23 D. 45,1,83,7 (Paul. 72 ad ed.): *Stichum, qui decessit, si stipuler, si quidem condici etiam mortuus potuit, ut furi, utiliter me stipulatum Sabinus ait (...).*

24 Ohne diesen Text zu nennen meint MEDICUS, SZ 68 (1969), 73, die „Fiktion" der *perpetuatio obligationis* passe dann nicht, „wenn es den Sklaven nie gegeben" habe.

25 Etwa D. 42,2,3 (Paul. 9 ad Plaut.) oder D. 45,1,91,5-6 (Paul. 17 ad Plaut.).

26 H. PETERS, Zur dogmatischen Einordnung der anfänglichen, objektiven Unmöglichkeit beim Kauf, in: D. Medicus/H.H. Seiler (Hg.), Festschrift Kaser, München 1976, 285, 302 ff., 306.

27 D. 21,2,31 (Ulp. 42 ad Sab.): *Si ita quis stipulanti spondeat ‚sanum esse, furem non esse, vispellionem non esse' et cetera, inutilis stipulatio quibusdam videtur, quia si quis est in hac causa, impossibile est quod promittitur, si non est, frustra est. sed ego puto verius hanc stipulationem ‚furem non esse, vispellionem non esse, sanum esse' utilem esse: hoc enim continere, quod interest horum quid esse vel horum quid non esse. sed et si cui horum fuerit adiectum ‚praestari', multo magis valere stipulationem: alioquin stipulatio quae ad aedilibus proponitur inutilis erit, quod utique nemo sanus probabit.*

oder wegen Unmöglichkeit nichtig, wenn die Mängel tatsächlich vorliegen. Letzterenfalls nämlich läge der Fall vor, dass jemand verspricht, was nicht ist. Ulpians Antwort ist eindeutig: Ein Versprechen soll nicht die Tatsachen ändern[28], sondern das Interesse des Gläubigers an vertragsgemäßer Erfüllung sichern.

3. Kaufverträge und „rechtliche Unmöglichkeit"

Diese Orientierung am Interesse des Gläubigers, die wir im Stipulationsrecht zumindest der klassischen Zeit beobachten können, gilt umso mehr für das Kaufvertragsrecht. Soweit es um den Kauf von *res extra commercium* ging, schützten die klassischen Juristen den irrenden Käufer; dies ist uns jedenfalls für den Verkauf von *res sacra* und *religiosa* und für den Verkauf eines *liber homo* überliefert. Dieser Schutz konnte darin bestehen, ihm eine *actio in factum*[29] oder gleich die Kaufklage gegen den Verkäufer zu gewähren[30]. Heute nimmt man überwiegend an, dass der Verkäufer nicht auf das „Vertrauensinteresse" des Käufers haftete, sondern auf das Erfüllungsinteresse[31]. Das ist für den Verkauf eines *homo liber* schon deshalb wahrscheinlich, weil der Käufer so steht, als sei nach dem Verkauf die *vindicatio in libertatem* erhoben worden[32]. Für den Fall der *res sacra* oder *religiosa* könne das, meinte RODEGHIERO, nicht gelten, weil man an solchen Sachen schon keinen Besitz übertragen könne[33]. Dieses Argument halte ich nicht für stichhaltig[34]. Die Situation nach dem Verkauf eines Grundstücks *extra commercium* ist jener bei Verkauf eines *homo liber* durchaus

---

[28] Vgl. D. 50,17,31 (Ulp. 42 ad Sab.), einen Text, den O. LENEL, Palingenesia iuris civilis, Bd. II, Leipzig 1889 (Nachdr. Aalen 2000), 1170, unter Nr. 2886 in unmittelbaren Zusammenhang mit D. 21,2,31 stellt.

[29] Vgl. D. 11,7,8,1 (Ulp. 25 ad Sab.): *Si locus religiosus pro puro venisse dicetur, praetor in factum actionem in eum dat ei ad quem ea res pertinet: quae actio et in heredem competit, cum quasi ex empto actionem contineat*; dazu etwa PETERS, FS Kaser (Fn. 26), 302 f.

[30] D. 18,1,62,1 (Mod. 5 reg.): *Qui nesciens loca sacra vel religiosa vel publica pro privatis comparavit, licet emptio non teneat, ex empto tamen adversus venditorem experietur, ut consequatur quod interfuit eius, ne deciperetur*; vgl. außerdem D. 18,1,4 und 6 (Pomp. 9 ad Sab.); D. 19,1,21 pr. (Paul. 33 ad ed.) und I. 3,23,5.

[31] Vgl. etwa H. HONSELL, Quod interest im bonae-fidei-iudicium. Studien zum Römischen Schadensersatzrecht, München 1968, 107 ff.; WOLLSCHLÄGER, Unmöglichkeitslehre (Fn. 3), 12; anders aber offenbar RODEGHIERO, Sinallagma (Fn. 5), 126 ff.

[32] Vgl. D. 21,2,39,3 (Iul. 57 dig.): *Pater sciens filium suum quem in potestate habebat ignoranti emptori vendidit: quaesitum est, an evictionis nomine tenebatur. respondit: qui liberum hominem sciens vel ignorans tamquam servum vendat, evictionis nomine tenetur: quare etiam pater, si filium suum tamquam servum vendiderit, evictionis nomine obligatur.*

[33] RODEGHIERO, Sinallagma (Fn. 5), 132.

[34] Auch deshalb, weil Pomponius beide Fälle gleich behandelt; D. 18,1,4 (Pomp. 9 ad Sab.): *Et liberi hominis et loci sacri et religiosi qui habere non potest, emptio intellegitur, si ab ignorante emitur.*

ähnlich: Häufig stellte sich wohl erst nach Besitzverschaffung heraus, dass das *habere licere* an der Sache nicht gewährt werde konnte. Dann wird die *res sacra vel religiosa vel publica* zwar nicht „entwehrt", doch weiß der Käufer, dass er über die Sache nicht wie erhofft verfügen kann; womöglich gab es auch Mittel und Wege, dem Käufer den Besitz an den verkehrsunfähigen Sachen streitig zu machen[35].

Im Übrigen war die für den Fall des *homo liber* angenommene[36] Parallele zur Gewährleistung wegen Eviktion nicht der einzige Anlass, das (Erfüllungs-) Interesse des Käufers zu schützen. Der Verkäufer haftete jedenfalls auch für *dolus*, wenn er einen für den Käufer wesentlichen Umstand verschwieg. Darauf dürften die einschlägigen Texte hinauslaufen. Kaum lässt sich nämlich ein Fall vorstellen, in dem der Käufer, ohne besondere Vereinbarung, davon ausgeht, mit dem Grundstück eine Begräbnisstätte zu erwerben. Die bei Modestin überlieferte Formulierung, der Verkäufer hafte dem Käufer darauf, *ut consequatur quod interfuit eius, ne deciperetur*[37], ist dafür zwar kein eindeutiger Hinweis, doch nimmt er die geschilderte Vertragssituation auf. Typisch für solche Fälle ist dagegen die Abwägung, ob der Käufer wusste, dass es sich um eine *res extra commercium* handelt. Und darauf stellen beinahe alle einschlägigen Texte ab[38]. Wichtig ist außerdem, dass in allen einschlägigen Fällen ein bestimmter Gegenstand vorliegt, von dem jedenfalls der Käufer auch annimmt, dass er verkehrsfähig ist.

4. Kaufverträge und „faktische Unmöglichkeit"

Genau dieser Aspekt bereitet in manchen anderen Texten Schwierigkeiten. Existiert die Sache so, wie man sie sich vorgestellt hat, überhaupt? Ist sie – um einen Ausdruck des Paulus zu gebrauchen – in *rerum natura*? Um dieses Problem geht es in dem „berüchtigten"[39] Fragment D. 18,1,57, in dem uns Paulus einen alten Schulfall berichtet[40].

---

[35] Für *res publicae* jedenfalls sind uns solche (prätorischen) Behelfe als *interdicta* bezeugt; vgl. D. 43,6-43,14.

[36] HONSELL, Quod interest (Fn. 31), 108 f.

[37] D, 18,1,62,1 (Mod. 5 reg.).

[38] Vgl. z.B. noch D. 18,1,34,2 (Paul. 33 ad ed.): *Liberum hominem scientes emere non possumus. (…).* Auch D. 18,1,15,1 (Paul. 5 ad Sab.), könnte – sogar für einen Fall faktischer Unmöglichkeit – auf die Unwissenheit des Käufers abstellen (*ignorantia emptori prodest quae non in supinum hominem cadit*); doch ist der palingenetische Zusammenhang ungewiss.

[39] So J. PARTSCH, Das Dogma des Synallagma im römischen und byzantinischen Rechte, in: DERS., Aus nachgelassenen und kleineren verstreuten Schriften, Berlin 1931, 3, 39.

[40] Das Fragment war wiederholt Gegenstand umfangreicher Textkritik; vgl. nur PARTSCH, Synallagma (Fn. 39), 40 („schwer interpoliert"); w.H. PETERS, FS Kaser (Fn. 26), 289 ff.;

D. 18,1,57 pr.-1 (Paul. 5 ad Plaut.): Domum emi, cum eam et ego et venditor combustam ignoraremus, Nerva, Sabinus Cassius nihil venisse, quamvis area maneat, pecuniamque solutam condici posse aiunt. sed si pars domus maneret, Neratius ait hac quaestione multum interesse, quanta pars domus incendio consumpta permaneat, ut, si quidem amplior domus pars exusta est, non compellatur emptor perficere emptionem, sed etiam quod forte solutum ab eo est repetet: sin vero vel dimidia pars vel minor quam dimidia exusta fuerit, tunc coartandus est emptor venditionem adimplere aestimatione viri boni arbitratu habita, ut, quod ex pretio propter incendium decrescere fuerit inventum, ab huius praestatione liberetur. (1) Sin autem vemditor quidem sciebat domum esse exustam, emptor autem ignorabat, nullam venditionem stare, si tota domus ante venditionem exusta sit: si vero quantacumque pars aedificii remaneat, et stare venditionem et venditorem emptori quod interest restituere. (...)

Jemand hatte ein Haus verkauft, von dem sich herausstellte, dass es bereits bei Vertragsschluss zerstört war. Zentrales Thema auch dieses Textes sind Wissen oder Irrtum der Vertragsparteien[41]. Gleichwohl werden die im Text geschilderten Sachverhalte nicht „irrtumsrechtlich", also im Sinne des uns über D. 18,1,9 bekannten Irrtumsrechts entschieden[42]. Anders als in den Fällen der *res extra commercium* kommt es hier aber auch nicht nur auf das Wissensgefälle zwischen Verkäufer und Käufer an. In § 1 heißt es vielmehr, dass der wissende Verkäufer dem unwissenden Käufer nur hafte, wenn das verkaufte Haus wenigstens zu einem kleinen Teil erhalten geblieben ist. War es schon bei Abschluss des Kaufvertrags gänzlich vernichtet, hafte selbst der Wissende nicht . Diese Entschei-

P. APATHY, Sachgerechtigkeit und Systemdenken am Beispiel der Entwicklung von Sachmängelhaftung und Irrtum beim Kauf im klassischen römischen Recht, in: SZ 111 (1994), 95, 107 ff. und M. SCHERMAIER, Auslegung und Konsensbestimmung. Sachmängelhaftung, Irrtum und anfängliche Unmöglichkeit nach römischem Kaufrecht, SZ 115 (1998), 235, 267 ff. Dass es sich um einen Schulfall handelt, erklärt die schulmäßige Abhandlung verschiedener Wissenskonstellationen. Trotz mancher sprachlicher Schwächen wird der Text sachlich klassisch sein.

41 Dass dies ein wichtiges Thema schon in der Frühklassik war, belegt auch die unter dem Namen Labeos überlieferte Entscheidung in D. 18,1,45 (Marc. 4 reg.). Allerdings wird in diesem Fall, anders als in D. 18,1,57, nicht die Existenzfrage gestellt.

42 So aber G. IMPALLOMENI, Applicazioni del principio dell'affidamento nella vendita romana, in: SD 21 (1955), 157, 173 f., der einen Fall des *error in substantia* behandelt sieht; dagegen schon P. CORNIOLEY, Error in substantia, in materia, in qualitate, in: Studi Grosso II, Milano 1968, 249, 290 Fn. 14; ebenso APATHY, SZ 111 (1994), 107 f.; anders aber wieder ARP, Anfängliche Unmöglichkeit (Fn. 6), 107 ff., der in D. 18,1,57 ein Konsensproblem erörtert sieht.

dung, die jedenfalls auf Neraz, vielleicht gar auf Plautius[43], zurückgeht, überrascht; warum soll der dolose Verkäufer nicht in jedem Fall haften?

Dieselbe Überraschung bietet ein Ulpianfragment, das Teil eines umfangreicheren Traktats über die Beachtlichkeit eines Irrtums[44] über den Vertragsgegenstand ist:

> D. 18,1,14 (Ulp. 28 ad Sab.): .. ut puta coheredes viriolam, quae aurea dicebatur, pretio exquisito uni heredi vendidissent eaque inventa esset magna ex parte aenea? venditionem esse constat ideo, quia auri aliquid habuit. Nam si inauratum aliquid sit, licet ego aureum putem, valet venditio: si autem aes pro auro veneat, non valet.

Ulpian erörtert hier den Fall des gemeinsamen Irrtums von Verkäufer und Käufer. Zur Überraschung moderner Dogmatiker entscheidet Ulpian diesen Fall nicht anders als den, in denen nur ein Teil über den Vertragsgegenstand irrt[45]. Die Gründe dafür versuchte ich an anderer Stelle aufzuhellen[46]. Jedenfalls spricht einiges dafür, dass in dem Ulpian-Traktat 18,1,9-14 nicht die Konzentration auf den Irrtum neu ist (er steht schon im Mittelpunkt des frühklassischen Schulfalls über das abgebrannte Haus), sondern die Anwendung zeitgenössischer Handlungslehre. Die Entscheidung des Falls, dass Miterben einem von ihnen eine vermeintlich goldene Armspange verkaufen, ist aber auch für unser Thema und also unabhängig vom spätklassischen Irrtumsrecht bedeutsam. Irrten beide Seiten darüber, dass die Armspange von Gold sei, ist der Kaufvertrag nichtig – wenn die Spange nicht wenigstens *aurum aliquid habuit*. Für moderne Ohren ist dieses Kriterium unerhört: „Was kommt ... dem Käufer der vermeintlich goldenen Armspange darauf (an), daß sie ‚etwas' Gold enthielt?", fragte schon LENEL[47]. Wenn man in D. 18,1,14, wie in D. 18,1,57,1, die Frage nach der Existenz des Kaufgegenstandes gestellt sieht, wird die Unterscheidung

---

43 Neraz hatte Plautius kommentiert (vgl. D. 8,3,5,1) und ich halte es für recht wahrscheinlich, dass Paulus in seinem eigenen Plautius-Kommentar Neraz deswegen so ausführlich zu Wort kommen lässt; vgl. schon SZ 115 (1998), 271 Fn. 156.

44 Dazu zuletzt und m.w.H. auf ältere Literatur M. SCHERMAIER, L'errore nella storia del diritto, in: Roma e America. Diritto romano comune, 24 (2007), 185, 204 ff.; APATHY, SZ 111 (1994), 138 ff.; J.D. HARKE, Si error aliquis intervenit – Irrtum im klassischen römischen Vertragsrecht, Berlin 2005, 70 ff. und dazu wieder MEINE Rez. in SZ 125 (2008), 826, 827 f.

45 D. 18,1,9,2 (Ulp. 28 ad Sab.).

46 M. SCHERMAIER, Anachronistische Begriffe, oder: "Nichtrömisches" im römischen Irrtumsrecht, in: P. Pichonnaz (ed.), Autour du droit des contrats. Contributions de droit romain en l'honneur de Felix Wubbe, Zürich/Basel 2009, 49 ff.

47 O. LENEL, Der Irrtum über wesentliche Eigenschaften, AcP 123 (1925), 161, 175.

allerdings plausibel: Was „etwas Gold" enthält, ist nach griechischer Schulphilosophie[48] und damit wohl auch nach römischem Verständnis, „golden". Wenn es aber eine „goldene" Armspange ist, dann entspricht sie ihrem Wesen nach dem, was die Verkäufer zu leisten versprochen hatten. Der Kaufvertrag ist also zumindest gültig; ob die Armspange „schlechteres" Gold als vereinbart enthält, muss im Übrigen noch entschieden werden. Dieser Fall allerdings – so wissen wir aus D. 18,1,10[49] – berührt nicht die Gültigkeit des Kaufvertrags, sondern verpflichtet den Verkäufer womöglich zur Gewährleistung.

Paulus und Ulpian scheinen also dasselbe Kriterium verwendet zu haben, um die Existenz des Kaufgegenstandes zu bestimmen: wenigstens „etwas" von dem Versprochenen muss tatsächlich vorhanden sein. Dennoch zögern wir, die beiden Entscheidungen nebeneinander zu stellen. In D. 18,1,57,1 geht es um die Haftung des dolosen Verkäufers, in D. 18,1,14 aber um einen Fall des gemeinsamen Irrtums. Der Fall aus D. 18,1,57, der dem in D. 18,1,14 entschiedenen Interessenkonflikt am nächsten kommt, ist jener des *principium*: beide, sowohl Verkäufer als auch Käufer, wissen nichts von der Zerstörung des Hauses. In diesem Fall soll Neraz das salomonische Kriterium angelegt haben, ob wenigstens die „Hälfte" des Hauses erhalten geblieben ist. Davon hören wir bei Ulpian nichts. Wahrscheinlich ist der Unterschied damit zu erklären, dass beide Juristen unterschiedliche Voraussetzungen für die Mängelhaftung im Rahmen der *actio empti* kannten. Ulpian folgte, das wissen wir, Julians Lösung, dass der unwissende Verkäufer nur auf Rückzahlung des Kaufpreises haftete (D. 19,1,13). Deshalb konnte er recht großzügig sein, wenn es um das Urteil über die Vertragsgültigkeit ging. Der irrende Käufer konnte ja in jedem Fall entscheiden, ob er die Sache – womöglich zu einem günstigeren Preis – behalten wollte. In dem frühklassischen Schulenstreit, von dem Paulus uns berichtet, dürfte es diese Möglichkeit noch nicht gegeben haben. Weil aber auch damals schon entscheidend war, den Käufer vor einem nicht gewollten Leistungsaustausch zu schützen, bezog man sich mit der *dimidia pars* auf den hypothetischen Willen der Parteien[50]: Am besten lässt sich der Interessenausgleich für die gleichermaßen irrenden Parteien in der „goldenen Mitte" finden[51].

---

[48] Ausführlich dazu M. SCHERMAIER, Materia. Beiträge zur Frage der Naturphilosophie im römischen Recht, Wien/Köln 1992, 153 f.

[49] D. 18,1,10 (Paul. 5 ad Sab.): *Aliter atque si aurum quidem fuerit, deterius autem quam emptor existimaret: tunc enim emptio valet.*

[50] Vgl. schon SZ 115 (1998), 271 f.

[51] Dazu schon M. PENNITZ, Zur Anfechtung wegen laesio enormis im römischen Recht, in: Schermaier/Rainer/Winkel (Hg.), Jurisprudentia universalis. Festschrift für Theo Mayer-Maly zum 70. Geburtstag, Köln/Weimar/Wien 2002, 575, 586 f.

5. Der fehlende Kaufgegenstand

Damit ist allerdings noch nicht beantwortet, warum die Existenz der Kaufsache überhaupt zum entscheidenden Kriterium der Vertragsgültigkeit stilisiert wurde. Auch die griechische Naturphilosophie, mit deren Hilfe offenbar beurteilt wurde, ob die Sache existierte, kann uns hier nicht weiterhelfen. Sie ist bestenfalls Mittel zum Zweck, gibt über den Zweck aber keine Auskunft. Spätestens hier erinnern wir uns an den apodiktischen Satz des Pomponius in

> D. 18,1,8 (Pomp. 9 ad Sab.): Nec emptio nec venditio sine re quae veneat potest intellegi.

In der Sache gleichsinnig hören wir von Paulus:

> D. 18,1,15 pr. (Paul. 5 ad Sab.): Et si consensum fuerit in corpus, id tamen in rerum natura ante venditionem esse desierit, nulla emptio est.

Im Ton unterscheiden sich die beiden Juristen, in der Sache nicht. Woher aber stammt ihre Überzeugung, ein Kaufvertrag ohne Kaufgegenstand sei unwirksam? In den Fällen der verkauften *res extra commercium* erleben wir die römischen Juristen recht flexibel, sehen sie interessenjuristisch argumentieren: Der unwissende Käufer soll den Verkäufer in Anspruch nehmen können, entweder mit einer *actio in factum*, vielleicht mit der *actio empti*, vielleicht ist der Kaufvertrag überhaupt wirksam. Wenn der Kaufgegenstand aber nicht *in rerum natura* ist, soll keine dieser Möglichkeiten erwogen werden? Dieser Unterschied zwischen „rechtlicher" Unmöglichkeit und „faktischer", wie wir das heute nennen, ist bemerkenswert. Für einen Schulenstreit gibt es keinen Anhaltspunkt. Dass es sich bei den kategorischen Sätzen von Pomponius und Paulus um abgestorbene Überlieferungsstränge handelt, die nur mehr im Lehrgut mitgeschleppt werden, ist schon angesichts von D. 18,1,57,1 und D. 18,1,14, die das Existenzkriterium ebenfalls bewahren, unwahrscheinlich.

Die einzige plausible Erklärung für das Kriterium, die Kaufsache müsse körperlich existieren, dürfte im alten Barkaufgedanken[52] liegen, der – besonders augenfällig – bei der *mancipatio* zum Ausdruck kommt. Der Käufer legt seine Hand an den Kaufgegenstand und spricht dabei die Kaufformel: *Hanc ego*

[52] So schon WOLLSCHLÄGER, Unmöglichkeitslehre (Fn. 3), 12; dagegen ARP, Anfängliche Unmöglichkeit (Fn. 6), 105 f.; zu dieser Frage sogleich im Text. Die Bedeutung des Barkaufgedankens für die Interessehaftung hob schon (anhand von D. 19,1,23) hervor J.G. WOLF, Barkauf und Haftung, TR 45 (1977), 1 ff.; an diesen Gedanken knüpfte wieder – ohne Wolf gesehen zu haben – ARP an (a.a.O., 106 f.).

domum ex iure Quiritium meam esse aio isque mihi empta esto hoc aere aeneaque libram[53]. Ganz ähnlich lautete die in Anlehnung an den Vindikationsprozess überlieferte Formel bei der *in iure cessio*[54]. Manzipations- und Vindikationsritual konnten nur vollzogen werden, wenn der Kaufgegenstand physisch präsent war. Das war bei einer *res extra commercium* durchaus der Fall; bei einer *viriola magna ex parte aenea* konnte man allerdings darüber diskutieren – abhängig davon, ob man das "Wesen" einer Sache von ihrer Beschaffenheit abhängig machte[55]. Zweifellos galt für die Manzipation auch, was Gaius für die Vindikation berichtet, dass die Sache durch einen ihrer bezeichnenden Teile beim Ritual repräsentiert werden könne:

> Gai. inst. 4,17: Si qua res talis erat, ut sine incommodo non possit in ius adferri vel adduci, verbi gratia si columna aut navis aut grex alicuius pecoris esset, pars aliqua inde sumebatur eaque in ius adferebatur, deinde in eam partem quasi in totam rem praesentem fiebat vindicatio; ... similiter si de fundo vel de aedibus sive de hereditate controversia erat, pars aliqua inde sumebatur et in ius adferebatur, et in eam partem proinde atque in totam rem praesentem fiebat vindicatio, velut ex fundo gleba sumebatur et ex aedibus tegula ...

Unwillkürlich denkt man bei diesem Text an D. 18,1,57,1: vielleicht genügte Neraz ein Ziegel, ein Stein, der noch auf dem anderen steht[56], um die Existenz des Hauses und damit die Gültigkeit des Kaufvertrags anzunehmen?

Wenn die körperliche Existenz des Kaufgegenstandes, wie wir annehmen, Voraussetzung für den gültigen Vertragsschluss war, dann sind auch die Fragmente zum Erbschaftskauf erklärlich, die die Vertragsgültigkeit ebenfalls von der Existenz der Erbschaft abhängig machen. Bekannt ist die einschlägige Katene aus dem Titel D. 18,4:

> D. 18,4,7 (Paul. 14 ad Plaut.): Cum hereditatem aliquis vendidit, esse debet hereditas, ut sit emptio: nec enim alea emitur, ut in veneatione et similibus, sed res: quae si non est, non contrahitur emptio et ideo pretium condicetur.

---

[53] Vgl. Gai. inst. 1,119 (bezogen auf den Fall des Hauskaufs).

[54] Gai. inst. 4,16 (für den Fall des Hauskaufs formuliert): *hanc ego domum ex iure Quritium meam esse aio secundum suam causam, sicut dixi, ecce tibi, vindictam imposui.*

[55] Hierher gehört auch D. 18,1,58 (Pap. 10 quaest.): *Arboribus quoque vento deiectis vel absumptis igne dictum est emptionem fundi non videri esse contractam, si contemplatione illarum arborum, veluti oliveti, fundus comparabatur, (...).*

[56] Radikale Vernichtung eines Gebäudes nimmt ja auch unser deutsches Sprichwort erst dann an, wenn „kein Stein mehr auf dem anderen steht".

D. 18,4,8 (Iav. 2 ex Plautio): Quod si nulla hereditas ad venditorem pertinet, quantum emptori praestari debuit, ita distinqui oportebit, ut, si est quidem aliqua hereditas, sed ad venditorem non pertinet, ipsa aestimetur, si nulla est, de qua actum videatur, pretium dumtaxat et si quid in eam rem impensum est emptor a venditore consequatur

D. 18,4,9 (Paul. 14 ad Plaut.): et si quid emptoris interest.

Ohne Erbschaft kein Erbschaftskauf[57], so könnte man in Anlehnung an D. 18,1,8 formulieren. Natürlich bliebe noch zu überlegen, was eine Erbschaft zur Erbschaft macht; doch wird wohl ein einziger Vermögensgegenstand, eine *res*, genügt haben. Insofern unterschied sich der Erbschaftskauf, was die Anforderungen an den Kaufgegenstand anbelangt, nicht vom gewöhnlichen Sachkauf. Einzig unklar ist, ob die lakonische Anmerkung in D. 18,4,9 (*et si quid emptoris interest*) tatsächlich auf den Fall gemünzt war, dass eine Erbschaft gar nicht existierte. Es kann nicht ausgeschlossen werden, dass Paulus im Fall der nicht existierenden Erbschaft genauso entschied wie Modestin im Fall des Verkaufs der *loca sacra vel religiosa vel publica* (D. 18,1,62,1): Obwohl es keinen wirksamen Kaufvertrag gibt (D. 18,4,7), haftet der Verkäufer aus der *actio empti* (D. 18,4,9)[58]. Stutzig macht jedoch, dass D. 18,4,9 die von Iavolenus (D. 18,4,8) unternommene Differenzierung wieder hinfällig macht. Sollten die Kompilatoren verkannt haben, dass Iavolenus mit der „Schätzung der Erbschaft" nur die Bestimmung des Käuferinteresses gemeint haben kann? HONSELL hält das frg. 9 deshalb für „undurchsichtig"[59]. Peters hat die durchaus plausible Erklärung, Paulus habe den Fall gemeint, dass der Käufer der Erbschaft bereits Stücke daraus weiterveräußert habe[60]. Doch lässt die knappe Sentenz keine tragfähigen Deutungen zu. Auch eine Verschleifung der in vielen anderen Texten feststellbaren unterschiedlichen Behandlung von Fällen „faktischer Unmöglichkeit" (die Sache existiert nicht) und „rechtlicher Unmöglichkeit" (die Sache existiert zwar, ist aber nicht *in rerum natura*), ist für die Spätklassik jedenfalls nicht auszuschließen.

Zwei Ausnahmen von dem Satz, ohne Kaufsache gäbe es keinen Kaufvertrag, lassen sich aber schon für die Hochklassik feststellen. Die erste Ausnahme taucht schon in dem vorgenannten Paulustext auf (D. 18,4,7): Beim Erbschafts-

---

57 Zum Text selbst etwa D. MEDICUS, Id quod interest. Studien zum römischen Recht des Schadensersatzes, Köln/Graz 1962, 166 f.; HONSELL, Quod interest (Fn. 31), 110 ff.; FLUME, Rechtsakt (Fn. 7), 109 und 118 f.

58 Vgl. D. 18,1,62,1 (Mod. 5 reg.): *licet emptio non teneat, ex empto tamen adversus venditorem experietur, ut consequatur quod interfuit eius, ne deciperetur.*

59 HONSELL, Quod interest (Fn. 31), 112.

60 PETERS, FS Kaser (Fn. 26), 298.

kauf gehe es nicht um einen Hoffnungskauf (*nec enim alea emitur*), deshalb sei die Existenz der Kaufsache bei Vertragsschluss erforderlich. Diese Ausnahme erwähnt auch Pomponius, gleich im Anschluss an seine *regula*:

> D. 18,1,8,1 (Pomp. 9 ad Sab.): Aliquando tamen et sine re venditio intellegitur, veluti cum quasi alea emitur. quod fit, cum captum piscium vel avium vel missilium emitur: emptio enim contrahitur etiam si nihil inciderit, quia spei epmtio est: et quod missilium nomine eo casucaptum est si evictum fuerit, nulla eo nomine ex empto obligatio contrahitur, quia id actum intellegitur.

Das Fragment[61] spricht für sich selbst: Risikogeschäfte wollte die klassische Rechtswissenschaft jedenfalls ermöglichen. Gleichzeitig aber blieb man bei der alten Regel und macht das Risiko selbst zum „Gegenstand“, zur *res*: Die Hoffnung (*spes*) ist Gegenstand des Kaufvertrags[62]. Das ist ein schönes Beispiel dafür, wie man neue und komplexe Formen des Wirtschaftslebens in den Formen des alten Rechts erfassen konnte.

Die zweite Ausnahme ist ebenfalls bezeichnend, vor allem deswegen, weil sie die Grundlage, die wir für die Regel des Pomponius vermuten, bestätigt. Es geht um den Forderungskauf. Dafür sind wir, soweit es um unsere Frage geht, auf zwei Fragmente[63] angewiesen, eine von Ulpian überlieferte Sentenz des Celsus, und ein knapper Text aus Hermogenians *iuris epitomae*.

> D. 18,4,4 (Ulp. 32 ad ed.): Si nomen sit distractum, Celsus libro nono digestorum scribit locupletem esse debitorem non debere praestare, debitorem autem esse praestare, nisi aliud convenit.

> D. 21,2,74,3 (Hermog. 2 iur. epit.): Qui nomen quale fuit vendidit, dumtaxat ut sit, non ut exigi etiam aliquid possit, et dolum praestare cogitur.

Beide sagen, wenn man davon absieht, dass Ulpian den Fall des *dolus* nicht behandelt, dasselbe: Wer eine Forderung verkauft, haftet dem Käufer dafür, dass die Forderung tatsächlich besteht. Für die Zahlungsfähigkeit des Schuldners

---

[61] Dazu etwa F. ENDEMANN, Die Lehre von der emptio rei speratae und emptio spei und deren Bedeutung für das heutige Recht, 1885; FLUME, Rechtsakt (Fn. 7), 117 f.; zuletzt R. KNÜTEL, Hoffnungskauf und Eviktionshaftung, SZ 117 (2000), 445 ff. = in: E. Jakab/W. Ernst (Hg.), Kaufen nach Römischem Recht, Heidelberg 2008, 139 ff.

[62] Von der Gültigkeit eines „Hoffnungskaufs“ geht ohne weiteres auch aus D. 19,2,12 (Cels. 27 dig.).

[63] Zu beiden FLUME, Rechtsakt (Fn. 7), 118 f.

muss er, soweit nicht anders vereinbart, nicht einstehen. Mittelbar lässt sich daraus schließen, dass ein Kaufvertrag über eine nicht bestehende Forderung gültig war, oder wenigstens, dass in einem solchen Fall die Kaufklage gewährt wurde. Nun kann man natürlich argumentieren, Celsus/Ulpian entschieden in D. 18,4,4 und Hermogenian in D. 21,2,74,3 so wie Modestin in D. 18,1,62,1: Zwar kommt ohne Forderung kein Kaufvertrag zustande, aber dem enttäuschten Käufer wird die *actio empti* gewährt, damit er sein Erfüllungsinteresse einklagen könne. Die Art und Weise, wie Celsus/Ulpian und Hermogenian die Bonität des Schuldners von der Existenz der Forderung unterscheiden, deuten aber in eine andere Richtung: Beim Forderungskauf haftet der Verkäufer auch und gerade dann, wenn die Forderung nicht existiert. Ohne weiteres scheint Celsus also davon auszugehen, dass ein gültiger Kaufvertrag zustande kommt, auch wenn es am „Kaufgegenstand“ fehlte.

Die Entscheidung bestätigt unsere Vermutung über den Ursprung der Regel, ohne Kaufgegenstand gäbe es keinen Kaufvertrag, insofern, als Forderungen nicht durch „Barkauf“ erworben, schon gar nicht durch *mancipatio* oder *in iure cessio* übertragen wurden. An der aus der Form des Vertragsschlusses resultierenden Voraussetzung, die Sache müsse existieren, ja geradezu physisch präsent sein, fehlte es im Fall des Forderungskaufs von Anfang an.

6. Andere Erklärungen?

Dies ist nicht die erste Untersuchung, der der Unterschied in der Behandlung zwischen „rechtlicher“ und „faktischer Unmöglichkeit“[64] im römischen Kaufrecht auffällt. PETERS, dem wir die letzte monographische Untersuchung des Themas verdanken, bemerkte den Unterschied noch nicht. Er sah alle hier geschilderten Fälle nach dem gleichen Muster entschieden, so nämlich, dass – ernstzunehmende Verträge vorausgesetzt – die fehlende Erfüllbarkeit zwar beachtet, Ersatzansprüche aber nie ausgeschlossen wurden[65]. Zuerst wies ARP darauf hin, dass zwei Fallgruppen zu unterscheiden seien, jene, in denen der Kaufgegenstand physisch nicht existierte und jene, in denen der Kauf „nur aus Rechtsgründen“ nicht durchführbar ist[66]. Die Erklärung vor allem der ersten Fallgruppe bereitete ihm aber Schwierigkeiten: die römischen Juristen, meinte er, hätten deswegen Nichtigkeit vorgesehen, weil die „Entäußerungsnatur“ des Kaufs eine andere Lösung nicht zulasse. Bei Kaufabschluss gehe die Gefahr sogleich auf den Käufer über, was aber nur vorstellbar sei, wenn eine Sache auch

[64] So wie hier verwende ich, aus den im 1. und 2. Kapitel dargelegten Gründen, die modernen Begriffe nur als Breviloquenz für die römischen Verhältnisse.
[65] Zusammenfassend PETERS, FS Kaser (Fn.26), 306.
[66] ARP, Unmöglichkeit (Fn. 6), 101 f., Zitat 102.

existierte[67]. Dabei verwechselt ARP aber Ursache und Wirkung: nicht der Gefahrübergang erfordert die Existenz der Kaufsache, sondern beides, Gefahrübergang wie Existenz, setzen den Barkaufgedanken voraus. Das erkennt im Ansatz richtig auch HARKE, doch zieht er die Grenze nicht zwischen den Fällen „rechtlicher" und „faktischer Unmöglichkeit", sondern zwischen der *emptio spei* und den Quellen, die die Existenz des Kaufgegenstandes betonen[68]. Gerade zwischen diesen beiden Fällen aber besteht – aus dogmatischer Sicht – kein Unterschied, weil die Juristen bei der *emptio spei* die Sachexistenz (*res* ist das „Risiko") ja fingieren.

Am besten traf das Problem FLUME mit seiner Theorie vom „Rechtsaktdenken" der römischen Juristen. FLUME nämlich erklärt D. 18,1,8 und die hier besprochenen Texte damit, dass die Existenz der Kaufsache Voraussetzung für den Kauf als Rechtsakt war[69]. Gleichwohl bleibt die Verbindung zwischen der Figur des Kaufs als „Rechtsakt" und dem Erfordernis eines physisch existierenden Kaufgegenstands unscharf. Warum verlangt der „Rechtsakt" die Präsenz der Kaufsache? Auch die Deutung des Forderungskaufs dahin, er hätte „nicht die Leistung einer res, sondern das debitorem esse praestare zum Inhalt"[70], ist unbefriedigend. Denn aus der *actio empti* haftete der Forderungsverkäufer zunächst auf Abtretung der einschlägigen Klage; erst im Fall der Nichtleistung kommt es zum Interesseersatz und damit zum *debitorem esse praestare*. Genauso könnte man im Fall des Sachkaufs die Haftung des Verkäufers dahin beschreiben, er müsse für den ungestörten Besitz einstehen. Die klagemäßige Position des Käufers ist also nur ein Reflex aus der Tatsache, dass hier ein unkörperlicher, dort ein körperlicher Gegenstand verkauft wurde. Warum aber, so fragt man sich erneut, soll die fehlende physische Existenz der Kaufsache den Kaufvertrag scheitern lassen, während die fehlende Erfüllbarkeit am Vertrag oder jedenfalls an der Kaufklage nichts ändert?

Am besten können diese Frage der Barkauf und die alten, beim Barkauf vorgenommenen Übertragungsakte beantworten: Der Barkauf setzt die sofortige Übergabe der gekauften Sache voraus, entweder durch Besitzverschaffung, die ohnehin nur bei körperlichen Gegenständen möglich ist, oder durch solemne Formen der Übergabe, wie die *mancipatio* oder die *in iure cessio*. In beiden Fällen ist Sachpräsenz erforderlich, Präsenz wenigstens einer *quantacumque pars* der verkauften Sache. Das ist der Hintergrund der Regel, *sine re quae*

---

67 Dazu ARP, Unmöglichkeit (Fn. 6), 106 f.

68 HARKE, Unmöglichkeit (Fn. 5), 31 ff., bes. 36 f. Überhaupt schenkte HARKE den Fällen „rechtlicher Unmöglichkeit" zu wenig Beachtung; so meint er beiläufig, die Römer hätten Forderungs- und Erbschaftskauf gleich behandelt (a.a.O. 35).

69 Wörtlich FLUME, Rechtsakt (Fn. 7), 106, 119 passim.

70 FLUME, Rechtsakt (Fn. 7), 119.

veneat komme ein Kaufvertrag nicht zustande. Und das erklärt auch einwandfrei nicht nur den Unterschied zwischen „rechtlicher“ und „faktischer“ anfänglicher Unmöglichkeit, sondern auch die aus heutiger Sicht teilweise seltsamen Anstrengungen, die Existenz der Kaufsache zu begründen (D. 18,1,57,1) oder zu fingieren (D. 18,1,8,1).

7. Ergebnisse

Zwei Ergebnisse lassen sich am Ende dieser kurzen Untersuchung mit einiger Gewissheit formulieren:

a) Das, was wir heute „anfängliche Unmöglichkeit“ nennen, war keine Figur des römischen Rechts. Einerseits gab es für strengrechtliche Verbindlichkeiten und für Verträge *bonae fidei* verschiedene Kriterien, nach denen anfängliche Erfüllungshindernisse beurteilt wurden. Andererseits gab es für beide Formen von Schuldverhältnissen, vor allem aber für den Kaufvertrag, Ausnahmen von der rigorosen Nichtigkeitsdrohung, die das moderne Recht bei anfänglicher Unmöglichkeit vorsieht[71].

b) Die Unwirksamkeit eines Kaufvertrags hing maßgeblich davon ab, ob der Kaufgegenstand physisch existierte. Ob der Kaufgegenstand war, was der Käufer von ihm erwartete, ob er überhaupt *res in commercio* war, spielte jedenfalls im klassischen Recht keine entscheidende Rolle. Allerdings entwickelten die römischen Juristen verschiedene Lösungen, um den nichtwissenden (also irrenden) Käufer zu schützen vor der Enttäuschung, eine mangelhafte oder nicht verkehrsfähige Sache zu erhalten. Die fehlende physische Existenz des Kaufgegenstands führte aber immer zur Nichtigkeit des Kaufvertrags. Aus einer ganzen Reihe von Texten lässt sich ablesen, dass dies mit dem Vorgang des Kaufabschlusses zu tun hatte. Ob sich darin der Barkaufgedanke, als phänomenologischer Ursprung des konsensualen Kaufs, oder das Erfordernis eines mit dem Kaufvertrag ursprünglich identischen formalen Verfügungsakts widerspiegelt, ist nicht zu entscheiden.

Auch wenn es noch einiger Diskussion bedarf, um die unscharfen Konturen eines römischen „Unmöglichkeitsrechts“ herauszuarbeiten, so hat auch dieser Versuch gezeigt, dass man den römischen Quellen eine Stimme geben muss, um ihre Besonderheiten zu entdecken. Nichts ist schädlicher bei unserer Arbeit an den Quellen, als sie in die Kategorien zu pressen, die sich erst seit dem Mittelalter und unter „unrömischen“ Einflüssen ausgeformt haben. Wenn man diese Einflüsse kennt und sie bei der Betrachtung der Quellen in Rechnung

[71] Vgl. § 275 BGB und § 878 ABGB.

stellt, lässt sich noch vieles entdecken. Bis zu einer historischen Dogmatik des römischen Rechts ist es allerdings noch ein weiter Weg.

Der Prozess Jesu

Eltjo J. H. Schrage, Amsterdam

Von Sanhedrin bis Gabbatha; von einem jüdischen Hohepriester, der als Vorstand des Hochgerichtshofes am Anfang dieser Ära seine Kleider zerriss bis zu einem römischen Statthalter über das Land Israël, der seine Hände in Unschuld wusch. Der Prozess gegen Jesus hat zahlreiche Künstler und Musiker inspiriert, sogar die Sprache erreicht mit zahllosen Redewendungen, die gerade den Beschreibungen dieses Prozesses entnommen sind. Obwohl die moderne Literatur fast unübersehbar ist, sind noch manche rechtshistorische Fragen ungelöst und unbeantwortet geblieben. In diesem, Zoltan Végh, dem Freund seit alters gewidmeten Aufsatz, werden wir einige dieser Fragen behandeln.

1. Einleitung

Er ist vielleicht der berühmteste Prozess aus der ganzen Weltgeschichte. Bis auf den heutigen Tag beschäftigt er manche. Noch so spät wie 1949, kurz nach der Gründung des modernen Staates Israël, wurde ein Revisionsantrag gestellt beim Hohen Rat, dem kurz zuvor gegründeten, höchsten Rechtskolleg des Landes. Anscheinend hielt in den Tagen der Antragssteller, Ir Robbé Groskamp, ein niederländischer Staatsangehöriger, den Hohen Rat Israëls für den Rechtsnachfolger des Sanhedrins und fand dieses Kolleg als solches zur Revision eines Urteils aus dem 4. Dezennium des 1. Jahrhunderts für zuständig. Dieser Ir Robbé Groskamp war übrigens nicht der erste, bei dem der Gedanke an einer vollständigen Revision des Prozesses Jesu aufgetaucht war. Schon 20 Jahre früher hatte ein amerikanischer Jurist versucht, in Jerusalem ein neues Sanhedrin zusammenzurufen. Nach einem Bericht von J. F. Powell kam tatsächlich eine Gruppe von Richtern in Jerusalem zusammen, die sich selbst kompetent erklärte, um am Karfreitag 25. April 1933 nachmittags um 14.00 Uhr das Urteil jenes Freitages des Jahres 33 für nichtig zu erklären und nachträglich den Angeklagten freizusprechen.[1]

Warum dieses Rieseninteresse noch 20 Jahrhunderte nachher für einen Prozess aus dem Jahre 33? Die Fragestellung ist fast identisch mit ihrer Beantwortung. Dieses Prozesses wird jährlich gedacht, und zwar am Tag der seit alters

---

[1] F.J.Powell, *The trial of Jesus Christ*, London 1949, S. 151. Übrigens ist Powell der Meinung, dass zwei getrennte Prozesse gegen Jesus geführt worden sind, beide auf, technisch gesprochen, miserabler Weise. Seine Meinung über den Prozess vor dem Sanhedrin stützt sich vor allem auf der Mishna (darüber unten mehr) entnommenen Argumenten , die ihn schliessen lassen, dass *justice was not done and was manifestly and undoubtedly seen not to be done* (S.135).

Karfreitag genannt wird, ein Name, die die zentrale Stelle des Todes Jesu bei der Gründung der christlichen Kirche erklingen lässt. Paradoxerweise ist aber derselbe Prozess gegen Jesus wohl die wichtigste Quelle des Antisemitismus, jener Schandfleck der abendländischen Kultur, der während der Jahre '30 und '40 des vorigen Jahrhunderts den Höhepunkt und dann sechs Millionen Juden das Leben kostete. Dieser Prozess bildet die wichtigsten Wurzeln für das mühsame Verhältnis zwischen Judentum und Christentum über die Jahrhunderte hinaus, und es erregt dann auch keine Verwunderung, dass von rechtshistorischer Seite öfters die Frage gestellt wurde, ob Jesus getötet ist nach und auf Grund eines Prozesses vor der jüdischen Obrigkeit (wobei es aber eine offene Frage ist, was die römische Fortsetzung dann bedeutete) oder, ob sein Tod das Ergebnis eines Urteils war, das von der römischen Obrigkeit ausgesprochen wurde (wobei dann die Frage nach der Bedeutung des Auftretens des Sanhedrins gestellt werden sollte). Mehrere Antworten sind vorgeschlagen worden. Sie gehen von der Hypothese von zwei vollkommenen, von einander unabhängigen Prozessen (welchen Sinn haben die aber?) bis zur Verkennung jedes regelmässigen Prozesses. Dazwischen gibt es dann noch die Möglichkeit einer Zwischenlösung, als hätte der römische Statthalter nach summarischer Überprüfung eine Art von *exequatur* auf das jüdische Urteil gegeben. Der frühere Amsterdamer Ordinarius Prof. Kisch seufzte, dass der Stand der Quellen eine glaubenswürdige Antwort auf diese Fragen nicht zuließ.[2] Der Verdienst dieser Antwort ist jedenfalls, dass sie uns zwingt beim Anfang zu beginnen, und zwar bei der Frage, über welche Quellen wir eigentlich verfügen für unsere Kenntnisse über den Prozess Jesu.

2. Die Quellen

Präzise genommen sind es eigentlich nur vier, die Quellen für unsere Kenntnisse mit Bezug auf den sogenannten Gründonnerstag und Karfreitag des Jahres 33. Vier Quellen für ein Ereignis das stattfand mitten in der konkreten, historischen Wirklichkeit jener Tage und das davon einen Teil ausmachte. Man würde erwarten, dass der Rechtshistoriker danach sich die Finger ablecken würde, aber das Gegenteil ist wahr. Die gegenseitigen (und inneren) Gegensätze und Widersprüche innerhalb und zwischen den Quellen sind auffällig und deswegen lässt sich das Verhältnis der vier Evangelien äußerst schwierig bestimmen. Übrigens ist dieses Problem erst im Laufe des 19. Jahrhunderts entstanden. Bis zu jener Zeit wurden alle neutestamentlichen Überlieferungen mit Bezug auf Jesus als direkte und konkrete Wiedergabe der historischen Ereignisse betrachtet, aber im Laufe des 19. Jahrhunderts schien ein neues historisches Bewusstsein, das den Nachdruck auf die Unterschiede zwischen den verschiede-

[2] I. Kisch, Over het proces-Jezus, *Rechtsgeleerd Magazijn Themis* 1958, S. 390-403.

nen literarischen Gattungen und die damit verbundenen textuellen Unterschiede legte, dieser Interpretationseinheit ein Ende zu setzen, jedenfalls in bestimmten Kreisen.
Eine historisch-kritische Exegese der vier Evangelien und ihrer unterschiedlichen Wiedergaben des Prozesses Jesu scheint anziehend. Unmittelbar aber tauchen die Schwierigkeiten auf. Das Evangelium nach Markus ist das älteste der vier, entstanden ungefähr 30 Jahre nach dem Tode Jesu. Matthäus und Lukas stützen sich stark auf Markus. Es steht wohl fest, dass sie daneben noch eine andere Quelle benutzt haben, heutzutage bekannt als Q (für *Quelle*). Diese kennen wir aber nicht und sie lässt sich nicht rekonstruieren. Demzufolge stehen bei Lukas Passagen, die bei Markus nicht vorkommen. Man spricht in diesem Zusammenhang von *amplificatio*: eine ältere Beschreibung von historischen Ereignissen wird von einem späteren Verfasser mit Ausbreitungen versehen. Sind diese Ausbreitungen, schon weil sie von späterem Datum stammen, für den Historiker unbrauchbar? Soll man mit der historisch-kritischen Methode im Hinterkopf die älteste Quelle als die zuverlässigste betrachten und deswegen Markus unter den Quellen die erste Stelle geben? Wer aber den Text der vier Evangelien liest, wird diese Schlussfolgerung höchst unanziehend achten, denn gerade Markus lehnt stärkstens an (unverifierten und unverifizerbaren) Beschreibungen Dritter an, namentlich von Petrus, derjenige, der schon beim Anfang des ersten Prozesses den Gerichtssaal verlassen hatte. Wie viel Glauben verdienen *testimonia de auditu* aus Dritter Hand?

Es kommt noch etwas dazu: Über die richterliche Organisation und die Art und Weise des Verfahrens im 1. Jahrhundert unserer Ära sind wir sehr schlecht unterrichtet. Die ersten fünf Bücher der Heiligen Schrift, die *Thora*, entstammen einer viel früheren Periode. Darüber hinaus sind sie für einen ganz anderen Zweck geschrieben und schon deswegen kaum für eine Rekonstruktion des Verfahrens, worüber wir hier sprechen, geeignet. Die mündliche Glaubensüberlieferung jener Tage konzentrierte sich anfänglich in schriftlicher Form um den Anfang des 3. Jhdts. Man spricht von *Misjna*. Diese Misjna wurde ihrerseits zum Objekt der Lehre und der Diskussion. Das Ergebnis ist *Gemara*. Misjna und Gemara zusammen bilden einen neuen Schatz von Weisheit: *Talmud*. Unterschieden werden Jerusalemische und Babylonische Talmud, obwohl für keine von beiden ein eindeutiger Entstehungsort nachgewiesen werden kann.[3] Einen der Unterteile des Talmud bildet das Traktat *Sanhedrin*, das zahllose Daten mit Bezug auf die richterliche Kompetenz und das Verfahren der jüdischen richterlichen Instanzen enthält. Das Traktat Sanhedrin ist aber erst um 400 (bzw. 500), also mehrere Jahrhunderte nach den Evangelien, schriftlich niedergelegt worden. Anwendung dieses Traktats auf die Beschreibungen des Prozesses Jesu

3 Daten bei S.Safrai, M. Stern, *The Jewish People in the First Century* [Compendia Rerum Iudaicarum ad Novum Testamentum I], Assen 1974.

in den vier Evangelien führt deswegen zu absurden Schlussfolgerungen. Gegen fast jede Vorschrift, die man dem Traktat Sanhedrin entnehmen kann, scheint während des Prozesses Jesu verstoßen zu sein. Lapide fand noch 12 dieser Verstöße gegen die im Traktat niedergeschriebenen Vorschriften erwähnenswert,[4] aber am Anfang des vorigen Jahrhunderts hatte der Franzose Chauvin schon nicht weniger als 27 aufgefunden.[5] Und dabei handelt es sich nicht um die geringsten Vorschriften, wie z.B. das Verbot, in der Nacht ein Todesurteil auszusprechen oder das Verbot um den Vorabend eines Festtages als Gerichtstag zu benutzen. Dass das Haus des Hohenpriesters als Sitzungsraum verwendet wird (und nicht der Tempel) ist ebenfalls ungehört, indem nach der Beschreibung der Evangelien der Hohepriester bei der Beratung als erster das Wort ergreift, obwohl er nach den Vorschriften des Traktats erst die Anderen zu Wort lassen kommen sollte. Dass der Hohepriester dann Zeugen unnötig findet (obwohl schon seit den Tagen der Thora mindestens zwei benötigt waren) und dem gegenüber die Leistung eines Eides gestattet (obwohl der Eid verboten) war, trägt bei zur Verwirrung über die historische Authenzität der Quellen.

Ein einfache Antwort auf die Frage nach der Glaubwürdigkeit der Quellen lässt sich nicht finden. Mehrere Schriftsteller bevorzugen es deswegen, die Frage zur Seite zu schieben und sich auf den Standpunkt zu stellen, ohne weiteres von der Zuverlässigkeit der Evangelienberichte ausgehen zu dürfen.[6] Ein derartiger Standpunkt hat den Reiz der Einfachheit, aber auch für den gegenübergestellten Standpunkt lassen sich wichtige Argumente auffinden. Gerade wegen der Zuverlässigkeit der Evangelien, um den Willen des christlichen Glaubens, der nur zu gewinnen hat bei ausreichender Rechenschaft der historischen Daten, lässt sich die historisch-kritische Methode nicht vermeiden. Jede Quelle ist aus den eigenen Perspektiven ihres Verfassers geschrieben und diese Perspektiven können sich Anerkennung erwarten, wenn man aus für den Verfasser unbekannter und unerwarteter (z.B. rechtshistorischer) Ecke den Text befragt. Bei der Exegese jedes Evangeliums sollen die Absichten des Verfassers betrachtet werden.[7] Selbst Lukas, der am Anfang seines Evangeliums (1:3-4) mitteilt, Genauigkeit, strengstens geregelte Ordnung und Zuverlässigkeit zu beabsichtigen, darf nicht als ein objektivierender Historiker im modernen Sinne angesehen werden. Dafür war er zu eng mit dem eigentlichen Zweck aller Evangelien verbunden: die Verkündigung Jesu Christi.[8] Damit entsteht eine Spannung zwischen Überlieferung und christlichem Glauben einerseits und den wissenschaft-

---

4 P. Lapide, *Wie waren er schuldig aan de dood van Jezus?*, Frankfurt/Kampen 1988.

5 C. Chauvin, *Le Procès de Jésus-Christ*, Paris 1901.

6 H.P. Medema, *Het proces tegen Jezus*, Vaassen 1990, S. 147.

7 A.F.Klijn, *De Wordingsgeschiedenis van het Nieuwe Testament*, Utrecht-Antwerpen 1974, S. 56.

8 Tj. Baarda, *De betrouwbaarheid van de Evangeliën* [Cahiers voor de Gemeente 2], Kampen 1969, S. 85.

lichen Daten, die das Ergebnis einer historischen Anschauung bilden, andererseits. Es ist eine persönliche Wahl, um in dieser Spannung und in diesem Kontext Aussagen über die Zuverlässigkeit der Quellen vorzunehmen. Objektiv verifizierbare Kriterien gibt es hier nicht.

Übrigens gilt auch in dieser Hinsicht, dass es unter der Sonne nichts Neues gibt. Für Marcion (± 140) war *nur ein* Evangelium möglich und er machte dann auch die explizite Wahl für das Lukas-Evangelium, das er für historisch am meisten zuverlässig hielt. Tatian (± 175) aber achtete eine Harmonisierung der vier Evangelien möglich, in der alle Widersprüche und Strittigkeiten innerhalb der Evangelien beseitigt würden. Noch 1995 stellte Herman van den Brink sich auf dem selben Standpunkt wie Marcion,[9] indem P. Lapide in der auf Tatian zurückgehenden Tradition steht.[10] Unabhängig von einander bevorzugten I. Kisch und mein Vorgänger auf dem Lehrstuhl für römisches Recht an der Freien Universität in Amsterdam, P.J. Verdam, den Text des Johannes-Evangeliums.[11]

Wir zitieren den Bibeltext, mehr präzise: Joh. 18:12 – 19: 16 nach der Übersetzung Martin Luthers in der revidierten Fassung von 1984.

3. Der Prozess Jesu nach der Beschreibung des Johannes

Die Schar aber und ihr Anführer und die Knechte der Juden nahmen Jesus und banden ihn und führten ihn zuerst zu Hannas; der war der Schwiegervater des Kaiphas, der in jenem Jahr Hoherpriester war. Kaiphas aber war es, der den Juden geraten hatte, es wäre gut, ein Mensch sterbe für das ganze Volk. Simon Petrus aber folgte Jesus nach und ein anderer Jünger. Dieser Jünger war dem Hohenpriester bekannt und ging mit Jesus hinein in den Palast des Hohenpriesters. Petrus aber stand draußen vor der Tür. Da kam der andere Jünger, der dem Hohenpriester bekannt war, heraus und redete mit der Türhüterin und führte Petrus hinein. Da sprach die Magd, die Türhüterin, zu Petrus: "Bist du nicht auch einer von den Jüngern dieses Menschen?" Er sprach: "Ich bin's nicht." Es standen aber die Knechte und Diener und hatten ein Kohlenfeuer gemacht, denn es war kalt, und sie wärmten sich. Aber auch Petrus stand bei ihnen und wärmte sich. Der Hohepriester befragte nun Jesus über seine Jünger und über seine Lehre. Jesus antwortete ihm: "Ich habe frei und offen vor aller Welt geredet. Ich habe allezeit gelehrt in der Synagoge und im Tempel, wo alle Juden zusammenkommen, und habe nichts im Verborgenen geredet. Was fragst du mich? Frage die, die gehört haben, was ich zu ihnen geredet habe. Siehe, sie wissen, was ich gesagt habe." Als er so redete, schlug einer von den Knechten, die dabeistanden, Jesus ins Gesicht und sprach:" Sollst du dem Hohenpriester so antworten?"

9 H. van den Brink, *Bijbels Recht. Oefeningen in Exegese*, Kampen 1995, S. 324.
10 In seiner in Anmerkung 4 genannten Arbeit.
11 I. Kisch, *o.c.* (Anm. 2); P.J. Verdam, Sanhedrin en Gabbatha [Rectorale Rede VU], Kampen 1959 (Siehe auch unten, Anm. 24).

Jesus antwortete: "Habe ich übel geredet, so beweise, dass es böse ist; habe ich aber recht geredet, was schlägst du mich?" Und Hannas sandte ihn gebunden zu dem Hohenpriester Kaiphas. ... Da führten sie Jesus von Kaiphas zum Prätorium; es war früh am Morgen. Und sie gingen nicht hinein, damit sie nicht unrein würden, sondern das Passamahl essen könnten. Da kam Pilatus zu ihnen heraus und fragte: "Was für eine Klage bringt ihr gegen diesen Menschen vor?" Sie antworteten und sprachen zu ihm: "Wäre dieser nicht ein Übeltäter, wir hätten ihn dir nicht überantwortet." Da sprach Pilatus zu ihnen: "So nehmt ihr ihn hin und richtet ihn nach eurem Gesetz." Da sprachen die Juden zu ihm: "Wir dürfen niemand töten." So sollte das Wort Jesu erfüllt werden, das er gesagt hatte, um anzuzeigen, welchen Todes er sterben würde. Da ging Pilatus wieder hinein ins Prätorium und rief Jesus und fragte ihn: "Bist du der König der Juden?" Jesus antwortete: "Sagst du das von dir aus, oder haben dir's andere über mich gesagt?" Pilatus antwortete: "Bin ich ein Jude?" Dein Volk und die Hohenpriester haben dich mir überantwortet. "Was hast du getan?" Jesus antwortete: "Mein Reich ist nicht von dieser Welt. Wäre mein Reich von dieser Welt, meine Diener würden darum kämpfen, dass ich den Juden nicht überantwortet würde; nun aber ist mein Reich nicht von dieser Welt." Da fragte ihn Pilatus: "So bist du dennoch ein König?" Jesus antwortete: "Du sagst es, ich bin ein König. Ich bin dazu geboren und in die Welt gekommen, dass ich die Wahrheit bezeugen soll. Wer aus der Wahrheit ist, der hört meine Stimme." Spricht Pilatus zu ihm: "Was ist Wahrheit?" Und als er das gesagt hatte, ging er wieder hinaus zu den Juden und spricht zu ihnen: "Ich finde keine Schuld an ihm. Es besteht aber die Gewohnheit bei euch, dass ich euch einen zum Passafest losgebe; wollt ihr nun, dass ich euch den König der Juden losgebe?" Da schrien sie wiederum: "Nicht diesen, sondern Barabbas!" Barabbas aber war ein Räuber. Da nahm Pilatus Jesus und ließ ihn geißeln. Und die Soldaten flochten eine Krone aus Dornen und setzten sie auf sein Haupt und legten ihm ein Purpurgewand an und traten zu ihm und sprachen: "Sei gegrüßt, König der Juden!" und schlugen ihm ins Gesicht. Da ging Pilatus wieder hinaus und sprach zu ihnen: "Seht, ich führe ihn heraus zu euch, damit ihr erkennt, dass ich keine Schuld an ihm finde." Und Jesus kam heraus und trug die Dornenkrone und das Purpurgewand. Und Pilatus spricht zu ihnen: "Seht, welch ein Mensch!" Als ihn die Hohenpriester und die Knechte sahen, schrien sie: "Kreuzige! Kreuzige!" Pilatus spricht zu ihnen: "Nehmt ihr ihn hin und kreuzigt ihn, denn ich finde keine Schuld an ihm." Die Juden antworteten ihm: "Wir haben ein Gesetz, und nach dem Gesetz muss er sterben, denn er hat sich selbst zu Gottes Sohn gemacht." Als Pilatus dies Wort hörte, fürchtete er sich noch mehr und ging wieder hinein in das Prätorium und spricht zu Jesus: "Woher bist du?" Aber Jesus gab ihm keine Antwort. Da sprach Pilatus zu ihm: "Redest du nicht mit mir? Weisst du nicht, dass ich Macht habe, dich loszugeben, und Macht habe, dich zu kreuzigen?" Jesus antwortete: "Du hättest keine Macht über mich, wenn sie dir nicht von oben her gegeben wäre. Darum: der mich dir überantwortet hat, der hat größere Sünde." Von da an trachtete

Pilatus danach, ihn freizulassen. Die Juden aber schrien: "Lässt du diesen frei, so bist du des Kaisers Freund nicht; denn wer sich zum König macht, der ist gegen den Kaiser." Als Pilatus diese Worte hörte, führte er Jesus heraus und setzte sich auf den Richterstuhl an der Stätte, die da heisst Steinpflaster, auf hebräisch Gabbata. Es war aber am Rüsttag für das Passafest um die sechste Stunde. Und er spricht zu den Juden: "Seht, das ist euer König!" Sie schrien aber: "Weg, weg mit dem! Kreuzige ihn!" Spricht Pilatus zu ihnen: "Soll ich euren König kreuzigen?" Die Hohenpriester antworteten: "Wir haben keinen König als den Kaiser." Da überantwortete er ihnen Jesus, dass er gekreuzigt würde.

4. Ein erster Kommentar

Der frühere Ordinarius in Nijmegen, E. Schillebeeckx O.P., hat in seinem *magnum opus* unter dem briljanten Titel: *Jezus, het verhaal van een levende* (die Geschichte eines Lebenden), darauf hingewiesen, dass jede Geschichte, die über Jesus erzählt wird, mit den späteren Erfahrungen der Christen verbunden ist, namentlich mit den Erfahrungen bezüglich der Auferstehung zum dritten Tag, an Ostern, und mit den Erfahrungen der Erscheinungen während der 40 folgenden Tagen. Das auf Namen des Apostels Paulus in dessen Brief an die Gemeinde zu Korinth überlieferte Wort ist dafür vielbezeichnend: "Denn als Erstes habe ich euch weitergegeben, was ich auch empfangen habe: Dass Christus gestorben ist für unsre Sünden nach der Schrift; und dass er begraben worden ist; und dass er auferstanden ist am dritten Tage nach der Schrift; und dass er gesehen worden ist von Kephas, danach von den Zwölfen. Danach ist er gesehen worden von mehr als fünfhundert Brüdern auf einmal, von denen die meisten noch heute leben, einige aber sind entschlafen. Danach ist er gesehen worden von Jakobus, danach von allen Aposteln."[12] Damit steht historisch-exegetisch wohl fest, dass in allen Traditionen des frühen Christentums die absolute Identifikation des irdischen Jesus mit dem von den christlichen Gemeinden verkündeten Christus eine fundamentale Voraussetzung ist. Jede Verkündigung unterstellt ein *bestimmtes* historisches Interesse an Jesus von Nazareth. Selbst Paulus, der weiter wahrscheinlich ziemlich wenig von Jesus' historischen Lebenstagen und von seinem Sterben wusste, wünscht seine Verkündigung fundiert zu sehen in einem historischen Geschehen, nämlich Jesus' Hinrichtung.[13] Ähnliches gilt auch dem Johannesevangelium. Wir werden uns hier nicht mit der Frage beschäftigen, ob und inwieweit sich unter den bunt schattierten kerygmatischen Farbzusammenstellungen ein sogenannter *historischer Kern* entdecken lässt. Solches bildet Stoff für Theologen. Wir beschäftigen uns in diesem, dem eminenten Rechtshis-

[12] 1 Cor. 15:3.
[13] E. Schillebeeckx O.P., *Jezus, het verhaal van een levende*, Bloemendaal 1974, S. 65.

toriker Zoltan Végh gewidmeten Aufsatz, mit den rechtshistorischen Aspekten dieser Geschichte. Die erste direkte Konsequenz dieser Ausgangsstelle ist, dass wir an der Figur des Petrus vorbeigehen werden. Ob Schillbeeckx Recht hatte mit seiner Hypothese, dass die besondere Verleugnung von Jesus durch Petrus eine spätere, literarische Konkretisierung des Versagens aller Schüler Jesu darstellt, die von der besonderen Stellung Petrus' im frühen Christentum geprägt worden ist, muss aber dahingestellt bleiben, weil die zahlreichen Betrachtungen die sie notwendig mit sich führt, nur zu einem geringen Teil von rechtshistorischer Natur sind.

5. Zwei Prozesse, erstens vor dem Sanhedrin

Schon die ersten Wörter des dem Johannes Evangelium entnommenen Zitats bilden die Quelle für viel Disput: “Die Schar aber (ihr Anführer) und die Knechte der Juden.” Wenn es sich hier um zwei verschiedenen Kategorien handelt, dann geht es anscheinend um Römer und Juden. Lapide folgert daraus, dass wahrscheinlich Verhandlungen zwischen den verschiedenen Autoritäten stattgefunden haben. Derrett hat noch die Aufmerksamkeit darauf gelenkt, dass über die Zusammenstellung der Gruppe, die Jesus gefesselt haben soll, ganz im unklaren gelassen wird. Suggestionen als wäre eine besondere Gruppe identifizierbar, die im Besonderen an dem Auftreten Jesu Anstoß genommen haben soll, verwirft er deutlich und voller Kraft.[14]

6. Eine Exkursion, der politische Hintergrund

Aber wozu jetzt schon, gerade am Anfang der ganzen Geschichte, alle diese großen Interpretationsschwierigkeiten? Können wir nun wirklich nicht mit größerer Sicherheit über die historischen Ereignisse sprechen? Diese Frage lässt sich unbedingt nur im verneinenden Sinne beantworten, denn wir wissen nur ganz wenig. Der Historiker, auch der Rechtshistoriker, besteht gnadens seiner Quellen, und wir haben gerade bemerkt, dass für den Prozess gegen Jesus die Evangelien, jedes mit den eigenen Interpretationsschwierigkeiten, tatsächlich die einzige Erkenntnisquelle bilden. Dennoch wissen wir etwas mehr von der Welt, in der sich der Prozess Jesu abspielte. Dafür müssen wir zu den großen Eroberungskriegen der Römer zurück. Der römische Feldherr Pompeius war um das Jahr 70 vor Christi Geburt mit der Ausbreitung des römischen Reiches nach dem Osten beauftragt und er hatte seine Augen auf Pontus fallen lassen, eine Stadt am Schwarzen Meer, stärker noch, auf das ganze Königreich Armenien. Im Jahre 66 gelang es Pompeius, den Königen Mitradates von Pontus und Tigranes von Armenien die Niederlage zu besorgen. Darauf traf er Vorbereitungen für eine

---

14 J. Duncan M. Derrett, *Law in the New Testament*, London 1970, S. 418.

administrative Reorganisation des ganzen östlichen Mittelmeergebietes. Damit kam auch das Land Israel in sein Blickfeld. Die Eroberung davon erwies sich als um so leichter, als das Land von inneren Auseinandersetzungen zerrissen wurde. Ein Teil des Landes, Judea, wurde von der Dynastie der Hasmoneen geführt und die Nachkommen dieser Dynastie, die Brüder Aristobolos II und Hyrkanos II, machten sich den Thron streitig. Letzterer bewarb sich um die Hilfe der Römer und verschaffte auf diesem Wege Pompeius einen Vorwand zum Einzug in Judea. Folgerichtig handelte Pompeius demgemäß und er eroberte 63 n. Chr. Jerusalem. Hyrkanos II. erwarb als Belohnung den Rang eines Hohepriesters, übrigens ohne königliche Würdigkeit, aber die griechischen Städte im Küstengebiet und in Transjordanien, auch die Städte die das Haus der Hasmoneen bei Judae einverleibt hatten, wurden unter die Aufsicht des römischen Statthalters über Syrien gestellt. Judea wurde somit auf ein ökonomisch unbedeutendes Kolonialgebiet reduziert und Flavius Josephus bestärkt diese Tatsache durch seine Beschreibung der dem Landesteil Judea auferlegten Tributpflichten.[15] Aristobolos war mit dieser Entwicklung gar nicht einverstanden und in der Absicht, die königliche Gewalt über Judea zurückzuerobern entfessselte er 57 v. Chr. einen Aufstand, der aber van dem damaligen römischen Statthalter Gabinius blutig niedergeschlagen wurde.[16] Dieser nützte die Gelegenheit für eine Rekonstruktion der Verwaltung des Landes. Naturgemäß machte er sich die administrative Infrastruktur zum Nutzen und ernannte Personen mit nachgewiesenen römischen Sympathien auf hohe Posten. Er teilte das Land in fünf Distrikte und stellte diese unter die Gewalt eines aristokratischen Kollegiums, welches er nach dem von Alters her bekannten Rat von Ältesten: *synhodos*, das heisst *Sanhedrin* nannte. In der Thora, die von Alters dem Moses zugeschriebenen Bücher der Heiligen Schrift, war schon die Einstellung eines Sanhedrins erwähnt: Und der HERR sprach zu Mose: "Sammle mir siebzig Männer unter den Ältesten Israels, von denen du weißt, dass sie Älteste im Volk und seine Amtleute sind, und bringe sie vor die Stiftshütte und stelle sie dort vor dich, so will ich herniederkommen und dort mit dir reden und von deinem Geist, der auf dir ist, nehmen und auf sie legen, damit sie mit dir die Last des Volks tragen und du nicht allein tragen musst."[17] Unter der Leitung des Hohenpriesters hatte

[15] Flavius Josephus it neben der Bibel die wichtigste Quelle für unsere Erkentnisse des jüdischen Lebens um den Anfang unserer Ära. Von ihm sind drei Schriften überliefert: *De bello judaico* (wahrscheinlich zwischen 75 und 79 n.Chr. verfasst), *Antiquitates Judaicae* (wahrscheinlich um 93-94 n.Chr. zustandegekommen) und zum Schluss die *Vita*. Obwohl von der Reformation sehr geschätzt, sollen dennoch die Schriften des Flavius Josephus mit großer Vorsicht als historische Quelle benutzt werden, weil er hauptsächlich bezweckte, sein römisches Leserpublikum zu vergnügen. Die römische Zinsenstruktur ist in *Antiquitates* XIV, 74 aufzufinden.

[16] Beschrieben bei Flavius Josephus, *De bello Judaico* I, 169.

[17] Numeri 11:16.

dieses Kollegium weitgehende Befugnisse, wenn man bedenkt, dass damals von einer Gewaltentrennung noch überhaupt nicht die Rede war. Das Sanhedrin vereinigte in sich administrative und judizielle Befugnisse. Anzunehmen ist, dass das Sanhedrin, vor dem der erste Prozess gegen Jesus geführt wurden, ein derartiges administratives Kollegium war, welches, obwohl mit dem alten, ehrwürdigen Namen aus dem Thora geschmückt, in Wirklichkeit sein Bestehen den Römern verdankte, jedenfalls stark unter römischem Einfluss stand.

Inzwischen waren auch die Einflüsse der Bürgerkriege von 49 v. Chr. in Italien auf die Entwicklungen in Judea spüren. Aristobolos wurde von den Anhängern Pompeius' in Rom vergiftet, sein Sohn Alexander zu Antiochien enthauptet. Bei dem intern-jüdischen Streit um die Gewalt in Judea ging es somit um Hyrkanos und dem noch lebenden zweiten Sohn des Aristobolos, Antigonos. Diesen Streit wusste Hyrkanus zu seinem Vorteil zu schlichten. Mit Hilfe des hohen Militärs Antipater konnte er die Ernennung zum erblichen Hohepriester, und damit zum Vorstand des Sanhedrins, zu erreichen. Antipater erhielt als Dank für die militärische Unterstützung, die er Caesar in Alexandrien geleistet hatte, den Titel von *procurator Judeae*, und dieser war damit des Hyrkanos politisches und militärisches Gegenstück. Antipater machte sich die erworbene Gewalt zu Nutzen um auch seinen Söhne in den Sattel zu helfen. Fasaël und Herodes stellte er als Befehlshaber der Garnisonen zu Jeruszalem und in Galilea.

So standen im damaligen Judea zwei Freunde des römischen Volkes nebeneinander: Hyrkanus und Herodes, ersterer mit einem militärischen Rang, der andere mit einem geistlichen, aber beide mit erblichen Befugnissen. Damit ist die politische Struktur der damaligen judäischen Gesellschaft unter römischer Aufsicht, die den Hintergrund des Prozesses Jesu bildete, gegeben. Nebeneinander stehen jene Nachfahren des Hauses der Hasmoneen, die sich selbst als die einzigen legitimen Fürsten und Hohepriester Judeas betrachteten, und der hoch auf die militärische Leiter gestiegene Soldat Herodes. In den Augen des Hyrkanus war Herodes, der Idumeer, der das römische Bürgerrecht erworben hatte, ein Untertan und somit der Königschaft unwürdig. Letzterer war aber der Gewalthaber. Er war der militärische Befehlshaber und es war denn auch Herodes, der das Land "pacifizieren" wollte (und sollte). Wir stellen die weiteren politischen Entwicklungen dahin, und wenden uns wieder dem Johannes-Evangelium zu.

7. Zwei Prozesse, erstens vor dem Sanhedrin (Fortsetzung)

Indem die anderen Evangelien den Eindruck wecken, als ob Jesus am Vorabend des Paschafestes, also am 14. Tag des Monats Nisan, verhaftet wurde, lässt Johannes keine andere Schlussfolgerung zu, als dass Jesus einen Tag früher festgenommen wurde. Viel ist über die Frage nach den darauffolgenden Ereignissen diskutiert worden. Jesus ist zum Sanhedrin überführt und dort vernommen worden. Warum? Bildete das Sanhedrin damals ein anständiges Gericht? In welcher Art von Sachen war es denn kompetent? Viel wissen wir darüber nicht. Sicherlich ist est riskant, dem Traktat Sanhedrin erst vier bis fünf Jahrhunderte später schriftlich niedergelegte Rechtsregeln zu entnehmen und die ohne weiteres auf dieses Geschehen anzuwenden, aber auch ohne Heranziehung späterer Quellen ist klar, dass in der Beschreibung von Johannes alles auf ein vorsichtiges Manövrieren des Hohenpriesters hinweist. Johannes erwähnt zwar den Namen *Sanhedrin* nicht, aber um daraus herabzuleiten, dass nicht vom Sanhedrin im gerade beschriebenen Sinne des Wortes die Rede war, sondern eher von einem vom Hohepriester selbst entworfenen Kollegium *ad hoc*, wie Zeitlin es wollte, geht zu weit.[18] Wahrscheinlicher ist, dass es sich hier um ein von den Römern ins Leben gerufenes Verwaltungskollegium handelt, das dessen Zusammenstellung und Vorgehen dem Sanhedrin im alten, religiösen Sinne stark annähert. Dabei soll bedacht werden, dass in beiden Fällen der Hohepriester als Vorstand auftrat.

Aber an und für sich erklären diese Aussagen noch ziemlich wenig. Haben wir hier mit einem vollständigen Strafverfahren zu tun? Ob die Kompetenz dieses Sanhedrins sich auch auf Todesurteile ausstreckte, bleibt gewissermassen im Unklaren.[19] Sicher ist aber, dass auf dieser Episode noch eine zweite folgt: morgens früh wird Jesus von Caïfas zu Pontius Pilatus übersiedelt. Diesem Magistrat gegenüber sagen die Juden (welche: diejenigen, die Jesus gefesselt hatten? Repräsentanten des Sanhedrins?), dass es Ihnen nicht erlaubt ist, jemanden zu töten.

Auch die Natur der Anklage (wenn es überhaupt eine richtige Anklage gegeben hat) bleibt im Unklaren.[20] Identifikation mit dem römischen *crimen laesae majestatis* ist jedenfalls unhaltbar: dass ein jüdischer Gerichtshof in einer Strafsache gegen einen jüdischen Untertan römisches Recht anwenden würde, gilt heutzutage als eine verlassene Hypothese,[21] aber darüber hinaus haben Prozesse dieser Art über staatsfeindliche Verbrechen sich nicht in der Öffentlichkeit abgespielt.

Die Nachrichten in den synoptischen Evangelien auf der einen Seite, im Johannes-Evengelium auf der anderen, unterscheiden sich in diesem Punkt der Anklage beträchtlich. Im Lukas-Evangelium wirt über die Anklage noch etwas Näheres berichtet: Als das Sanhedrin fragte: “Sind Sie der Sohn Gottes?” antwortete Jesus: “Sie sagen selbst, dass ich es bin.” Darauf fragte das Sanhedrin: “Was für Zeugnis brauchen wir weiter noch? Wir haben es selbst aus seinem

---

18 S. Zeitlin, *Who crucified Jesus?* New York 1964,

19 Am deutlichsten vertritt eine affirmative Antwort J. Blinzler, *Der Prozess Jesu,* Regensburg 1969, S. 232.

20 A.N. Wilson, *Jezus, een biografie*, Amsterdam 1992, S. 219 weist auf das mündliche Verfahren und bemerkt, dass keiner der Evangelisten bei den Sitzungen anwesend war.

21 In diese Sinne vor Kurzem noch K. Rosen, Rom und die Juden im Prozess Jesu, in A. Demandt, *Macht und Recht. Grosse Prozesse in der Geschichte*, München 1991, S. 43.

Munde gehört!" Matthäus fügt dieser Mitteilung noch hinzu, dass der Hohepriester seine Kleider zerriss und von Gotteslästerung sprach. Darauf befand das Sanhedrin, dass Jesus des Todes schuldig sei. Von diesen Einzelheiten aber keine Spur bei Johannes. Darum ist Johannes als historische Quelle der glaubwürdigste von den Evangelisten. Dass die Anklage sich auf Gotteslästerung beziehen sollte, ist auch aus anderen Gründen ziemlich unwahrscheinlich. Die zu Qumran zurückgefundenen Texte haben deutlich gemacht, dass zu den Lebzeiten Jesu der Glauben an eine bessere Zukunft, an eine Heilszeit, die mit dem Herannahen des Messias anfangen würde, ziemlich weit verbreitet war. In den Tagen, zu den Jesus auf Erden herumging, waren es mehrere, sich Messiass nennende Prediger. Von mehreren wissen wir sogar den Namen, wie Theudas und Bar Kochba. Ihre ausgesprochene messianische Anmaßungen haben aber unseres Wissens nie zu einem Strafverfahren vor dem Sanhedrin geführt.[22]

Ein anderes Problem ist noch, warum Jesus erst vor dem vorigen Hohepriester, Hannes, erscheinen musste. Müssen wir hier an einen Untersuchungsrichter zur Instruktion der Sache denken? Nach der Beschreibung Johannes' werden keine Zeugen vernommen, eine Einzelheit die auffällt, weil in den synoptischen Evangelien nach den Aussagen Jesu die Notwendigkeit, noch weitere Zeugen zu vernehmen, verkannt wird. Seit Alters galt im mosaischen Recht die Regel *unus testis nullus testis*, die dem Richter verbietet, die Aussagen eines einzelnen Zeuge für ausschlaggebend zu halten.[23]

Diese technischen Einzelheiten des Strafverfahrens bilden aber nicht den Kern der Ausführungen Johannes'. Mindestens auffällig ist, dass die Vernehmung vor Hannas wohl, das Vernehmen vor dem Sanhedrin selber nicht erwähnt wird. Fast unmittelbar darauf folgt bei Johannes, dass Jesus zur römischen Administration übergeführt wird. Warum? Was steckt dahinter? Wer soll denn das getan haben? Soviel ist klar, dort vor der römischen Administration, vor Pontius Pilatus gipfelt die Beschreibung von Johannes des ganzen Verfahrens in einem dramatischen Höhepunkt. Wieso: dramatisch? Wieso Höhepunkt? Deutliches Relief bekommt dies bei einem Vergleich mit mehreren anderen Prozessen aus derselben Zeit, die ebenfalls mit einem Todesurteil zu Ende kamen. Wir machen eine kleine Exkursion zu diesen Strafsachen und kehren dann in § 8 zum Gerichtsgebäude, wo Pilatus sich befand, zurück.

---

[22] Im selben Sinne (aber ohne die Qumran-Texte zu verwenden, die damals ja noch unbekannt waren) auch schon G. Aicher, *Der Prozess Jesu* [Kanonistische Studien und Texte 3], Bonn – Köln 1929 (repr. Amsterdam 1963), p. 53-80.

[23] So schon 5.Moses 19: 15: Es soll kein einzelner Zeuge gegen jemand auftreten wegen irgendeiner Missetat oder Sünde, was für eine Sünde es auch sei, die man tun kann, sondern durch zweier oder dreier Zeugen Mund soll eine Sache gültig sein. Matth. 18: 16: Hört er nicht auf dich, so nimm noch einen oder zwei zu dir, damit jede Sache durch den Mund von zwei oder drei Zeugen bestätigt werde. 2. Kor. 13: 1: Jetzt komme ich zum dritten Mal zu euch. Durch zweier oder dreier Zeugen Mund soll jede Sache bestätigt werden

Erst die anderen Strafsachen. Es was der prinzipielle Verdienst meines schon genannten Vorgängers P.J. Verdam, dass er die Aufmerksamkeit auf die vorsichtige Weise lenkte, mit der Herodes die gegen seine Söhne ausgesprochenen Todesurteile betrachtete und der darüber hinaus in diesem Kontext fünf zu Cyrene zurückgefundenen Inschriften der Vergessenheit entriss.[24] In diesen Inschriften wird erstens verdeutlicht, dass man sich für Prozesse zwischen Griechen an einen griechischen Richter wenden kann, sei es denn mit Ausnahme von Prozessen bei denen die Todesstrafe auf die Tagesordnung kommen kann. In diesem Falle ist der Gouverneur der Provinz der zuständige Richter. Anschließend gibt Augustus Vorschriften für das prozessuale Verfahren. Es war ihm aufgefallen, dass in dieser Art von Prozessen, namentlich jene gegen griechische Untertanen, das Schwurgericht öfters zum größeren Teil, oder sogar vollständig, aus römischen Bürgern zusammengestellt war. Das lag zwar auf der Hand, so gibt Augustus auch zu, wegen der Ansprüche auf Gerechtigkeit, die Richter und Mitglieder des Schwurgerichtes erfüllen mussten, aber diese Sachlage ließ öfters all zu einfach Einstimmigkeit zwischen den Römern erreichen, und die Zahl der Todesurteile die gegen Griechen ausgesprochen wurden, war dann auch verhältnismäßig viel zu groß. Deswegen führte Augustus nach diesen Inschriften ein Dekret ein, nach dem Griechen bei Strafverfahren, bei dem die Todesstrafe auf dem Spiel stand, Recht hatten auf ein Schwurgericht, dessen Mitglieder mindestens zur Hälfte aus Griechen bestehen musste.

8. Zwei Prozesse der römische Besatzer

"Wir haben ein Gesetz, und nach dem Gesetz muss er sterben, denn er hat sich selbst zu Gottes Sohn gemacht." War es der Hohepriester selbst der diese Wörter dem *praefectus Judeae* Pontius Pilatus ins Gesicht schmiss? Der frühere niederländische Richter W.G. de Vries hat mit vielen Argumenten bezeugt, dass das Verfahren vor der römischen Obrigkeit weniger einem Strafprozess als einem Verwaltungsverfahren ähnlich ist.[25] Obwohl im griechischen Text der technische Terminus für Anklage (*categoureia*) verwendet wird, muss dennoch festgestellt werden, dass die Antwort auf die von Pontius Pilatus gestellte Frage, welche Beschuldigung eigentlich diejenigen, die Jesus ihm überlieferten, gegen ihn erheben möchten, um so weniger die elementären Vorschriften die auch die

---

[24] Sanhedrin and Gabbatha, *Free University Quarterly* VII (1961), S. 3-31, auch getrennt unter demselben Titel publiziert als *Rectorale Oratie* zur Gelegenheit der 79e Dies Natalis der Freien Universität in Amsterdam. Siehe S. 21 für die Besprechung von A. van Premerstein, Die fünf neugefundenen Edikte des Augustus aus Kyrene, in *Zeitschrift der Savigny Stiftung für Rechtsgeschichte, Romanistische Abteilung* XLVIII (1928), S. 419-531.

[25] W.G. de Vries, De dood van Jezus van Nazareth in het licht van geschiedenis en rechtspraak. Een historische en juridische beschouwing van de gebeurtenissen in de laatste dagen van het leven van Jezus van Nazareth, Kampen 1967.

Römer für eine normale Anklage stellten, erfüllte.[26] Es ist dann auch nicht der Richter (der bei mangelnden Anklage ja nichts tun kann, noch will), der hier nach außen tritt, aber der Verwalter, der Mann, der mit der Handhabung der öffentlichen Ordnung beauftragt ist, der vor seiner Residenz stehende, dem vor ihm versammelten Volk mitteilt, den Gefangenen für unschuldig zu halten: "Ich finde keine Schuld an ihm". Wäre Pilatus in diesen Augenblicken als Richter aufgetreten, dann hätte diese Mitteilung auch den Inhalt des Urteils in der Sache gegen den Angeklagten konstituieren müssen, würde man erwarten. Aber nein. Obwohl man mit den von Augustus ausgefertigten Verfahrensvorschriften im Hinterkopf erwarten würde, dass man an Pilatus als anständiger Richter glaubte und dass er folgerichtig in dieser Rolle auftreten werde, gegebenenfalls mit einem aus der Hälfte aus Juden bestehenden Schwurgericht, bevorzugt Pilatus dies nicht zu tun. Er kümmert sich hauptsächlich um die Öffentlichkeit. Darum verwendet er einen Trick, den er anscheinend in diesem Augeblick für geeignet hält, die Öffentlichkeit zu beruhigen: kein Urteil, keinen Freispruch, aber eine zeremonielle Freilassung zu dieser Gelegenheit, das jüdische Fest Pascha. Der Trick gelingt nicht: das Volk zwingt ihn, Barrabas frei zu lassen. Johannes notiert trocken: "Barrabas war ein Räuber".

Wurde nachher noch versucht mittels der Tortur die notwendige Beweise für eine Straftat auf den Tisch zu bringen oder war es abermals ein Versuch von Pilatus, die Volkswut zu beruhigen? Die nächste Szene, kulminierend in der Aussage des Pilatus: "Seht, welch ein Mensch!" verweist auf letztere Interpretation. Jedenfalls kann die Geißelung nicht als Einleitung auf die Vollstreckung der Todesstrafe betrachtet werden, denn Pilatus hat auf die Todesstrafe überhaupt noch nicht angespielt.

Aber dann kommt es. Dann kommt der dramatische Höhepunkt des ganzen Prozesses Jesu. Wenn Pilatus zum drittem Mal in das Prätorium hinein tritt und wenn er dann versucht, ein Gespräch mit Jesus anzufangen, dann hebt Pilatus das ganze Geschehen auf eine vollkommen andere Ebene. Plötzlich ist von Strafrecht, von Recht überhaupt nicht mehr die Rede; plötzlich fallen alle Masken. Da sprach Pilatus zu Jesus: "Weisst du nicht, dass ich *Macht* habe? Weisst du nicht, dass ich *Macht* habe dich loszugeben? Weisst du nicht, dass ich *Macht* habe, dich zu kreuzigen?" Es lassen sich sehr wenige oder sogar überhaupt keine anderen Szenen in der Weltliteratur auffinden, die so eindrucksvoll das Verhältnis zwischen Macht und Recht an den Tag bringen. Pilatus wusste ganz genau was Recht war. Dreimal hatte er erklärt, Jesus für unschuldig zu halten. Dreimal hatte er angesichts der Konsequenzen seiner Überzeugung gezögert und endlich

[26] O. Cullmann, *Der Staat im neuen Testament*, Tübingen 1956 ist der Meinung, dass Jesus als Zelote und Thronprätendent eine Gefahr für die Öffentlichkeit darstellte und deswegen von Pilatus nach einem regulären Verfahren vor diesem Statthalter mit Vernehmung und Tortur zur Todesstrafe verurteilt wurde.

sich zurückgezogen. Letzten Endes, als Pilatus die Stimme des Volkes hörte, setzte er sich auf den Richterstuhl an der Stätte, die da heisst Steinpflaster, auf hebräisch Gabbata. Spricht Pilatus zu ihnen: "Soll ich euren König kreu-zigen?" Die Hohenpriester antworteten: "Wir haben keinen König als den Kaiser." Da wurde Pilatus ein Opfer der Macht, der Macht der Masse, der Macht des Volkes, der Macht des Kaisers. Pilatus gab das Recht preis. Da überantwortete Pilatus der lautschreienden Menschenmasse Jesus, damit er gekreuzigt würde. Nach dem bedürftigen Verfahren vor dem Sanhedrin folgt aus der Gabbatha, aus dem Mund eines mächtigen Verwalters, der das Recht preisgegeben hatte zugunsten der Volkswut, das *exequatur*. Jesus nahm dann selbst sein Kreuz auf sich und ging nach Golgotha, wo sie Ihn kreuzigten.

9. Zum Schluss

Pilatus liess auch noch eine Überschrift schreiben und über das Kreuz stellen: Jesus der Nazoreer, der König der Juden. Nach Johannes' Beschreibung stand diese Überschrift da in drei Sprachen, auf Hebräisch, auf Griechisch und auf Lateinisch. Die Oberpriester nahmen Anstoß an dieser Überschrift und sie erhoben einen Protest. Die Überschrift schien ja einen Zirkel zu schliessen. Auffällig genug erwähnte die Überschrift genau denselben Titel, den 33 Jahre zuvor die drei Könige, *Magoi*, vom Osten Jesus beigemessen hatten. Die drei Könige, geführt von einem Stern, kamen zum damaligen Fürst Herodes und sie fragten ihn: "Wo ist der neugeboren König der Juden?" Bei seiner Geburt und bei seinem Tod, beidemale wurde Jesus genannt: "der König der Juden". Der Zirkel scheint vollkommen und geschlossen zu sein.

Aber in der Beschreibung von Johannes bildet das Leben Jesu bestimmt keinen abgerundeten Zirkel. Der Tod Jesu hat nicht das letzte Wort. Am dritten Tag ist er wiederauferstanden von dem Tod. Das ist Ostern. Und nachher erschien Jesus als der auferstandene Herr, erst Maria Magdalena, nachher den Jüngern, nicht nur einmal, sondern mehrmals. Johannes bezeugt am Ende seines Evangeliums dem Leser, dass seine Beschreibung aller Ereignisse vollkommen auf Wahrheit beruht.

Jetzt verlassen wir die von Johannes verfassten Beschreibung des Lebens Jesu und wir wenden unseren Blick deren Durchwirkung in der Geschichte zu. 2000 Jahre lang haben unzählbare Menschen diese Beschreibung, dieses Evangelium gelesen, und als sie den Prozess Jesu erreichten, haben sie den dramatischen Höhepunkt davon vor Pontius Pilatus, den Konflikt zwischen Recht und Macht anerkannt, als ob es ihre eigene Geschichte betraf. Wie viele unter den Lesern sind bis auf den heutigen Tag der nackten Machtsübung überliefert? Wie vielen unter ihnen ist Recht verweigert geworden? Wie vielen haben der archetypischen Beschreibung ihres Schicksals die Sicherheit entnommen, dass irdische Prozesse nicht das letzte Wort sprechen, dass sich selbst hinter Pontius Pilatus, der irdische Gewalthaber und Machtüber wie kein anderer, noch eine andere Wirklichkeit versteckt, nämlich die Wirklichkeit von Ostern? Das von dem seine Hände in Unschuld waschenden Pilatus vertretene Unrecht leitete Jesus' Tod am Kreuz ein, aber Er stand auf und erschien seinen Jüngern. Wie vielen entnahmen in der Vergangenheit und in der Gegenwart dieser Geschichte die Sicherheit, dass Pilatus, dass das wirklich Böse, dass Unrecht in diesem Leben nicht das letzte Wort hat? In diesem Sinne bildet die Beschreibung des Prozesses Jesu von Johannes die Gründungsurkunde des Christentums und die christliche Kirche bekennt noch immer: *resurrexit tertia die secundum Scripturas.*

Salzburger Studien zum Europäischen Privatrecht

Herausgegeben von J. Michael Rainer

Band 1 Marc Herzog: Die Haftung des Gastwirts für eingebrachte Sachen des Gasts nach §§ 701 - 703 des Deutschen Bürgerlichen Gesetzbuchs. 1999.

Band 2 Andreas Reinhart: Familienplanungsschaden. Wrongful birth, wrongful life, wrongful conception, wrongful pregnancy. Eine rechtsvergleichende Untersuchung anhand des deutschen und des anglo-amerikanischen Rechts. 1999.

Band 3 Markus Frank: Untersuchungen zu den *Politika* des Aristoteles. 1999.

Band 4 Stefan Josef Schermaier: Der Gemeinschaftsrechtliche Staatshaftungsanspruch. Entwicklung, Perspektiven und Auswirkungen auf das österreichische Recht. 1999.

Band 5 Carmen Windhaber: Reiserecht in Österreich, Deutschland und Kanada. 2000.

Band 6 Korbinian Dietl: Unfallhaftung beim Expeditions- und Trekkingbergsteigen. Zugleich ein Beitrag zum Reiserecht für den Bereich der Bergreisen sowie zum Sporthaftungsrecht für den Bereich des Bergsports. 2000.

Band 7 Erich Jeroscheg: Eigentum an beweglichen Sachen. Französisches Recht und Rechtsvergleich. 2000.

Band 8 Thomas Tschaler: Das Moment der Gefahr als Element der Schadenszurechnung im System des Haftpflichtrechts. Eine rechtstheoretische Untersuchung der möglichen Schwächen gängiger Haftungsmodelle. 2000.

Band 9 Christian Hellenthal: Zulässigkeit einer supranationalen Fußball-Europaliga nach den Bestimmungen des europäischen Wettbewerbsrechts. 2000.

Band 10 Wolfgang Bengen: Die Systematik des § 823 I BGB im Deliktsrecht. Zugleich ein Beitrag zu den Verkehrspflichten. 2000.

Band 11 Gerhard Pöttler: Vergleichende Verbraucherschutzrichtlinienumsetzung in europäischen Mitgliedsstaaten. Anhand ausgewählter Beispiele der Pauschalreise-, Timesharing- und Produkthaftungsrichtlinie. 2001.

Band 12 Johannes Michael Rainer: Europäisches Privatrecht. Die Rechtsvergleichung. 2., überarbeitete und ergänzte Auflage. 2007.

Band 13 Erwin Schön: Allgemeines Vertragsrecht und Kaufvertragsrecht - ein Rechtsvergleich Österreich, USA, Spanien und UN-Kaufrecht. Unter Einbeziehung von PECL und UNIDROIT-Prinzipien. Gemeinsamkeiten, Unterschiede, Bewertungsversuche. 2003.

Band 14 Patrick Schenner: Skiunfall! Wer haftet? Schadenersatz im österreichischen Skirecht. 2003.

Band 15 Peter Unterkofler: Die rechtliche Stellung des Pflichtteilsberechtigten im Spannungsverhältnis zwischen Erbrecht und Privatstiftungsrecht. 2003.

Band 16 Susanne Spaun: Der Herausgabeanspruch bei Diebstahl oder illegalem Export von Kulturgütern. 2003.

Band 17 Josef Wolff: Trust, Fiducia und fiduziarische Treuhand. Historisch-rechtsvergleichende Untersuchung mit einer Darstellung des Trust in Schottland sowie des römischen und österreichischen Fideikommiss. 2005.

Band 18 Johannes Michael Rainer / Johanna Filip-Fröschl: Transfer of Title Concerning Movables Part I – Eigentumsübertragung an beweglichen Sachen in Europa Teil I. Introduction, Estonia, Italy, Poland, Portugal, Scotland, Slovenia, Spain. Einführung, Estland, Italien, Polen, Portugal, Schottland, Slowenien, Spanien. Edited by Johannes Michael Rainer – Herausgegeben von Johannes Michael Rainer. 2006.

Band 19 Mary-Rose McGuire: Transfer of Title Concerning Movables Part II – Eigentumsübertragung an beweglichen Sachen in Europa Teil II. National Report: Germany. Edited by Johannes Michael Rainer – Herausgegeben von Johannes Michael Rainer. 2006.

Band 20 Claes Martinson: Transfer of Title Concerning Movables Part III – Eigentumsübertragung an beweglichen Sachen in Europa Teil III. National Report: Sweden. Edited by Johannes Michael Rainer – Herausgegeben von Johannes Michael Rainer. 2006.

Band 21 Arthur Salomons: Transfer of Title Concerning Movables Part IV – Eigentumsübertragung an beweglichen Sachen in Europa Teil IV. National Report: The Netherlands. Edited by Johannes Michael Rainer – Herausgegeben von Johannes Michael Rainer. 2006.

Band 22 Viola Heutger: Ein gemeineuropäisches Kaufrecht. Vision oder nahe Zukunft? 2007.

Band 23 Thomas Käferböck: Erleichterungen und Erschwernisse zur Realisierung des Erblasserwillens im internationalen Erbrecht. Das Haager Testamentsübereinkommen einerseits und die Problematik der Pflichtteilsermittlung bei Nachlassspaltung andererseits. 2008.

Band 24 Astrid Hauser: Der Europäische Gerichtshof und der U.S. Supreme Court. Eine vergleichende Analyse ausgewählter Aspekte. 2008.

Band 25 Philipp Riesenkampff: Die Beweisbarkeit der Übermittlung unverkörperter Willenserklärungen unter Abwesenden in Deutschland, Österreich und England. 2009.

Band 26 Daniele Mattiangeli: Vorteile der *Romanitas* im Bereich des Vertragsrechts aus einer historisch-vergleichenden Perspektive. 2009.

Band 27 Johannes Michael Rainer (Hrsg.): Vis a potestas legum. Liber amicorum Zoltán Végh. Herausgegeben von Michael Rainer. 2010.

Printed by
CPI books GmbH, Leck

FSC
www.fsc.org
MIX
Papier | Fördert
gute Waldnutzung
FSC® C083411

Kolibri 360 GmbH
Ferdinand-Jühlke-Straße 7
99095 Erfurt, Deutschland
produktsicherheit@kolibri360.de